HACKERS IELTS Writing BASIC

200% 활용법

[부록] 구두점 활용하기

답변 작성에 필요한
문장 부호/기호의 정확한 사용법을
익히고 감점 방지하기!

교재 282 페이지에서 확인

[부록] 답변 셀프 체크 포인트

내 답변이 채점기준에 맞는지
체크해보고 보완하기!

교재 284 페이지에서 확인

부록+추가자료까지 200% 활용하고 실력 UP!

리딩/리스닝 실전문제

무료 제공되는 IELTS 리딩/리스닝
실전문제를 풀고 복습하면서
실전 감각 키우기!

고우해커스(goHackers.com) 접속 >
상단 메뉴 [IELTS → IELTS 리딩/리스닝 풀기]
클릭하여 이용

← 리딩 실전문제 바로 풀어보기

라이팅/스피킹 첨삭 게시판

IELTS 라이팅/스피킹 무료 첨삭
게시판을 통해 자신의 답변을
첨삭받고 보완하기!

고우해커스(goHackers.com) 접속 >
상단 메뉴 [IELTS → 라이팅 게시판 또는
스피킹 게시판] 클릭하여 이용

라이팅 첨삭 게시판 바로가기 →

아이엘츠 입문자를 위한 맞춤 기본서

HACKERS IELTS Writing

BASIC

해커스 어학연구소

HACKERS
IELTS
WRITING BASIC

goHackers.com
학습자료 제공·유학정보 공유

최신 IELTS 출제 경향을 반영한
『Hackers IELTS Writing Basic』을 내면서

IELTS 시험은 더 넓은 세상을 향해 꿈을 펼치려는 학습자들이 거쳐가는 관문으로서, 지금 이 순간에도 많은 학습자들이 IELTS 시험 대비에 소중한 시간과 노력을 투자하고 있습니다. 이에, IELTS 학습자들에게 목표 달성을 위한 가장 올바른 방향을 제시하고자 『**Hackers IELTS Writing Basic**』을 출간하게 되었습니다.

라이팅의 기초를 잡아 목표 점수 달성!
『Hackers IELTS Writing Basic』은 정확한 문장과 표현으로 논리적인 글을 작성하는 방법을 연습함으로써 목표 점수 달성을 위한 기초 라이팅 실력을 탄탄히 할 수 있도록 구성하였습니다.

체계적인 4주 학습으로 실전까지 대비!
4주 안에 IELTS 라이팅 대비를 위해 필요한 모든 것을 기초부터 실전까지 체계적으로 학습할 수 있습니다. 1주에서 문법 실력을 다지고 2, 3주에 IELTS 라이팅에 활용할 수 있는 상황별·주제별 표현을 학습함으로써 표현력을 높인 후, 4주에서 단계별 글쓰기 전략을 통해 실전에 대비합니다.

『Hackers IELTS Writing Basic』이 여러분의 IELTS 목표 점수 달성에 확실한 해결책이 되고, 나아가 **여러분의 꿈을 향한 길**에 믿음직한 동반자가 되기를 소망합니다.

CONTENTS

1st Week

라이팅을 위한 문법 익히기

INTRO

2nd Week

상황별 필수 표현 익히기

INTRO

목표 달성을 위한 지름길,
Hackers IELTS Writing Basic!

01. 4주 완성으로 IELTS 라이팅 영역 목표 점수 달성!

기초부터 실전까지 IELTS 라이팅 완전 정복

IELTS 라이팅 최신 출제 경향에 대한 철저한 분석을 바탕으로, 4주 동안 라이팅에 필요한 문법 및 표현, Task별 문제 풀이 전략과 실전 대비 문제까지 이 한 권으로 학습할 수 있습니다. 목표 점수를 달성하기 위한 훌륭한 발판이 될 수 있도록 IELTS 라이팅 영역에 필요한 모든 것을 이 한 권에 담았습니다.

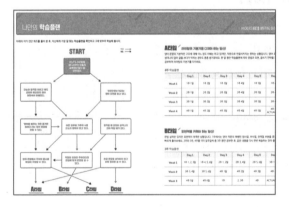

맞춤형 학습플랜

자가 진단 퀴즈를 통해 자신의 실력을 파악하고, 4가지 학습플랜 중 자신에게 가장 잘 맞는 학습플랜을 선택하여 효과적으로 학습할 수 있습니다.

02. 기초부터 실전까지, 체계적인 라이팅 학습!

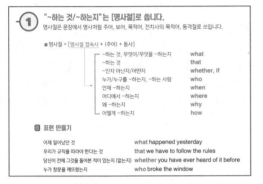

1주 라이팅을 위한 문법 익히기

1주에서는 영어 문장을 쓸 때 필수적인 문법을 모아 학습하여 라이팅의 기초를 다질 수 있도록 하였습니다. 본문에서 학습한 문법을 적용하여 기본 문장부터 실제 답변에 바로 쓸 수 있는 문장까지 써보는 연습을 하면서 작문 실력을 높입니다.

2, 3주 상황별, 주제별 필수 표현 익히기

2주에서는 Task별 각 상황에 맞게 자유자재로 활용 가능한 상황별 표현들을 학습하고, 3주에서는 IELTS 라이팅에 자주 출제되는 주제에 대한 주제별 표현들을 모아 학습하여 표현력을 높입니다.

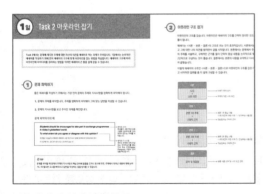

4주 라이팅 실전 대비하기

4주에서는 단계별 글쓰기 전략을 통해 IELTS 라이팅 실전에 대비할 수 있습니다. 시각자료를 분석, 요약하는 Task 1과 주제에 대한 나의 의견을 적는 Task 2에 대비하여 효과적으로 답변을 작성하는 방법을 학습합니다.

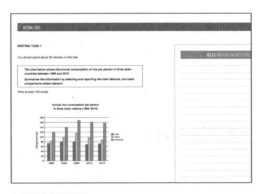

ACTUAL TEST

이 책의 최종 마무리 단계로서, Task 1과 Task 2의 한 세트로 구성된 실전 테스트를 수록하였습니다. 실제 IELTS 라이팅 시험과 유사한 구성과 난이도로 제작된 문제를 풀어봄으로써 실전 감각을 익힐 수 있습니다.

목표 달성을 위한 지름길, Hackers IELTS Writing Basic!

03. 빈틈없는 학습으로 실력 다지기!

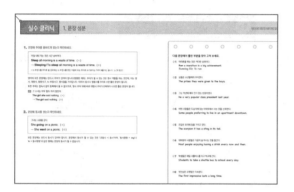

실수 클리닉

2주와 3주 각 일별 학습의 마지막에 구성된 실수 클리닉에서는 문장을 작성할 때 틀리기 쉬운 문법 사항들을 점검합니다. 실수 클리닉의 각 문법 포인트를 염두에 두고 답변을 작성하면 오류 없는 문장으로 답변의 완성도를 높일 수 있습니다.

구두점 활용하기

구두점의 올바른 쓰임을 정리하여 학습합니다. 답변에 콤마, 세미콜론, 콜론, 하이픈 등의 구두점을 적절히 사용하면 깔끔하면서도 전달력이 뛰어난 답변을 작성할 수 있습니다.

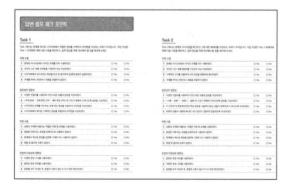

답변 셀프 체크 포인트

IELTS 라이팅의 답변 채점 기준을 바탕으로 제작된 답변 셀프 체크 포인트로 스스로 답변의 완성도를 검토해봅니다. 이를 통해 답변 작성 시 취약한 부분을 스스로 체크해보고 보완할 수 있습니다.

04. 분석메모와 아웃라인, 모범답변으로 실력 UP!

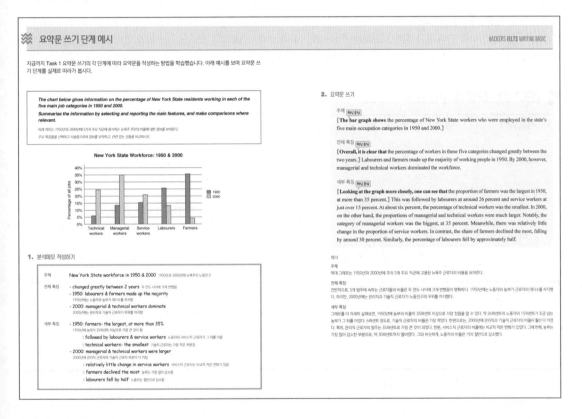

분석메모와 아웃라인

Task 1 문제에 대한 분석메모의 예시를 통해 요약문 작성에 꼭 필요한 내용을 효율적으로 정리하는 방법을 익힐 수 있습니다. 또한, Task 2 문제에 대한 모범 아웃라인을 통해 답안을 논리적으로 전개할 수 있는 아웃라인의 작성 방법을 익힐 수 있습니다.

모범답변

교재에 수록된 **문제에 대한 모범답변을 제공**하여 학습 시 이를 바탕으로 자신의 답변을 보완 및 개선할 수 있습니다. 주어진 모범답변과 다양한 상황별, 주제별 표현을 활용하여 자신의 답변에 적용해보는 연습을 할 수 있습니다.

IELTS 소개

■ IELTS란 어떤 시험인가요?

IELTS(International English Language Testing System)는 영어를 사용하는 곳에서 일을 하거나 공부를 하고 싶어 하는 사람들의 언어 능력을 측정하는 시험입니다. 리스닝, 리딩, 라이팅, 스피킹 영역으로 구성되어 있으며 시험 시간은 약 2시간 55분입니다. IELTS의 점수는 1.0부터 9.0까지의 Band라는 단위로 평가됩니다. 총점은 네 영역 점수의 평균 점수로 냅니다.

시험은 두 가지 종류가 있는데, 대학교나 그 이상의 교육기관으로의 유학 준비를 위한 Academic Module과 영국, 캐나다, 호주로의 이민, 취업, 직업 연수 등을 위한 General Training Module이 있습니다. 리스닝과 스피킹 영역의 경우 모듈별 문제의 차이가 없지만, 리딩과 라이팅 영역은 모듈별 시험 내용이 다릅니다.

■ IELTS는 어떻게 구성되어 있나요?

시험영역	출제 지문 및 문항 수	시험 시간	특징
리스닝	4개 지문 출제 총 40문항 (지문당 10문항)	30분 (답안 작성 시간 10분 별도)	- 영국식, 호주식, 미국식 등의 발음이 출제 - 10분의 답안 작성 시간이 별도로 주어짐 - 객관식, 주관식, 빈칸 완성, 표 완성 등의 문제가 출제됨
리딩	3개 지문 출제 총 40문항 (지문당 13~14문항)	60분	- 길이가 길고 다양한 구조의 지문 출제 - 객관식, 주관식, 빈칸 완성, 표 완성 등의 문제가 출제됨
	* Academic Module은 저널, 신문기사 등과 같이 학술적인 내용의 지문 위주로 출제되며, General Training Module은 사용설명서, 잡지기사 등과 같이 일상생활과 관련된 지문 위주로 출제됩니다.		
라이팅	Task 1: 1문항 Task 2: 1문항	60분	- Task 간의 시간 구분 없이 시험이 진행됨 - Task 1보다 Task 2의 배점이 높음
	* Academic Module의 Task 1은 그래프, 표 등 시각자료를 보고 요약문 쓰기가 과제로 출제되며, General Training Module의 Task 1은 부탁, 초대 등 주어진 목적에 맞게 편지 쓰기가 과제로 출제됩니다. Task 2는 에세이 쓰기 과제가 동일한 형식으로 출제됩니다.		
스피킹	3개 Part로 구성 Part 1: 10~15문항 Part 2: 1문항 Part 3: 4~6문항	11~14분	- 시험관과 1:1 인터뷰 형식으로 진행됨 - 모든 시험 내용이 녹음됨

약 2시간 55분

■ IELTS는 어떻게 접수하나요?

1. Paper-based IELTS는 매달 4회, Computer-delivered IELTS는 매주 최대 6회 실시됩니다.
2. 인터넷 접수는 영국 문화원 또는 IDP 홈페이지에서 접수하고, 현장 접수는 IDP 주관 공식 지정 장소에서 가능합니다. 인터넷 접수 및 현장 접수에 대한 자세한 사항은 각 신청기관의 홈페이지를 참고하세요.
3. 접수 시, 여권을 스캔한 파일을 첨부해야 하니 미리 준비합니다.

■ IELTS 시험 당일 준비물과 일정은 어떻게 되나요?

준비물		여권 (여권만 신분증으로 인정)	여권사본 (IDP 이외 경로로 시험을 접수한 경우)	연필 / 샤프, 지우개 (Paper-based IELTS로 등록한 경우)
일정	등록	– 수험번호 확인 및 신분 확인을 합니다. (사진 촬영과 지문 확인) – 여권, 연필/샤프, 지우개를 제외한 소지품을 모두 보관소에 맡깁니다.		
	오리엔테이션	– 감독관의 안내는 영어로 이루어집니다.		
	리스닝, 리딩, 라이팅	– 필기시험은 별도의 쉬는 시간 없이 이어서 진행됩니다. – Paper-based IELTS와 Computer-delivered IELTS 시험 도중 화장실에 가야 할 경우 손을 들어 의사를 표시하면, 감독관의 동행하에 화장실에 갈 수 있습니다.		
	스피킹	– 각자 배정된 스피킹 시험 시간 20분 전까지 대기하여야 합니다.		

■ IELTS 성적 확인과 리포팅은 어떻게 하나요?

1. 성적 확인

① 성적 확인 가능일은 아래와 같으며, 성적표는 온라인으로 조회 가능합니다.
  – Paper-based IELTS는 응시일로부터 13일째 되는 날
  – Computer-delivered IELTS는 응시일로부터 1~2일 사이
② 성적표 수령 방법: 시험 접수 시 본인이 선택한 방법에 따라 방문 수령(휴일/공휴일 제외) 혹은 우편 수령이 가능합니다.
③ 성적 재채점: 시험 응시일로부터 6주 이내에만 신청 가능하며 4개 영역 중 원하는 영역에 대한 재채점을 신청할 수 있습니다.
④ IELTS One Skill Retake: Computer-delivered IELTS 응시일로부터 60일 이내에 4개 영역 중 한 영역만 선택해 재시험을 신청할 수 있습니다.

2. 성적 리포팅

전자 성적표를 해외 기관에 보내는 것은 무료입니다. 출력된 성적표는 시험일로부터 일부 기간만 재발급 가능하며, 일부 부수까지만 무료로 발급할 수 있습니다.

*성적 재채점, IELTS One Skill Retake, 성적표 재발급 기간에 대한 기한 및 비용 등과 같은 세부 규정은 시험 접수한 기관 홈페이지에서 확인하세요.

IELTS 소개

■ IELTS Band Score는 어떻게 계산하나요?

1. Band Score란 1.0점부터 9.0점까지 0.5점의 단위로 성적이 산출되는 IELTS만의 점수체계입니다. 각 영역에 대한 점수가 Band Score로 나오고, 모든 영역 점수를 종합하여 Overall Band Score를 계산합니다.

2. IELTS 점수를 영어 실력 평가의 기준으로 적용하는 기관들은 각 영역의 개별 점수와 Overall 점수에 대한 다른 정책을 가지고 있습니다. 기관에 따라 Overall 점수에 대한 커트라인만 제시될 수도 있고, Overall 점수와 각 영역 점수에 대한 커트라인 모두가 제시될 수도 있습니다.

3. Overall 점수는 네 영역의 점수를 합한 뒤 4로 나누어서 0.25점을 기준으로 소수점 0.25 이상이면 올림 처리, 0.25 미만이면 버림 처리를 하여 계산합니다. 아래는 Overall 점수 계산의 예입니다.

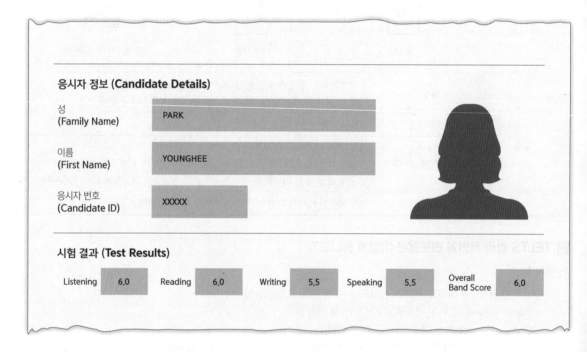

응시자 정보 (Candidate Details)

성 (Family Name)	PARK
이름 (First Name)	YOUNGHEE
응시자 번호 (Candidate ID)	XXXXX

시험 결과 (Test Results)

Listening	Reading	Writing	Speaking	Overall Band Score
6.0	6.0	5.5	5.5	6.0

→ 네 영역의 평균이 5.75점이므로 반올림해서 Overall Band Score 6.0이 나왔습니다.

■ IELTS의 각 Band Score는 어떤 수준을 뜻하나요?

IELTS 시험은 Band Score로 수험자의 영어 실력을 평가합니다. 각 Band Score가 의미하는 영어 사용 수준은 다음과 같습니다.

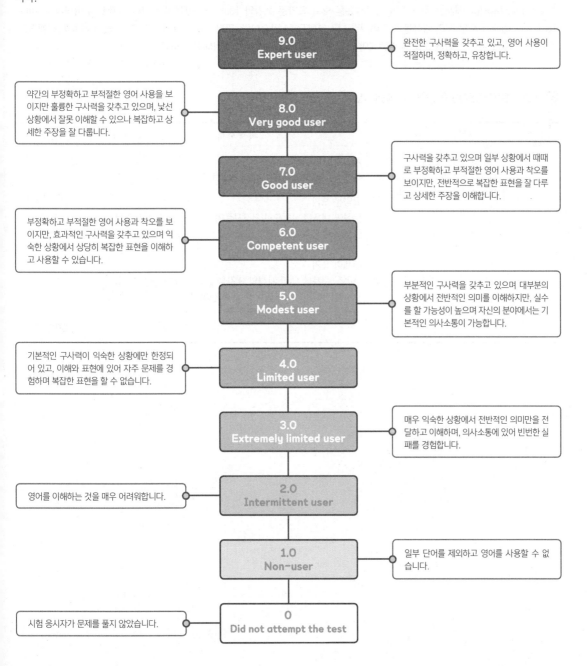

9.0 Expert user
완전한 구사력을 갖추고 있고, 영어 사용이 적절하며, 정확하고, 유창합니다.

약간의 부정확하고 부적절한 영어 사용을 보이지만 훌륭한 구사력을 갖추고 있으며, 낯선 상황에서 잘못 이해할 수 있으나 복잡하고 상세한 주장을 잘 다룹니다.
8.0 Very good user

7.0 Good user
구사력을 갖추고 있으며 일부 상황에서 때때로 부정확하고 부적절한 영어 사용과 착오를 보이지만, 전반적으로 복잡한 표현을 잘 다루고 상세한 주장을 이해합니다.

부정확하고 부적절한 영어 사용과 착오를 보이지만, 효과적인 구사력을 갖추고 있으며 익숙한 상황에서 상당히 복잡한 표현을 이해하고 사용할 수 있습니다.
6.0 Competent user

5.0 Modest user
부분적인 구사력을 갖추고 있으며 대부분의 상황에서 전반적인 의미를 이해하지만, 실수를 할 가능성이 높으며 자신의 분야에서는 기본적인 의사소통이 가능합니다.

기본적인 구사력이 익숙한 상황에만 한정되어 있고, 이해와 표현에 있어 자주 문제를 경험하며 복잡한 표현을 할 수 없습니다.
4.0 Limited user

3.0 Extremely limited user
매우 익숙한 상황에서 전반적인 의미만을 전달하고 이해하며, 의사소통에 있어 빈번한 실패를 경험합니다.

영어를 이해하는 것을 매우 어려워합니다.
2.0 Intermittent user

1.0 Non-user
일부 단어를 제외하고 영어를 사용할 수 없습니다.

시험 응시자가 문제를 풀지 않았습니다.
0 Did not attempt the test

IELTS 라이팅 소개 및 학습전략

IELTS 라이팅 영역에서는 영어를 사용하는 국가에서 일하거나 공부할 때 필요한 영작문 능력을 평가합니다. 따라서 학습자들은 라이팅 영역 준비 과정을 통해 IELTS 고득점 달성뿐만 아니라 실제 해외 거주와 취업, 그리고 대학 진학 후의 환경에 적응하는 데 효과적으로 대비할 수 있습니다.

Academic Module에서는 Task 1의 시각자료를 보고 요약문 쓰기와 Task 2의 에세이 쓰기가 과제로 주어집니다. 이때, Task 2는 Task 1의 두 배의 배점을 가지며, 써야 할 분량도 더 많습니다. 또한, Task 간의 시간 구분 없이 시험이 진행되고, 짧은 시간 내에 두 가지 과제를 모두 수행해야 하므로 시간 관리에 각별히 주의해야 합니다.

■ IELTS 라이팅은 어떻게 구성되나요?

과제		과제 소개	권장 시간
Task 1	시각자료 분석하기 → 쓰기 시각자료를 분석한 후 분석한 정보를 이용하여 요약문 작성하기	**시각자료 분석하기** 주제에 따른 시각자료의 정보 분석하기 **요약문 쓰기** 분석한 내용을 바탕으로 시각자료의 내용을 이용하여 요약문(150단어 이상) 작성하기	20분
Task 2	쓰기 자신의 의견을 바탕으로 에세이 작성하기	**에세이 쓰기** 주어진 주제에 대한 자신의 의견을 밝히고 구체적인 근거를 제시하는 에세이(250단어 이상) 작성하기	40분
			총 60분

■ IELTS 라이팅은 어떻게 평가하나요?

IELTS 라이팅은 요약문과 에세이의 전개 방식과 구성뿐만 아니라 적절한 어휘 및 문법의 사용 여부, 내용의 정확성 등의 요소를 평가하여 채점합니다. 각 평가 요소와 특징을 함께 살펴보고, 목표 점수를 달성하기 위해 어떤 요소를 보완해야 하는지 알아봅시다.

평가요소	특징
과제 수행 (Task response)	· 주어진 과제를 모두 수행하였다. · 정확하고 완전한 답변을 작성하였다. · Task 1: 시각자료에서 특징적인 내용을 강조하거나 제시하였다. · Task 2: 주어진 주제에 대한 나의 의견을 구체적인 근거와 함께 제시하였다.
일관성과 결합성 (Coherence & cohesion)	· 자연스러운 연결어를 사용하였다. · 문단을 짜임새 있게 구성하였다. · 각 문단의 중심 내용이 명확하게 드러나게 서술하였다. · 명확한 전개가 드러나도록 내용을 논리적으로 배열하였다.
어휘 사용 (Lexical resource)	· 다양한 어휘를 사용하였다. · 어휘 사용에 문법 또는 철자 오류가 없다. · 어휘의 특징을 고려하여 자연스러운 형태로 사용하였다. · 정확한 의미를 전달하는 어휘를 사용하였다.
문법의 다양성과 정확성 (Grammatical range & accuracy)	· 다양한 문장 구조를 사용하였다. · 문장에 문법적 오류가 없다. · 문장 부호를 올바르게 사용하였다.

IELTS 라이팅 소개 및 학습전략

■ IELTS 라이팅 학습전략

1. 표현력을 기릅니다.
내용을 효과적으로 전달하기 위해서는 표현력이 뒷받침되어야 합니다. 이때, 무조건 어려운 어휘와 표현을 외우는 것보다는 실제 답변에서 자신이 직접 사용할 수 있는 표현들을 학습하는 것이 중요합니다. 2주와 3주의 상황별·주제별 필수 표현과 예문들을 통해 유용한 표현들을 익혀 문장 표현력을 기를 수 있습니다.

2. 시각자료 분석 능력을 기릅니다.
Task 1에서는 시각자료를 분석하고 분석한 내용을 요약하는 과제가 주어집니다. 따라서 시각자료에 담긴 모든 내용을 답변에 쓰기보다는 적절한 내용을 고를 수 있는 능력을 길러야 합니다. 또한, 복잡한 내용의 시각자료가 출제되더라도 당황하지 않고 분석메모를 작성할 수 있는 것이 중요합니다. 이런 시각자료 해석 능력은 다양한 시각자료를 분석하고 요약문을 써보는 연습을 통해 기를 수 있습니다.

3. 다양한 주제에 대한 자신의 의견을 정리해둡니다.
Task 2에서는 주제 자체가 어렵지 않더라도, 해당 주제에 대해 깊게 생각해본 적이 없다면 자신의 의견을 정하는 데 어려움을 겪을 수 있습니다. 교재에 수록된 문제와 함께 평소에 다양한 에세이 주제들에 대한 자신의 의견을 간단히 정리해놓으면 실전에서 아이디어를 쉽게 떠올려 에세이의 방향을 정할 수 있습니다.

4. 아이디어를 구조화하는 능력을 기릅니다.
주제에 대한 아이디어만 가지고 있다고 좋은 에세이를 쓰기는 어렵습니다. 아이디어를 요약문과 에세이의 구조에 맞게 구성하여 답변을 작성하면 내용을 더욱 효과적으로 서술할 수 있습니다.

5. 모범답변을 많이 접합니다.
잘 쓰여진 모범답변을 많이 접하면 답변을 효과적으로 구성하는 방법을 익힐 수 있습니다. 또한, 좋은 표현과 어휘 또한 참고하여 쓸 수 있습니다. 이때, 모범답변을 외워서 쓰려고 하기보다는 전반적인 글의 구성과 논리의 흐름을 익히고, 실전에서 쓸 수 있는 핵심 표현을 정리해두는 것이 좋습니다.

■ IELTS 라이팅 시험 Tips

실제 고사장에서 아래 Tip을 염두에 두면 많은 도움이 됩니다.

1. Task 2의 에세이를 먼저 쓰고 그 다음에 Task 1의 요약문을 씁니다.

주어진 60분 이내에 Task 1과 Task 2의 과제를 모두 수행해야 하므로 적절한 시간 배분이 매우 중요합니다. Task 2의 경우 Task 1보다 100단어 이상 길게 써야 하고, 배점도 두 배 더 많습니다. 따라서 Task 2의 에세이를 먼저 완성한 다음 Task 1의 요약문을 쓰는 것이 효율적입니다. Task 1에 20분, Task 2에 40분을 배분하여 서술하는 것을 권장합니다.

2. 시험장에서 여분의 연필과 지우개를 받아 답변을 깔끔하게 씁니다.

IELTS 시험은 답안을 손으로 직접 작성하는 것이 특징입니다. 특히 답변을 길게 써야 하는 라이팅 영역은 깔끔한 답변 작성이 중요합니다. 답변 작성 도중에 연필이 뭉뚝해졌거나 지우개를 미처 가져오지 않았다면 시험장에서 여분의 연필과 지우개를 받아 답변을 깔끔하게 작성할 수 있습니다.

3. 분석메모와 아웃라인은 빠른 시간 안에 간단하게 작성합니다.

분석메모와 아웃라인은 답변을 준비하는 단계이므로 너무 많은 시간을 투자하지 않도록 주의합니다. 자신이 알아볼 수 있는 기호와 언어로 최대한 간단하게 표현하면 좋습니다.

4. 최종 검토를 꼼꼼히 합니다.

좋은 내용의 글이라도 철자가 틀리거나 문법적 실수가 있으면 점수에 좋지 않은 영향을 미칩니다. 답변을 다 작성한 후 2분 정도의 여분 시간을 내어 답변을 꼼꼼히 검토합니다. 또한, 답안지 상단에 응시하는 모듈(Academic 또는 General Training)을 정확히 체크했는지, 응시 정보를 빠짐없이 기입했는지 한 번 더 확인합니다. 답안지를 두 장 이상 작성한 경우, 답안지 상단에 답안지의 페이지 수를 정확히 기입했는지도 다시 한번 확인합니다.

5. 끝까지 집중합니다.

리스닝과 리딩 영역에 이어 쉬는 시간 없이 바로 라이팅 영역 시험이 시작되므로 집중력이 흐려지기 쉽지만 마지막까지 집중력을 잃지 않고 최선을 다하는 것이 중요합니다.

나만의 **학습플랜**

아래의 자가 진단 퀴즈를 풀어 본 후, 자신에게 가장 잘 맞는 학습플랜을 확인하고 그에 맞추어 학습해 봅시다.

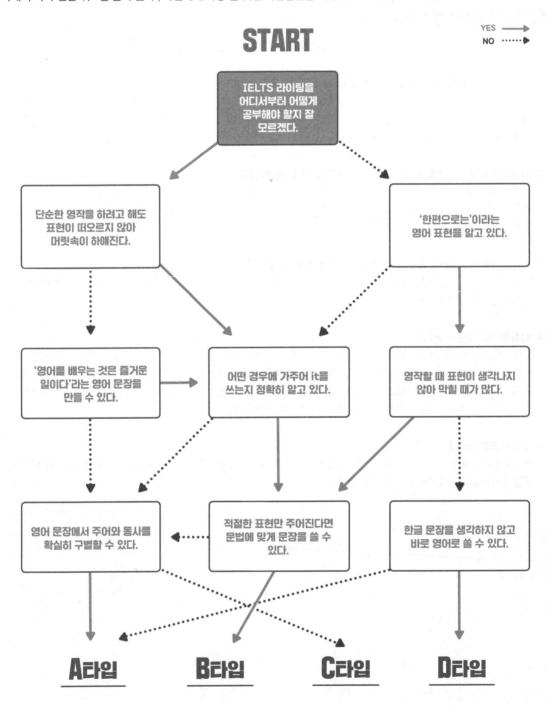

START

YES ⟶
NO ┄┄▸

IELTS 라이팅을 어디서부터 어떻게 공부해야 할지 잘 모르겠다.

단순한 영작을 하려고 해도 표현이 떠오르지 않아 머릿속이 하얘진다.

'한편으로는'이라는 영어 표현을 알고 있다.

'영어를 배우는 것은 즐거운 일이다'라는 영어 문장을 만들 수 있다.

어떤 경우에 가주어 it을 쓰는지 정확히 알고 있다.

영작할 때 표현이 생각나지 않아 막힐 때가 많다.

영어 문장에서 주어와 동사를 확실히 구별할 수 있다.

적절한 표현만 주어진다면 문법에 맞게 문장을 쓸 수 있다.

한글 문장을 생각하지 않고 바로 영어로 쓸 수 있다.

A타입　　**B타입**　　**C타입**　　**D타입**

A타입 / 라이팅의 기본기를 다져야 하는 당신!

영어 문장의 기본적인 구조에 대해 어느 정도 이해는 하고 있지만, 작문으로 연결시키지는 못하는 상황입니다. 영어 표현이 잘 생각나지 않아 글을 쓰다가 막히는 경우도 종종 생기겠네요. 한 달 동안 학습플랜에 따라 문법과 표현, 글쓰기 전략을 차례대로 공부하며 라이팅의 기본기를 다지세요.

4주 학습플랜

	Day 1	Day 2	Day 3	Day 4	Day 5	Day 6
Week 1	1주 1일	1주 2일	1주 3일	1주 4일	1주 5일	1주 6일
Week 2	2주 1일	2주 2일	2주 3일	2주 4일	2주 5일	2주 6일
Week 3	3주 1일	3주 2일	3주 3일	3주 4일	3주 5일	3주 6일
Week 4	4주 1일	4주 2일	4주 3일	4주 4일	4주 5일	4주 6일 ACTUAL TEST

B타입 / 표현력을 키워야 하는 당신!

문법 실력은 있지만 표현력이 부족한 상황입니다. 1주에서는 영어 작문의 복병인 명사절, 부사절, 관계절 부분을 중점적으로 빠르게 훑어보세요. 2주와 3주, 4주를 각각 일주일씩 총 3주 동안 공부한 후, 같은 내용을 다시 한번 복습하는 것이 좋습니다.

3주 학습플랜

	Day 1	Day 2	Day 3	Day 4	Day 5	Day 6
Week 1	1주 1, 2, 3일	1주 4, 5, 6일	2주 1, 2일	2주 3, 4일	2주 5, 6일	3주 1, 2일
Week 2	3주 3, 4일	3주 5, 6일	4주 1일	4주 2일	4주 3일	4주 4일
Week 3	4주 5일	4주 6일	1주	2, 3주	4주	ACTUAL TEST

나만의 **학습플랜**

C타입 ✎ 차근차근 문법의 기초부터 다져야 하는 당신!

문법에도 자신이 없고, 표현력과 아이디어도 부족한 상황입니다. 학습플랜에 따라 한 달 동안 처음부터 차근차근 공부하고, 2주 동안 같은 내용을 다시 한번 복습하는 것이 좋습니다.

6주 학습플랜

	Day 1	Day 2	Day 3	Day 4	Day 5	Day 6
Week 1	1주 1일	1주 2일	1주 3일	1주 4일	1주 5일	1주 6일
Week 2	2주 1일	2주 2일	2주 3일	2주 4일	2주 5일	2주 6일
Week 3	3주 1일	3주 2일	3주 3일	3주 4일	3주 5일	3주 6일
Week 4	4주 1일	4주 2일	4주 3일	4주 4일	4주 5일	4주 6일 ACTUAL TEST
Week 5	1주 1, 2, 3일	1주 4, 5, 6일	2주 1, 2, 3일	2주 4, 5, 6일	3주 1, 2, 3일	3주 4, 5, 6일
Week 6	4주 1일	4주 2일	4주 3일	4주 4일	4주 5일	4주 6일 ACTUAL TEST

D타입 ✎ IELTS 라이팅 실전에 대비해야 하는 당신!

문법과 표현력을 이미 모두 갖추고 있으니, IELTS 라이팅 실전 유형을 대비하여 바로 시험에 도전해도 되겠습니다. 1, 2, 3주에 서는 모르는 내용 위주로 공부하고, 4주는 학습플랜에 따라 일별로 꼼꼼히 공부하세요.

2주 학습플랜

	Day 1	Day 2	Day 3	Day 4	Day 5	Day 6
Week 1	1주 1, 2, 3일	1주 4, 5, 6일	2주 1, 2, 3일	2주 4, 5, 6일	3주 1, 2, 3일	3주 4, 5, 6일
Week 2	4주 1일	4주 2일	4주 3일	4주 4일	4주 5일	4주 6일 ACTUAL TEST

교재학습 TIP

1 매일 주어지는 본문 내용을 학습한 뒤, DAILY CHECK-UP을 풀고 자신이 취약한 부분이 무엇인지 체크합니다. 부족한 부분은 본문을 참고하여 복습하고, DAILY TEST로 마무리합니다.

2 매일 정해진 분량을 끝내지 못했을 경우에는 학습플랜에 따라 계속 진도를 나가되, 자투리 시간에 그 주에 끝내지 못한 부분을 학습합니다.

3 ACTUAL TEST를 풀 때에는 앞에서 학습한 모든 내용을 종합해서 실전처럼 풀어봅니다. Task 1 답변 작성에는 20분, Task 2 답변 작성에는 40분의 시간 제한을 두어, 실제 시험의 답안 작성 시간에 익숙해지도록 하는 것이 중요합니다.

4 1, 2, 3주를 학습할 때, 진도에 따라 문장을 작성해 본 뒤 반드시 자신의 답변을 정답과 비교해봅니다. 반복적으로 틀리는 문법 포인트들은 별도로 체크하여 정리해두는 것이 좋습니다.

5 답변을 작성한 뒤에는 반드시 답변 셀프 체크 포인트를 활용해 스스로 답변을 검토한 후 자신의 답변을 모범답변과 비교합니다. 답변 셀프 체크 포인트를 통해 취약한 부분을 확인하고 이를 보완합니다. 또한, 모범답변의 구조 및 아이디어와 표현을 참고하여 다음에 답변을 작성할 때 적용해보면 좋습니다.

6 스터디 학습을 할 때에는 본문의 내용을 각자 학습해온 뒤, 함께 문장을 써보고 공통적으로 틀린 부분에 대해 이야기해봅니다. 2주와 3주가 끝났을 때에는 그 주에서 학습한 표현들을 모두 알고 있는지 시험을 보는 것도 좋습니다. 4주는 함께 시간을 정해두고 답변을 작성해본 뒤, 서로의 답변을 비교해보고 빠진 내용이나 좋은 표현이 있는지 서로 피드백을 주고받아봅니다.

HACKERS
IELTS
WRITING BASIC

goHackers.com

학습자료 제공·유학정보 공유

HACKERS IELTS WRITING BASIC

1st Week

1주에서는 IELTS 라이팅의 기본을 다지기 위한 문법 포인트를 학습해보겠습니다.
학습한 문법 포인트를 라이팅 답변 작성 시 활용 가능한 문장으로 작문하는
연습을 합니다.

라이팅을 위한 문법 익히기

INTRO

1. 문장의 기본 요소

문장을 구성하는 기본 요소에는 주어, 동사, 목적어, 보어가 있습니다.

주어 (Subject)

문장에서 행위나 상태, 성질의 주체가 되는 것으로, '-은/-는/-이/-가'에 해당하는 말입니다. 명사의 역할을 하는 것은 모두 주어가 될 수 있습니다.

EX 별들이 빛난다. **The stars** shine.
　　　　　　　　　　주어　　　　동사

동사 (Verb)

문장에서 주어의 동작, 상태, 성질을 나타내는 것으로, '-이다/-하다'에 해당하는 말입니다.

EX 별들이 **빛난다.** The stars **shine.**
　　　　　　　　　　주어　　　　동사

목적어 (Object)

문장에서 동사가 나타내는 행위의 대상이 되는 것으로, '-을/-를/-에게'에 해당하는 말입니다.

EX 나는 **별들을** 보았다. I saw **the stars.**
　　　　　　　　　　　주어 동사　목적어

보어 (Complement)

문장에서 동사가 불완전할 때 주어나 목적어를 보충해주는 역할을 합니다. 보어를 반드시 필요로 하는 대표적인 동사가 be동사라는 것을 알면 이해가 좀 더 쉽습니다.

EX 태양은 **별이다.** The sun is **a star.**
　　　　　　　　　　　주어 동사 주격 보어

EX 나는 별들이 **빛나는 것을** 보았다. I saw the stars **shining.**
　　　　　　　　　　　　　　　　주어 동사 목적어 목적격 보어

2. 문장의 확장

문장들이 의미상 밀접하게 연결되어 있을 때, 문장의 기본 단위인 [주어 + 동사]를 여러 개 연결해서 하나의 문장으로 만들 수도 있습니다. 이때 문장 속에 포함된 [주어 + 동사]를 '절'이라고 부르며, 각 절들은 접속사로 연결합니다.

등위접속사 and, but, or, so, for 등으로 대등하게 연결된 두 개의 절을 등위절(대등절)이라고 합니다. 그리고 두 절이 대등하지 않은 관계로 연결되어 하나의 절이 다른 절 속에서 명사, 형용사, 부사 중 한 가지 역할을 하는 절을 종속절이라고 합니다.

짧은 기본 문장들을 나열하는 대신 함께 묶어서 하나의 긴 문장으로 만들면 더 세련된 표현을 할 수 있습니다.

나는 유성을 보았다.   나는 소원을 빌었다.

I saw a shooting star. + I made a wish.

⬇

나는 유성을 보고, 소원을 빌었다.

I saw a shooting star, and I made a wish.

> 두 문장을 접속사(and)로 연결하여 한 문장으로 표현할 수 있습니다. 문장과 문장이 동등한 관계로 연결될 수 있으며, 이를 '등위절(대등절)'이라 합니다.

나는 생각한다. 물은 중요하다.

I think ~. + Water is important.

⬇

나는 물이 중요하다고 생각한다.

I   think   that water is important.
주어 동사   명사절 목적어

> 동사 think의 목적어로 절을 취해야 할 경우, '명사절'을 써 줍니다.

나는 책을 샀다.   그 책은 미술에 관한 것이다.

I bought a book. + The book is about art.

⬇

나는 미술에 관한 책을 샀다.

I   bought   a book   that is about art.
주어   동사   목적어(명사)   관계절
            ⬑___미술에 관한 책___⬏

> 두 문장에 공통된 'book'으로 이들을 연결하면, 뒤의 문장은 앞 문장에서의 목적어 'book'을 수식하는 구조가 됩니다. 명사를 수식하는 것은 형용사이므로 '형용사절(관계절)'을 써 줍니다.

나는 여섯 살이었다.   나는 스키 타는 법을 배웠다.

I was six years old. + I learned how to ski.

⬇

내가 여섯 살 때, 나는 스키 타는 법을 배웠다.

When I was six years old, I learned how to ski.
         부사절   주어 동사   목적어

> 앞 문장을 '~할 때'라는 의미를 나타내게 하여 두 문장을 연결하면, 앞 문장이 뒤 문장을 수식하는 시간의 부사 역할을 하게 됩니다. 이를 '부사절'이라고 합니다.

1일 동명사와 to 부정사

'나는 쓰기를 좋아한다.'를 영어로 써 봅시다. '나는 좋아한다'는 I like, 그리고 like의 목적어 자리에는 '쓰기'라는 단어가 필요합니다. 하지만 write는 '쓰다'라는 동사이므로, 동사 형태를 그대로 쓸 수 없습니다. 목적어가 될 수 있는 것은 명사이기 때문입니다. 이때, 동사 write에 '-ing'나 'to'를 붙여 '쓰기'라는 명사의 형태로 바꾸어 쓰면 됩니다.

▶ I like **writing**. / I like **to write**.
　나는 좋아한다　쓰기를　　　나는 좋아한다　쓰기를

이처럼 [동사원형 + -ing]의 형태로 명사의 역할을 하는 것을 **동명사**, [to + 동사원형]의 형태로 명사, 형용사, 부사의 역할을 하는 것을 **to 부정사**라고 합니다.

 1 **"~하는 것/~하기"는 [동명사]나 [to 부정사]로 씁니다.**

동명사와 to 부정사는 문장에서 명사 역할을 하여 문장의 주어, 목적어, 보어로 쓰입니다.

🔲 **표현 만들기**

외국어를 말하는 것	**speaking** a foreign language
	to speak a foreign language
운동을 하는 것	**exercising**
	to exercise
노래하는 것	**singing**
	to sing
피아노를 연주하는 것	**playing** the piano
	to play the piano

📗 문장 써보기

1. 외국어를 말하는 것은 어렵다.

Speaking a foreign language ⌐
To speak a foreign language ⌐ is difficult.　　　[주어 역할]

2. 나의 취미는 **운동을 하는 것**이다.

My hobby is ⌐ exercising.
　　　　　　 └ to exercise.　　　　　　　　　[보어 역할]

3. 나는 **노래하는 것**을 좋아한다.

I enjoy singing.　　　　　　　　　　　　　[목적어 역할]

4. 나는 **피아노를 연주하는 것**에 능숙하다.

I am good at playing the piano.　　　　　　[전치사의 목적어 역할]

✅ TIP

to 부정사는 주어로 잘 쓰지 않습니다.

동명사와 to 부정사 둘 다 주어로 쓸 수는 있으나, to 부정사를 주어로 쓸 경우에는 다음과 같이 가주어 It을 사용하여 쓰는 것이 좋습니다. (자세한 내용은 '5일 It과 There'에서 학습할 수 있습니다.)

It is difficult **to speak a foreign language**.

✅ TIP

동명사를 목적어로 쓰는 동사와 to 부정사를 목적어로 쓰는 동사

동명사만 목적어로 쓸 수 있는 동사와 to 부정사만 목적어로 쓸 수 있는 동사, 그리고 둘 다 쓸 수 있는 동사가 있습니다. 따라서 동사의 목적어를 쓸 때, 동명사를 쓸지 to 부정사를 쓸지에 주의해야 합니다.

- 동명사를 목적어로 쓰는 동사　　　enjoy, avoid, admit, deny, quit, practice, postpone, give up
- to 부정사를 목적어로 쓰는 동사　　want, decide, demand, plan, hope, agree, ask, promise, choose, learn
- 둘 다 쓰는 동사　　　　　　　　　like, love, hate, continue, prefer, begin, start

---

✅ TIP

전치사의 목적어로는 동명사를 씁니다.

전치사의 목적어는 to 부정사를 쓸 수 없고 동명사를 써야 합니다. 참고로, object to, look forward to, be used to 등에서 to는 to 부정사가 아닌 전치사이므로, to 다음에 반드시 동명사를 씁니다.

나는 거기에 가는 것을 반대한다.　　　　　　나는 너를 보기를 고대한다.
I object to **going** there.　　　　　　　　I look forward to **seeing** you.

그녀는 일찍 일어나는 것에 익숙하지 않다.
She is not used to **getting up** early.

2 "(해야) 할 명사"는 [명사 + to 부정사]로 씁니다.

to 부정사는 형용사 역할을 하여 명사를 수식합니다.

📖 표현 만들기

해야 할 숙제	homework **to do**
쇼핑할 시간	time **to shop**

📖 문장 써보기

1. 나는 **해야 할 숙제**가 있다.

I have **homework to do**.

2. 나는 오후에 **쇼핑할 시간**이 있었다.

I had **time to shop** in the afternoon.

3 "~하기 위해"는 [to 부정사]로 씁니다.

to 부정사는 부사 역할을 하여 동사를 수식합니다.

📖 표현 만들기

좋은 성적을 얻기 위해	**to get** a good grade
가족과 함께 지내기 위해	**to stay** with her family

📖 문장 써보기

1. 나는 **좋은 성적을 얻기 위해** 열심히 공부했다.

I studied hard **to get a good grade**.

2. 그녀는 **가족과 함께 지내기 위해** 부산에 갔다.

She went to Busan **to stay with her family**.

> **✓ TIP**
>
> '~하기 위해'의 뜻으로 목적의 의미를 강조할 때는 [in order to 부정사] 또는 [so as to 부정사]를 씁니다.
>
> 나는 좋은 성적을 얻기 위해 열심히 공부했다.
> I studied hard **in order to get a good grade**.
> I studied hard **so as to get a good grade**.

Jump-up Skills

아래의 문법 포인트들을 추가로 학습한 후, IELTS 라이팅에 활용해봅시다.

1. to 부정사와 동명사에는 기본적인 의미 차이가 있습니다.

to 부정사에는 '미래, 계획'의 의미가, 동명사에는 '이미 한 행위'나 '행위 그 자체'라는 의미가 있습니다.

나는 춤을 추고 싶다. → I like **to dance**.
('아직 춤추지는 않았는데 지금 추고 싶다'라는 의미입니다.)

나는 춤추는 것을 좋아한다. → I like **dancing**.
('지금 춤추고 싶다'가 아니라 '원래 춤추는 것을 좋아한다', '춤추는 행위 그 자체를 좋아한다'라는 의미입니다.)

2. 동명사와 to 부정사의 부정은 동명사와 to 부정사의 앞에 not을 붙입니다.

컴퓨터를 가지고 있지 않은 것은 불편하다.
Not having a computer is inconvenient.

나는 포기하지 않겠다고 결심했다.
I decided **not to give up**.

3. "무엇을/어디서/언제/어떻게 ~할지"는 [what/where/when/how + to 부정사]로 씁니다.

to 부정사는 의문사와 함께 쓰여 명사구의 기능을 합니다.

무엇을 말할지 잊어버렸다.
I forgot **what to say**.

4. "A에게 (to 부정사)할 것을 ~하다"는 [동사 + A + to 부정사]로 씁니다.

이런 형식을 취하는 동사로는 ask, tell, want, allow, help, advise, promise 등이 있습니다.

그는 내게 떠날 것을 요구했다.
He **asked me to leave**.

5. "너무 (형용사)해서 (to 부정사)할 수 없다"는 [too + 형용사 + to 부정사]로 씁니다.

부정의 의미지만 표현에 not을 쓰지 않는 것에 주의합니다.

빵이 너무 단단해서 자를 수 없다.
The bread is **too hard to slice**.

6. "(to 부정사)할 만큼 충분히/충분한"은 [형용사 + enough + to 부정사], [enough + 명사 + to 부정사]로 씁니다.

그는 큰 집을 **살 만큼 충분히 부유하다**.
He is **rich enough to buy** a big house.

그는 큰 집을 **살 만큼 충분한 돈**을 가지고 있다.
He has **enough money to buy** a big house.

DAILY CHECK-UP

🌳 파란색으로 주어진 우리말 표현을 영어로 바꾸어 문장을 완성하세요.

01 약(medicine)을 너무 많이 먹는 것은 당신의 건강에 해로울 수도 있다.

_____ may be harmful to your health.

02 그의 유일한 취미는 동전을 수집하는 것이다.

His only hobby is _____.

＊수집하다 collect

03 그 소녀는 갑자기 울음을 멈추었다.

The girl suddenly _____.

04 나는 인터넷에서 정보를 검색하는 것에 익숙하다.

I am used to _____ on the Internet.

＊검색하다 search for

05 나는 운동을 시작하기로 결심했다.

I decided _____.

＊운동하다 work out

06 너는 그 문제를 풀 만큼 충분한 시간이 있다.

You have enough time _____.

07 우리는 함께할 스터디 그룹을 찾았다.

We found a study group _____.

＊함께하다 join

08 그들은 내게 시간을 지킬 것을 충고했다.

They advised me _____.

＊시간을 지키다 be on time

라이팅을 위한 문법 익히기

09 그는 우리에게 그의 가족의 사진을 보여 주기 위해 **지갑을 꺼냈다.**

He took his wallet out _____.

10 비가 너무 많이 와서 낚시하러 가지 **못했다.**

It rained too much _____.

11 나는 지난주에 나의 부모님을 방문할 기회가 없었다.

I did not have a chance _____ last week.

12 나는 부엌을 청소하는 것에 찬성했다.

I agreed _____.

* 부엌 kitchen

13 그녀는 시험에서 부정행위를 한 것을 부인했다.

She denied _____.

* ~에서 부정행위를 하다 cheat on ~

14 나는 회의(meeting)의 일정을 변경하는 것에 반대한다.

I object to _____.

* 일정을 변경하다 reschedule

15 어떤 사람들은 다른 문화들에 대해 배우기 위해 **여행을 한다.**

Some people travel _____.

정답 p.288

DAILY **TEST**

🌐 끊어 해석한 부분에 유의하여 다음의 우리말 문장을 영어로 바꾸어 쓰세요.

01 텔레비전을 너무 많이 보는 것은 / 아이들에게 나쁘다
  * ~에게 나쁘다 be bad for ~

_____

02 가장 좋은 방법은 / 스트레스를 풀기 위한 / 달리기이다
  * 스트레스를 풀다 relieve stress

_____

03 무엇보다도, / 십 대들은 즐긴다 / 그들의 친구들과 시간을 보내는 것을
  * 무엇보다도 above all   * 십 대 teenager

_____

04 연습을 통해서, / 누구나 능숙해질 수 있다 / 악기를 연주하는 것에
  * 연습을 통해서 through practice   * ~하는 것에 능숙해지다 become skilled at 동명사   * 악기를 연주하다 play an instrument

_____

05 대부분의 사람들은 선호한다 / 일하는 것을 / 낮에
  * 낮에 during the day

_____

06 담배를 피우지 않는 것은 / 가장 쉬운 방법들 중 하나이다 / 폐암을 피할 수 있는
  * 가장 쉬운 the easiest   * 폐암 lung cancer   * 피하다 avoid

_____

07 나이 많은 사람들은 배워야 한다 / 열린 마음을 유지하는 것을
  * 열린 마음을 유지하다 keep an open mind

_____

08 지도자들(leaders)은 방법들을 찾는다 / 다른 사람들에게 동기를 부여할
  * 동기를 부여하다 motivate

_____

09 사람들은 영화를 본다 / 떨어져 잠깐 쉬기 위해 / 현실(reality)로부터

    ＊~로부터 떨어져 잠깐 쉬다 take a break from ~

_____

10 이것은 도와준다 / 점수가 낮은 학생들이 / 그들의 학업 성적을 향상시키는 것을

    ＊점수가 낮은 학생들 students with low grades   ＊학업 성적 academic performance

_____

11 긴 여름 방학은 ~하도록 해준다 / 학생들이 해외에서 공부하도록

    ＊A가 ~하도록 하다 allow A to 부정사   ＊해외에서 공부하다 study abroad

_____

12 대부분의 아이들은 배운다 / 어떻게 수영하는지를 / 어린 나이에

    ＊어린 나이에 at a young age

_____

13 어떤 업무들(tasks)은 너무 어렵다 / 혼자서 처리하기에는

    ＊처리하다 handle

_____

14 부모들은 능숙하다 / 그들의 자녀에게 조언하는 것에

    ＊~에 능숙하다 be good at ~   ＊조언하다 give advice

_____

15 많은 회사들은 만드는 것을 계획한다 / 그들의 제품들을 / 환경친화적으로

    ＊환경친화적인 environmentally friendly

_____

정답 p.288

'잠자는 고양이'를 영어로 써 봅시다. '고양이'는 a cat, 그리고 cat을 수식하는 자리에는 '잠자는'이라는 단어가 필요합니다. 하지만 sleep은 '자다'라는 동사이므로, 동사 형태를 그대로 쓸 수 없습니다. cat이라는 명사를 수식할 수 있는 것은 형용사이기 때문입니다. 이때, 동사 sleep에 '-ing'를 붙여 '잠자는'이라는 형용사로 쓰면 됩니다.

▶ a **sleeping** cat
　　잠자는　　고양이

이처럼 [동사원형 + -ing]의 형태로 형용사의 역할을 하는 것을 **현재분사**, [동사원형 + -ed]의 형태로 형용사의 역할을 하는 것을 **과거분사**라고 합니다.

1 "~하는"은 [현재분사(-ing)]로, "~된(~당한)"은 [과거분사(-ed)]로 씁니다.

분사는 형용사처럼 명사를 수식하거나 보어로 쓰입니다.

📋 표현 만들기

일하는 엄마들	**working** moms
도난당한 시계	a **stolen** watch
피곤하다	feel **tired**
그녀가 노래하는 것을 듣다	hear her **singing**

📋 문장 써보기

1. **일하는 엄마들**은 가족들로부터 도움을 필요로 한다.

　Working moms need help from their families.　　　　[명사 수식 현재분사]

2. 그는 **도난당한 시계**를 차고 있다.

　He is wearing **the stolen watch**.　　　　[명사 수식 과거분사]

3. 나는 매일 **피곤하다**.

　I **feel tired** every day.　　　　[주격 보어 과거분사]

4. 나는 그녀가 샤워하면서 **노래하는 것을** 들었다.

I **heard** her **singing** in the shower.　　　　　[목적격 보어 현재분사]

✅ **TIP**

현재분사와 과거분사의 의미 차이

현재분사는 능동의 의미(직접 ~하는)를, 과거분사는 수동의 의미(~된, ~당한)를 가집니다. 동사 excite(~을 흥미롭게 하다, 흥분시키다)의 경우를 살펴봅시다.

- **exciting(현재분사)**: '흥미 있게 해주는, 흥분시키는'의 의미
  exciting movies(재미있는 영화), **exciting** games(신나는 게임)와 같이 쓰입니다.

- **excited(과거분사)**: '흥미 있어 하는, 흥분된' 등 excite라는 행위를 당한다는 의미
  an **excited** boy(신이 난 소년), greatly **excited** people(매우 흥분된 사람들)과 같이 쓰입니다.

✅ **TIP**

분사의 어순

분사는 대개 명사 앞에서 [분사 + 명사]의 순서로 수식하지만, 분사가 구를 이룰 때는 [명사 + 분사구]의 순서가 됩니다.

도난당한 시계　a **stolen** watch

지하철에서 도난당한 시계　a watch **stolen** on the subway

---

 2 "~할 때/~하기 때문에/~한다면/~하면서"는 [분사구문]으로 씁니다.

[분사구문 + 주절]은 [부사절 + 주절]의 문장 형태를 줄여서 쓸 수 있는 방법으로, 부사절과 주절에서 중복되는 주어를 없애고 분사를 이용해 간단하게 표현한 것입니다.

📙 **표현 만들기**

역에 도착했을 때	**Arriving** at the station, I ~
	(= When I arrived at the station, I ~)
차에 치였기 때문에	**Hit** by a car, he ~
	(= Because he was hit by a car, he ~)
왼쪽으로 돌면	**Turning** left, you ~
	(= If you turn left, you ~)
음악을 들으면서	**Listening** to music, I ~
	(= As / While I was listening to music, I ~)

📖 문장 써보기

1. 역에 도착했을 때, 나는 그에게 전화했다.

Arriving at the station, I called him
[시간의 분사구문]

2. 차에 치였기 때문에, 그는 병원에 가야 했다.

Hit by a car, he had to go to a hospital.
[이유의 분사구문]

3. 왼쪽으로 돌면, 너는 큰 빌딩을 보게 될 거야.

Turning left, you will see a big building.
[조건의 분사구문]

4. 음악을 들으면서, 나는 잠들었다.

Listening to music, I fell asleep.
[동시상황의 분사구문]

> ✅ **TIP**
>
> **분사구문을 쓸 때, 과거분사를 쓸지 현재분사를 쓸지는 주절의 주어에 의해 결정됩니다.**
>
> 주어가 행위를 당하는 대상(수동의 의미)이면 과거분사, 행위를 하는 주체(능동의 의미)이면 현재분사를 씁니다.
>
> 그는 차에 치였기 때문에 병원에 가야 했다.
> **Hit** by a car, **he** had to go to a hospital.
>
> 사람을 치어서 버스 운전사는 체포되었다.
> **Hitting** a man, **the bus driver** was arrested.

> ✅ **TIP**
>
> **분사구문에서 접속사를 쓰는 경우도 있습니다.**
>
> 분사구와 주절의 의미 관계(시간, 이유, 양보, 조건 등)가 명확할 경우에는 접속사를 생략해도 되지만, 생략하지 않고 그대로 쓰는 경우도 있습니다. 약간이라도 의미가 모호하다 싶을 때는 반드시 접속사를 써서 의미를 명확히 해줍니다.
>
> 도움을 청하기 전에, 너는 최선을 다해야 한다.
> Asking for help, you should do your best.
>
> 접속사가 없으면, '도움을 청하는 것'과 '최선을 다하는 것'의 관계가 무엇인지 명확하지 않으므로 의미가 모호해질 수 있습니다. '도움을 청하기 전에'라고 해석할 확률이 100%가 아니라면 접속사를 써주도록 합니다.
>
> **Before asking** for help, you should do your best.

Jump-up Skills

아래의 문법 포인트들을 추가로 학습한 후, IELTS 라이팅에 활용해봅시다.

1. 분사구문

분사구문은 부사절의 접속사를 없애고, 분사구문의 주어와 주절의 주어가 일치하는 경우 주어를 생략하고 동사를 분사의 형태(동사원형 + -ing)로 만듭니다.

피곤했기 때문에, 나는 일찍 잠자리에 들었다.

Because I felt tired, I went to bed early.

= **Feeling tired**, I went to bed early.

그녀는 혼자 남겨지자, 울기 시작했다.

When she was left alone, she began to cry.

= **(Being) Left alone**, she began to cry.

분사구문 맨 앞에 Being이 오면 대체로 생략합니다.

2. 분사의 부정은 분사 앞에 not을 붙입니다.

무슨 말을 해야 할지 **몰랐기 때문에**, 나는 조용히 있었다.

Not knowing what to say, I kept silent.

3. "(명사)를 ~한 채로, ~하면서"의 표현은 [with + 명사 + 분사]로 씁니다.

그는 **그의 눈을 감은 채로** 노래를 들었다.

He listened to the song **with his eyes closed**.

4. 명사나 부사가 분사와 하이픈으로 연결된 [명사-분사], [부사-분사]는 한 단어의 형용사처럼 쓰입니다.

영어를 쓰는 English-speaking
잘 알려진 well-known

전 세계에는 **영어를 쓰는** 국가들이 많다.

There are many **English-speaking** countries worldwide.

그는 그의 연구 분야에서 **잘 알려진** 교수이다.

He is a **well-known** professor in his field of work.

5. "~을 -당하다, (누군가를 시켜서) ~을 -하게 하다"의 표현은 [have + 목적어 + 과거분사]로 씁니다.

나는 지갑을 도둑 맞았다.

I **had** my wallet **stolen**.

나는 프린터를 수리하게 했다.

I **had** the printer **repaired**.

DAILY CHECK-UP

🌳 파란색으로 주어진 우리말 표현을 영어로 바꾸어 문장을 완성하세요.

01 우리를 향해 오고 있는 소녀가 Jessica이다.

The girl _____ is Jessica.

＊ ~를 향해 오다 come toward ~

02 그는 영어로 쓰여진 소설책을 읽는 것을 즐긴다.

He enjoys reading novels _____.

03 버스를 기다리는 많은 사람들이 있었다.

There were many people _____.

04 나는 네가 도서관에서 공부하는 것을 보았다.

I saw you _____.

05 당신은 타고 있는 초를 들고 있을 때 조심해야 한다.

You should be careful when you are holding a _____.

＊ 타다 burn   ＊ 초 candle

06 그녀는 한 시간 내에 프린터를 고치게 했다.

She _____ in an hour.

＊ 고치다, 수리하다 fix

07 길을 걸어가다가, 나는 Ben과 우연히 마주쳤다.

_____, I ran into Ben.

＊ 우연히 마주치다 run into

08 한 남자에게 쫓기며, 그 도둑은 모퉁이를 돌아 뛰었다.

_____, the thief ran around the corner.

＊ 쫓다 follow

09 그의 이메일 주소(email address)를 몰랐기 때문에, 그녀는 그에게 연락할 수 없었다.

_____, she could not contact him.

10 파티에서 지루해졌기 때문에, 나는 양해를 구하고 그 방을 떠났다.

_____, I left the room giving an excuse.

＊지루해지다 be bored　＊양해를 구하다 give an excuse

11 왼쪽으로 돌면, 당신은 편의점을 발견할 것이다.

_____, you will find the convenience store.

12 해변을 따라서 걷다가, 우리는 게를 잡았다.

_____, we caught a crab.

＊~을 따라서 걷다 walk along ~

13 돈을 전혀 갖고 있지 않았기 때문에, 나는 내 친구를 위한 선물을 살 수 없었다.

_____, I was unable to buy a gift for my friend.

14 Jane은 다리를 꼰 채로 의자에 앉아있었다.

Jane was sitting in a chair _____.

15 그것이 다른 학생의 잘못(fault)이라는 것을 몰랐기 때문에, 선생님은 나를 야단쳤다.

_____, the teacher scolded me.

정답 p.289

라이팅을 위한 문법 익히기

1st Week

2일

Hackers IELTS Writing Basic

DAILY TEST

🎯 끊어 해석한 부분에 유의하여 다음의 우리말 문장을 영어로 바꾸어 쓰세요.

01 대도시들의 대기 오염 문제는 / 관련되어 있다 / 증가하는 수와 / 자동차들의
  ＊대기 오염 air pollution   ＊~와 관련되어 있다 be related to ~   ＊~의 수 the number of ~

_____

02 사람들은 살고 싶어 하지 않는다 / 공장들 근처에서 / 화학 폐기물을 방출하는
  ＊화학 폐기물 chemical waste   ＊방출하다 emit

_____

03 몇몇 TV 프로그램들은 / 아이들에 의해 시청되는 / 재미있고 교육적이다
  ＊재미있는 fun   ＊교육적인 educational

_____

04 당신은 발견할 수 있다 / 실용적인 조언을 / 책들에 쓰여진
  ＊실용적인 조언 practical advice

_____

05 많은 학생들이 있다 / 주의를 기울이지 않는 / 수업 시간에
  ＊주의를 기울이다 pay attention   ＊수업 시간에 in class

_____

06 단체로 여행하면서, / 여행객들(tourists)은 절약할 수 있다 / 돈을
  ＊단체로 in a group   ＊절약하다 save

_____

07 기회가 주어진다면 / 역사적 인물을 만날, / 대부분의 과학자들은 만날 것이다 / 아인슈타인(Einstein)을
  ＊역사적 인물 historical figure

_____

08 형편없는(poor) 서비스를 맞닥뜨릴 때, / 식당에서 / 어떤 손님들은 표현한다 / 그들의 불만을
  ＊맞닥뜨리다 encounter   ＊손님 customer   ＊표현하다 express   ＊불만 dissatisfaction

_____

09 한 가지를 고를 것을 요청받는다면 / 그들의 나라를 대표하는, / 대부분의 한국인들은 김치를 선택할 것이다

    ＊~할 것을 요청받다 be asked to 부정사   ＊대표하다 represent

---

10 정보화 시대(information age)에 자랐기 때문에, / 요즘 아이들은 능숙하다 / 전자기기를 사용하는 것에

    ＊자라다 grow up   ＊~에 능숙하다 be good at ~   ＊전자기기 electronics

---

11 교훈들(lessons)은 / 개인적인 경험을 통해 배운 / 더 의미가 깊다 / 충고(advice)보다

    ＊개인적인 경험 personal experience   ＊의미가 깊은 meaningful

---

12 증가하는 폭력(violence)을 꺼려하기 때문에, / 사람들은 원한다 / 총기들(guns)에 대한 더 엄격한 법을

    ＊~을 꺼리다, 두려워하다 be afraid of ~   ＊~에 대한 더 엄격한 법 stricter laws on ~

---

13 잘 계획된 활동들은 만든다 / 당신의 여가 시간(free time)을 / 더 유쾌하게

    ＊유쾌한, 즐거운 enjoyable

---

14 그들의 부모님들이 집안일(household chores) 하는 것을 도우면서, / 아이들은 배울 수 있다 / 책임감을

    ＊A가 B하는 것을 돕다 help A with B   ＊책임감 responsibility

---

15 차들은 / 동네(neighborhood)를 통과해 지나가는 / 일으킨다 / 소음 공해를

    ＊~을 통과해 지나가다 pass through ~   ＊일으키다 cause   ＊소음 공해 noise pollution

라이팅을 위한 문법 익히기

1st Week

2일

Hackers IELTS Writing Basic

정답 p.290

'내가 너를 좋아한다는 것'을 영어로 써 봅시다. '내가 너를 좋아한다'는 I like you, 그리고 '~라는 것'을 표현해 주는 단어가 필요합니다. 이때, **명사절**을 이끄는 접속사 that을 I like you 앞에 붙여주면 됩니다.

▶ **that** I like you

'네가 책을 읽을 때'를 영어로 써 봅시다. '네가 책을 읽는다'는 you read a book, 그리고 '~할 때'를 표현해 주는 단어가 필요합니다. 이때, 시간의 **부사절**을 이끄는 접속사 when을 you read a book 앞에 붙여주면 됩니다.

▶ **when** you read a book

 "~하는 것/~하는지"는 [명사절]로 씁니다.

명사절은 문장에서 명사처럼 주어, 보어, 목적어, 전치사의 목적어, 동격절로 쓰입니다.

■ 명사절 = [명사절 접속사 + (주어) + 동사]

~하는 것, 무엇이/무엇을 ~하는지	**what**
~하는 것	**that**
~인지 아닌지/어떤지	**whether, if**
누가/누구를 ~하는지, ~하는 사람	**who**
언제 ~하는지	**when**
어디에서 ~하는지	**where**
왜 ~하는지	**why**
어떻게 ~하는지	**how**

📘 표현 만들기

어제 일어났던 것	**what** happened yesterday
우리가 규칙을 따라야 한다는 것	**that** we have to follow the rules
당신이 전에 그것을 들어본 적이 있는지 (없는지)	**whether** you have ever heard of it before (or not)
누가 창문을 깨뜨렸는지	**who** broke the window
왜 재활용이 필요한지	**why** recycling is necessary
어떻게 기계가 작동하는지	**how** the machine works
언제 영화가 시작하는지	**when** the movie starts
그가 시험에 합격했다는 사실	**the fact that** he passed the exam

📝 문장 써보기

1. 어제 일어났던 것은 내게 많은 것을 의미했다.

What happened yesterday meant a lot to me.　　　　　　　　　　　　　[주어 역할]

2. 중요한 것은 **우리가 규칙을 따라야 한다는 것**이다.

The important thing is **that we have to follow the rules**.　　　　　　　[보어 역할]

3. 나는 **당신이 전에 그것을 들어본 적이 있는지** 궁금하다.

I wonder **whether you have ever heard of it before**.　　　　　　　　　[목적어 역할]

4. 나는 **누가 창문을 깨뜨렸는지** 모른다.

I do not know **who broke the window**.　　　　　　　　　　　　　　　[목적어 역할]

5. 최근의 연구들은 **왜 재활용이 필요한지**를 설명한다.

Recent studies explain **why recycling is necessary**.　　　　　　　　　[목적어 역할]

6. **어떻게 기계가 작동하는지** 내게 말해 보아라.

Tell me **how the machine works**.　　　　　　　　　　　　　　　　　[목적어 역할]

7. 그것은 **언제 영화가 시작하는지**에 달려 있다.

It depends on **when the movie starts**.　　　　　　　　　　　[전치사의 목적어 역할]

8. 그가 **시험에 합격했다는 사실**이 놀랍다.

The fact that he passed the exam is surprising.　　　　　　　　　　　[동격절]

'the fact'와 that절은 서로 동격의 관계입니다.

> ✅ **TIP**
>
> what(~하는 것, 무엇이 ~하는지)과 who(~하는 사람, 누가 ~하는지)가 주어로 쓰이면 바로 뒤에 동사가 옵니다.
>
> 무엇이 너를 행복하게 만드는지/너를 행복하게 만드는 것
> **what makes** you happy
>
> 누가 너를 행복하게 만드는지/너를 행복하게 만드는 사람
> **who makes** you happy

> ✅ **TIP**
>
> what과 that
> 둘 다 '~하는 것'으로 해석되지만, what은 그 자체가 '~것'이라는 명사 역할을 하기 때문에 what 다음에는 주어나 목적어, 보어 중 하나가 빠진 불완전한 문장이 옵니다. 반면에 that은 접속사 역할만을 하기 때문에 that 다음에는 완전한 문장이 옵니다.
>
> **What** <u>happened</u> <u>yesterday</u> meant a lot to me. → [동사 + 부사]의 불완전한 문장
> 　　　　　동사　　　　부사
>
> The important thing is **that** <u>we</u> <u>have</u> to follow <u>the rules</u>. → [주어 + 동사 + 목적어]의 완전한 문장
> 　　　　　　　　　　　　　　주어　동사　　　　　목적어

② "~할 때/~한다면/~하므로/비록 ~하지만"은 [부사절]로 씁니다.

부사절은 문장 내에서 부사의 역할을 합니다.

■ 부사절 = [부사절 접속사 + 주어 + 동사]

~이므로, ~하기 때문에 (원인)	**because, since, as, now that**
~할 때, ~하는 동안에 (시간)	**when, as, while**
비록 ~일지라도 (양보)	**although, though**
~인 반면에 (대조)	**while, whereas**
만일 ~라면, ~인 경우에 (조건)	**if, in case, granting that**
~하기 위해서, ~할 수 있도록 (목적)	**so that, in order that**
매우 ~해서 ─하다 (결과)	**so** 형용사/부사 **that, such** 명사 **that**
~하는 한 (제한)	**as long as, as far as**

■ 부사절의 위치

1) 주어 + 동사 + 부사절   I like her **because she is smart.**
2) 부사절 + comma(,) + 주어 + 동사   **Because she is smart,** I like her.

📖 표현 만들기

당신이 책을 읽고 있을 때	**when** you are reading a book
당신이 혼자 산다면	**if** you live alone
일은 스트레스가 될 수 있는 반면에	**while** work can be stressful
너무 시끄러워서 모두가 들을 수 있는	**so** loud **that** everyone can hear you

📖 문장 써보기

1. **책을 읽고 있을 때** 당신은 행복해 보인다.

You look happy **when you are reading a book.**

2. **당신이 혼자 산다면,** 당신은 책임감 있게 된다.

If you live alone, you become responsible.

3. **일은 스트레스가 될 수 있는 반면에,** 가족과의 시간은 재미있고 편안하다.

Family time is fun and relaxing, **while work can be stressful.**

4. 당신의 목소리가 **너무 시끄러워서 모두가 들을 수 있겠다.**

Your voice is **so loud that everyone can hear you.**

☑ **TIP**

부사절과 comma의 사용

부사절이 맨 앞에 올 때는 comma가 사이에 오고, 주절 뒤에 올 때는 comma를 쓰지 않는 것이 원칙입니다. 하지만, 예외적으로 '~인 반면에'의 뜻으로 while과 whereas를 쓸 때는 부사절이 주절 뒤에 올 때도 comma를 씁니다.

그의 아버지는 마른 반면에 John은 뚱뚱하다.
John is fat, **whereas** his father is skinny.

Jump-up Skills

아래의 문법 포인트들을 추가로 학습한 후, IELTS 라이팅에 활용해봅시다.

1. whether와 if의 차이

① whether가 이끄는 절은 주어, 목적어, 보어로 쓰입니다.

그녀가 올지 안 올지는 중요하지 않다.
[**Whether** she comes or not] does not matter.　　　　[주어]

나는 그가 정직한지 아닌지를 여전히 의심한다.
I still question [**whether** he is being honest].　　　　[목적어]

중요한 것은 그녀가 오느냐 안 오느냐는 것이다.
The important thing is [**whether** she will come or not].　　　[보어]

② whether는 to 부정사를 이끌 수 있고, if는 목적어가 되는 명사절만을 이끕니다.

그들은 떠날지 머무를지 결정할 수 없다.
They cannot decide **whether to leave or stay**.

나는 그녀가 올지 안 올지 궁금하다.
I wonder **if** she will come.

2. 조건을 나타내는 in case와 if의 차이

① if는 '어떤 상황이 발생할 경우에만'의 의미일 때 씁니다.

그들이 오면, 우리는 다른 테이블을 마련할 것이다.
If they come, we will set up another table.

② in case는 '어떤 상황이 일어날 것을 대비하여', 즉 '실제로 상황이 발생하지 않을지라도 일단은'의 의미일 때 씁니다. 따라서 in case 뒤에는 발생 가능한 미래의 상황이 등장합니다.

그들이 올 수도 있으니까 (오든 안 오든) 다른 테이블을 마련합시다.
Let's set up another table **in case** they come.

3. 이유를 나타내는 as와 because의 차이

① as는 글을 읽는 사람이 이미 이유를 알고 있거나, 이유가 별로 중요하지 않은 상황에 씁니다.

비가 다시 오니까, 우리는 집에 있는 게 낫겠다.
As it is raining again, we had better stay at home.

② because는 새로운 정보를 제시하거나 중요한 이유를 나타낼 때 씁니다.

나는 아팠기 때문에, 출근하지 않았다.
Because I was sick, I did not go to work.

4. "~해서 (형용사)하다"는 [형용사 + that절]로 씁니다.

touched, sorry, pleased, glad, sure, afraid, amazed 등 감정이나 태도를 나타내는 형용사 뒤에는 that절을 쓰며, 이때 that은 생략할 수 있습니다.

모두들 나를 위로하려고 노력해서 나는 감동받았다.
I was touched (**that**) everybody tried to cheer me up.

🔵 파란색으로 주어진 우리말 표현을 영어로 바꾸어 문장을 완성하세요.

01 그녀는 그녀의 디자인이 거절됐다는 사실을 받아들일 수 없었다.

She could not accept _____.

＊거절하다 reject

02 그들은 커피를 너무 많이 마시는 것이 건강에 해롭다는 것을 지적했다.

They pointed out _____.

＊건강에 해로운 unhealthy

03 그는 근처에(nearby) 우체국이 있는지 없는지를 몰랐다.

He did not know _____.

04 나는 내가 여행에서 경험했던 것에 대해 적었다.

I wrote about _____.

＊여행에서 on the trip

05 그녀는 좋은 성적을 받아서 기뻤다.

She was pleased _____.

＊좋은 성적을 받다 receive a good grade

06 화재경보가 울릴 때, 모든 사람은 건물을 나가야 한다.

_____, everyone must exit the building.

＊화재경보 fire alarm ＊울리다 ring

07 나는 Terry가 어디로 갔는지 궁금하다.

I wonder _____.

08 왜 내가 비 오는 날을 좋아하는지를 설명하기는 어렵다.

It is hard to explain _____.

＊비 오는 날 rainy days

09 어떻게 그 사고(accident)가 일어났는지를 나에게 말해 줘.

Tell me _____ .

10 네가 수업 중이었을 때 그가 잠깐 들렀다.

He stopped by _____ .

* 수업 중이다 be in class

11 만일 당신이 프로젝트를 끝마치지 않으면, 당신은 그 과정을 통과하지 못할 것이다.

_____ , you will not pass the course.

12 우리는 연구를 더 해야 할 필요가 있으므로, 도서관에 가야 한다.

_____ , we should go to the library.

* 연구를 하다 research

13 그녀는 더 건강해지기 위해서 채식주의자가 됐다.

She became a vegetarian _____ .

14 비록 나는 뉴욕에 살고 있지만, 캘리포니아에서 성장했다.

_____ , I grew up in California.

15 네가 그것들을 필요로 하는 한 그 책들을 가지고 있어도 좋다.

You may keep the books _____ .

정답 p.290

라이팅을 위한 문법 익히기

1st Week

3일

Hackers IELTS Writing Basic

끊어 해석한 부분에 유의하여 다음의 우리말 문장을 영어로 바꾸어 쓰세요.

01 나는 동의한다 / 부모들이 최고의 선생님이라는 것에

＊최고의 the best

---

02 나는 믿는다 / 텔레비전이 줄여 왔다는 것을 / 가족 간의 대화(communication)를

＊줄이다, 감소시키다 reduce ＊가족 간의 among family members

---

03 나는 의심스럽다 / 매일 숙제를 하는 것이 학생들을 도울 것인지 / 더 잘 배우도록

＊의심스럽다 doubt

---

04 어떤 사람이 부유하다는 사실이 / 그들을 만들지는 않는다 / 성공적으로

＊성공적인 successful

---

05 사람들이 다양한 방식으로 배운다는 생각(idea)은 / 일반적으로 받아들여진다

＊다양한 방식으로 in different ways ＊일반적으로 generally ＊받아들이다 accept

---

06 우리는 알 필요가 있다 / 어떻게 새로운 영화관이 영향을 미칠 것인지 / 지역 경제에

＊영향을 미치다 affect ＊지역 경제 local economy

---

07 중요한 것은 / 똑같은 기회들이 주어진다는 것이다 / 모두에게

＊기회 opportunity

---

08 문제는 / 사람들이 중독되어가고 있다는 것이다 / 소셜 미디어에

＊~에 중독되다 become addicted to ~ ＊소셜 미디어 social media

---

09 많은 사람들이 역사를 공부하는 반면에, / 소수만이 인식한다 / 그것의 가치(value)를
　＊소수만이 only a few　＊인식하다 recognize

_____

10 중요하다 / 돈을 모으는 것은 / 예기치 않은 무언가가 발생할 것을 대비하여
　＊예기치 않은 unexpected　＊발생하다 happen

_____

11 비록 컴퓨터가 만들어 왔지만, / 우리의 삶을 더 쉽게 / 몇몇 단점들도 있다 / 마찬가지로
　＊단점 drawback　＊마찬가지로 as well

_____

12 슈퍼히어로 영화들(superhero movies)은 매우 인기가 많아서 / 그것들은 벌어들인다 / 수백만 달러를
　＊수백만의 millions of

_____

13 도시에 사는 것이 스트레스가 될 수 있는 반면에, / 또한 많은 혜택들(benefits)도 있다
　＊스트레스가 되는 stressful

_____

14 과학자들은 알아내려고 노력하고 있다 / 무엇이 사람들을 도울 수 있었는지 / 더 오래 살도록
　＊알아내다, 밝히다 determine

_____

15 여러 가지 옷을 입는 것은 / 때때로 영향을 준다 / 어떻게 사람들이 행동하는지에
　＊여러 가지의 different　＊영향을 주다 influence　＊행동하다 behave

_____

정답 p.291

'상을 탄 사람'을 영어로 써 봅시다. '사람'은 the person, 그리고 '상을 탔다'는 won the prize입니다. '상을 탄 사람'은 the person을 won the prize가 뒤에서 수식하면 됩니다. 하지만 the person이라는 명사구를 수식할 수 있는 것은 형용사이기 때문에 won the prize라는 동사구를 그대로 쓸 수 없습니다. 이때, 관계대명사 who를 붙여 연결하면 됩니다.

▶ the person **who** won the prize

이처럼 명사를 수식하고 싶은 말이 문장처럼 길어질 때, 문장에 관계대명사/관계부사를 사용하여 연결할 수 있습니다. 이렇게 관계대명사/관계부사로 연결되어 형용사 역할을 하는 것을 **관계절(형용사절)**이라고 합니다.

"(주어가) ~하는 명사"는 [명사 + 관계대명사 + (주어) + 동사]로 씁니다.

■ 관계절 = [관계대명사 + (주어)+ 동사]

- who, whose, whom
- which
- that

■ 관계대명사는 관계절 내에서 주어, 목적어 등의 역할을 하면서 관계절을 이끌어 앞에 오는 명사를 수식해 줍니다. 따라서 관계대명사 뒤에는 주어나 목적어 등이 빠진 불완전한 문장이 옵니다.

I met ⌐a girl⌐. ⌐She⌐ works at a department store.
→ I met a girl **who** works at a department store.
　　나는 백화점에서 일하는 소녀를 만났다.

관계대명사 who가 원래 주어 'she'를 대신하므로, who 다음에는 주어가 빠진 불완전한 문장이 옵니다.

These are ⌐the keys⌐. You were looking for ⌐them⌐.
→ These are the keys **that** you were looking for.
　　이것들은 네가 찾고 있던 열쇠들이다.

관계대명사 that이 원래 목적어 'them'을 대신하므로, that 다음에는 목적어가 빠진 불완전한 문장이 옵니다.

📄 표현 만들기

결정을 내리는 사람	the person **who** makes the decisions
그가 추천한 영화	the movie **that** he recommended
차가 고장 났던 여자	a woman **whose** car had broken down
내가 이야기할 수 있는 친구	a friend to **whom** I can talk

📄 문장 써보기

1. 그는 **결정을 내리는 사람**이 아니다.

He is not **the person who makes the decisions**. [주격 관계대명사]

2. 나는 **그가 추천한 영화**를 보았다.

I watched **the movie that he recommended**. [목적격 관계대명사]

3. 나는 **차가 고장 났던 여자**를 도와주었다.

I helped **a woman whose car had broken down**. [소유격 관계대명사]

4. 나는 **내가 이야기할 수 있는 친구**를 찾았다.

I found **a friend to whom I can talk**. [전치사의 목적어]

(= I found a friend whom I can talk to.)

> ⊘ **TIP**
>
> 선행사(수식 받는 명사)가 사물이면 which나 that을, 사람이면 who나 that을 씁니다.
>
> 냉장고는 음식을 차게 유지하는 기계이다.
> A refrigerator is **a machine which/that** keeps food cold.
>
> 옆집에 사는 여자는 선생님이다.
> **The woman who/that** lives next door is a teacher.

> ⊘ **TIP**
>
> 목적격 관계대명사 whom, that, which는 생략할 수 있습니다.
>
> 나는 네가 만나고 싶어하던 여자와 우연히 마주쳤다.
> I ran into the woman **(whom)** you wanted to see.
>
> Eric은 내가 의지할 수 있는 유일한 사람이다.
> Eric is the only person **(that)** I can rely on.
>
> 네가 본 영화는 토론토에서 촬영되었다.
> The movie **(which)** you watched was filmed in Toronto.

(주어가) ~하는 장소 / 시간 / 이유 / 방법"은 [장소 / 시간 / 이유 / 방법의 명사 + 관계부사 + 주어 + 동사]로 씁니다.

■ 관계절 = [관계부사 + 주어 + 동사]

- where
- when
- why
- how

■ 관계부사는 관계절을 이끌어 앞에 오는 명사를 수식해 주고, 관계절 내에서 부사 역할을 합니다. 따라서 관계부사 뒤에는 주어, 목적어 등을 갖춘 완전한 문장이 옵니다.

I am looking for a restaurant. I can have steak in the restaurant.
→ I am looking for a restaurant **where** I can have steak.
　　나는 스테이크를 먹을 수 있는 레스토랑을 찾고 있다.

관계부사 **where**는 부사구 'in the restaurant'을 대신하므로, **where** 뒤에는 주어, 동사, 목적어를 갖춘 완전한 문장이 옵니다.

🔲 표현 만들기

우리가 슈렉을 본 영화관	the cinema **where** we saw *Shrek*.
우리가 Joe를 처음 만난 날	the day **when** we first met Joe
내가 채식주의자인 세 가지 이유	three reasons **why** I am a vegetarian
우리가 공부하는 방법	**the way** we study/**how** we study

🔲 문장 써보기

1. 우리가 슈렉을 본 영화관은 폐업했다.

The cinema **where** we saw *Shrek* went out of business.　　　　[장소의 명사 + where]

2. 그 사고는 우리가 Joe를 처음 만난 날에 일어났다.

The accident happened **the day when we first met Joe.**　　　　[시간의 명사 + when]

3. 내가 채식주의자인 세 가지 이유가 있다.

There are **three reasons why I am a vegetarian.**　　　　[이유의 명사 + why]

4. 인터넷은 우리가 공부하는 방법을 바꿨다.

The Internet has changed **the way we study.**　　　　[방법의 명사/how]
The Internet has changed **how we study.**

'~하는 방법/방식'이라고 관계절을 쓸 때는 'the way how'처럼 함께 쓰지 않고, 'the way'나 'how'만 써서 [the way + 주어 + 동사]나 [how + 주어 + 동사]로 씁니다.

Jump-up Skills

아래의 문법 포인트들을 추가로 학습한 후, IELTS 라이팅에 활용해봅시다.

1. 관계절의 계속적 용법

계속적 용법이란 관계절이 명사를 수식하는 것(제한적 용법)이 아니라, 명사나 문장 전체를 부가적으로 설명하는 용법을 말합니다. 즉 어떤 설명을 덧붙이는 느낌으로 관계절을 사용하는 것입니다. [주어 + 동사, 관계절] 또는 [주어, 관계절, 동사]로 표현할 수 있고, 관계사로는 which, who, whose, where 등을 쓸 수 있습니다. 단, 문장 전체에 대한 부가적 설명은 **which** 로만 쓸 수 있습니다.

그녀는 머리 스타일을 바꿨는데, 이것은 그녀에게 무슨 일이 일어났음을 의미할지도 모른다.
She changed her hairstyle, **which** may mean that something has happened to her.

Laura는, 옆집에 살았었는데, 얼마 전에 결혼했다.
Laura, **who** used to live next door, just got married.

2. 다음의 경우에는 관계대명사로 that만 사용할 수 있습니다.

① [the only/the very/the same/the 서수/the 최상급 + 명사]를 수식할 때

그는 내가 이야기하고 싶은 유일한 사람이다.
He is **the only** one **that** I feel like talking to.

② [all/any/some/every/many/no + 명사]를 수식할 때

영어를 잘하는 모든 학생   **every** student **that** speaks English well
음악을 즐기는 몇몇의 사람들   **some** people **that** enjoy music

③ anything/something/nothing/everything을 수식할 때

네가 원하는 것은 무엇이든지 말해 봐.
Tell me **anything that** you want.

3. 다음의 경우에는 관계대명사 that을 절대 사용할 수 없습니다.

① comma 뒤의 **계속적 용법**으로 관계절을 쓸 때

그 프로젝트는 끝났는데, 그것은 우리가 마침내 쉴 수 있다는 것을 의미한다.
The project is complete, **that** means we can finally relax. (×)
The project is complete, **which** means we can finally relax. (○)

② **전치사 + 관계대명사 that**

여기가 그녀가 일하는 식당이다.
This is the restaurant **at that** she works. (×)
This is the restaurant **at which** she works. (○)
This is the restaurant **that** she works **at**. (○)

🌳 파란색으로 주어진 우리말 표현을 영어로 바꾸어 문장을 완성하세요.

01 네가 어제 만났던 남자는 나의 고등학교 친구이다.

The man _____ is my high school friend.

02 이곳이 내가 태어난 도시이다.

This is the town _____.

03 그녀는 내가 디자인하는 것을 돕고 있는 직장 동료이다.

She is a co-worker _____.

＊A가 B하는 것을 돕다 help A with B

04 나의 수업들 중 하나를 가르치셨던 선생님께서 올해의 선생님 상을 수상하셨다.

A teacher _____ won the Teacher of the Year award.

05 그가 작년에 샀던 그림은 그의 거실에 걸려 있다.

The painting _____ hangs in his living room.

＊사다 purchase

06 나는 내 생일에 받은 카메라를 그에게 빌려주었다.

I lent him the camera _____.

07 고장 난 그 기계는 내일 수리될 것이다.

The machine _____ will be fixed tomorrow.

＊고장 나게 하다, 부수다 break

08 그는 그가 가장 좋아하는 책을 추천했다.

He recommended the book _____.

09 나의 성적이 떨어졌고, 그것은 나의 부모님을 걱정시켰다.

My grades fell, _____.

＊걱정시키다 worry

10 내가 제일 좋아하는 어린 시절의 기억은 내가 아버지와 함께 야구를 했던 시간들이다.

My favorite childhood memories are of the times _____.

11 점수(scores)가 높은 지원자들이 선발될 것이다.

Candidates _____ will be selected.

＊선발하다 select

12 나는 그녀가 생각하는 방식을 이해하지 못한다.

I do not understand _____.

13 네가 갈 수 없는 이유는 없다.

There is no reason _____.

14 우리가 쇼핑했던 백화점은 사람들로 가득 차 있었다.

The department store _____ was packed with people.

＊쇼핑하다 shop ＊~로 가득 차 있다 be packed with ~

15 미리 준비하는 학생들은 보통 시험을 잘 본다.

Students _____ usually do well on tests.

＊미리 in advance ＊준비하다 prepare

정답 p.292

DAILY **TEST**

끊어 해석한 부분에 유의하여 다음의 우리말 문장을 영어로 바꾸어 쓰세요.

01 동료(colleagues)는 / 직장에서 기꺼이 도와주는 / 고맙게 생각된다

＊기꺼이 ~하다 be willing to 부정사　＊고맙게 생각되다 be appreciated

---

02 인스턴트 음식은, / 많은 방부제(preservatives)를 함유하고 있어서, / 몸에 해롭다

＊함유하다, 포함하다 contain　＊몸에 해로운 unhealthy

---

03 직원들은 회사에서 일하고 싶어한다 / 그들이 빨리 승진할 수 있는

＊~하고 싶어하다 want to 부정사　＊승진하다 advance

---

04 기억들(memories)은, / 평생 지속될 수 있어서, / 여행의 가장 가치 있는 측면이다

＊평생 지속되다 last a lifetime　＊가치 있는 valuable　＊측면 aspect

---

05 아이들은 / 어린 나이에 교육을 시작하는 / 종종 더 많은 학문적 성공을 거둔다 / 나중에

＊어린 나이에 at an early age　＊학문적 성공을 거두다 have academic success

---

06 이것들이 몇 가지 이유들이다 / 왜 당신의 돈을 저축하는 것이 더 좋은지 / 미래를 위해

＊돈을 저축하다 save money

---

07 사람들은 친구를 가지고 있다 / 그들이 무언가를 함께 공유하는

＊A를 B와 함께 공유하다 have A in common with B

---

08 우리는 사회에 산다 / 사람들이 평등하게 여겨지는 / 법 아래에서

＊평등한 equal　＊여기다 consider　＊법 아래에서 under the law

---

09 사람들은 가끔 느낀다 / 아무도 없다고 / 그들을 이해하는 사람이

  ＊ ~라고 느끼다 feel that 주어 + 동사

_____

10 물건들(items)은 / 손으로 만들어진 / 보통 최상의 품질을 가진다

  ＊ 손으로 by hand   ＊ 최상의 품질 the highest quality

_____

11 부모들은 / 아이들을 너무 심하게 몰아붙이는 / 아이들이 반항하게 만들지도 모른다

  ＊ 몰아붙이다 push   ＊ 반항하다 rebel   ＊ A가 ~하게 만들다 cause A to 부정사

_____

12 좋은 직원들(workers)은 찾기 힘들며, / 이것이 그 회사가 아무도 고용하지 않은 이유이다 / 아직

  ＊ 고용하다 hire   ＊ 아직 yet

_____

13 내 인생에서 가장 행복했던 한 순간은 / 그 날 밤이었다 / 내 여동생이 태어났던

  ＊ 태어나다 be born

_____

14 가장 좋은 종류의 친구는 / 의리 있고 정직한 사람이다

  ＊ 의리 있는 loyal   ＊ ~하는 사람 someone who (주어) + 동사

_____

15 아이들은 / 많은 책을 읽는 / 종종 상상력이 더 풍부하다

  ＊ 상상력이 풍부한 imaginative

_____

정답 p.292

5일 It과 There

‘그의 이야기를 믿는 것은 어렵다.’를 영어로 써 봅시다. ‘그의 이야기를 믿는 것’은 to believe his story로 to 부정사를 사용하여 주어로 쓸 수 있지만, 주어 자리에 쓰기에는 길기 때문에 가짜 주어인 **it**을 대신 씁니다.

▶ **To believe his story** is hard. → **It** is hard **to believe his story**. 그의 이야기를 믿는 것은 어렵다.

‘고양이가 있다.’를 영어로 써 봅시다. ‘고양이’는 a cat, 그리고 ‘~이 있다’를 표현해주는 단어가 필요합니다. 이때, ‘**there**’을 be동사(is)와 함께 a cat 앞에 붙여주면 됩니다.

▶ **There** is a cat. 고양이가 있다.

① "< >는 ~하다"는 [It + 동사 + < >]로 씁니다.

주어 < >가 to 부정사구나 명사절이라서 길어질 때, 형식상의 주어 It을 쓰고 진짜 주어인 < > 부분을 문장 뒤로 보내면 더욱 매끄러운 문장이 됩니다.

📗 표현 만들기

미술을 배우는 것	to study arts
아이들이 미술을 배우는 것	for children to study arts
당신이 누구인지	who you are

📗 문장 써보기

1. 미술을 배우는 것은 중요하다.

To study arts is important.

→ **It** is important **to study arts**.
to 부정사구가 주어일 때 ‘It’을 주어로 대신 씁니다.

2. 아이들이 미술을 배우는 것은 중요하다.

For children to study arts is important.

→ **It** is important **for children to study arts.**

3. 당신이 누구인지는 중요하지 않다.

Who you are does not matter.

→ **It** does not matter **who you are.**

명사절이 주어일 때 'It'을 주어로 대신 씁니다.

 "주어는 (to 부정사)하는 것을 ~하게 해준다"는 [주어 + 동사 + it + ~ + to 부정사]로 씁니다.

목적어와 목적격 보어가 있는 문장에서 목적어가 to 부정사일 때, 반드시 목적어 자리에 it을 대신 쓰고, 진짜 목적어인 to 부정사는 뒤로 보냅니다. 이때 주로 쓰이는 동사는 make이며, 그 외에 find, think 등을 쓸 수 있습니다.

표현 만들기

많은 정보에 접근하는 것   **to access a lot of information**
병을 치료하는 것   **to cure the disease**

문장 써보기

1. 인터넷은 **많은 정보에 접근하는 것**을 쉽게 해준다.

The Internet makes **to access a lot of information** easy. (×)

목적어 자리에 to 부정사구가 쓰여 목적어와 목적격 보어와의 경계가 모호한 문장이 됩니다.

→ The Internet makes **it** easy **to access a lot of information.** (○)

2. 신약은 그 **병을 치료하는 것**을 가능하게 했다.

The new medicine made **to cure the disease** possible. (×)

→ The new medicine made **it** possible **to cure the disease.** (○)

"< >하는 것은 바로 ~이다"는 [It is ~ that < >]으로 씁니다.

문장 내에서 특정 단어를 강조하고 싶을 때 [It is ~ that + (주어) + 동사]를 씁니다. 강조 어구가 사람이면 that 대신 who를 쓸 수 있습니다. 마찬가지로, 강조 어구가 장소이면 that 대신 where를, 시간이면 when을 쓸 수 있습니다.

표현 및 문장 만들기

나는 세계 평화를 진정으로 원한다.
I really want world peace.

내가 진정으로 원하는 것은 **바로 세계 평화이다.**
It is world peace that I really want.

당신은 내 인생을 바꿔 놓았다.
You changed my life.

내 인생을 바꾼 것은 **바로 당신이다.**
It was you who changed my life.

"~가 있다"는 [There + be동사 + 명사(구)]로 씁니다.

이때 there는 형식상의 주어이고, be동사 다음에 나오는 단어가 실제 주어입니다.

표현 및 문장 만들기

그 게임에는 세 가지 규칙이 있다.
There are three rules to the game.

그 마을에는 교회가 있었다.
There was a church in the town.

> ✔ TIP
>
> be동사 뒤의 명사, 즉 실제 주어와 be동사의 수를 일치시킵니다.
>
> 개 한 마리가 있다.
> There **is a dog**.
>
> 개 몇 마리가 있다.
> There **are some dogs**.

> ✔ TIP
>
> [There + be동사] 다음에는 부정명사(a/some/many/no/one/two/three … + 명사)가 옵니다.
>
> 바구니 안에 공이 있었다.
> There was **the ball** in the basket. (×)
> There was **a ball** in the basket. (○)

Jump-up Skills

아래의 문법 포인트들을 추가로 학습한 후, IELTS 라이팅에 활용해봅시다.

1. It은 시간, 거리, 날씨 등 막연한 상황에 대한 별 뜻 없는 주어로도 쓰입니다.

10시다.   **It** is 10 o'clock.

서울에서 부산까지는 멀다.   **It** is far from Seoul to Busan.

비가 오고 있다.   **It** is raining.

2. "~하는 데 시간이 걸린다"는 [It takes + 시간 + to 부정사]로 씁니다.

'(사람)이 ~하는 데 시간이 걸린다'는 [It takes + 사람 + 시간 + to 부정사] 또는 [It takes + 시간 + for 사람 + to 부정사]로 표현합니다.

집에 가는 데 5분이 걸린다.

It takes five minutes to get home.

내가 집에 가는 데 5분이 걸린다.

It takes **me** five minutes to get home.

It takes five minutes **for me** to get home.

3. "~하는 데 돈(또는 가치)이 든다"는 [It costs + 돈 + to 부정사]로 씁니다.

'(사람)이 ~하는 데 돈이 든다'는 [It costs + 사람 + 돈 + to 부정사] 또는 [It costs + 돈 + for 사람 + to 부정사]로 표현합니다.

그 집을 짓는 데 1억 원이 들었다.

It cost one hundred million won to build the house.

우리가 그 집을 짓는 데 1억 원이 들었다.

It cost **us** one hundred million won to build the house.

It cost one hundred million won **for us** to build the house.

4. "~가 없다"는 [There is no + 명사]로 씁니다.

네가 걱정해야 할 **이유는 없다**.

There is no reason for you to worry.

🌳 파란색으로 주어진 우리말 표현을 영어로 바꾸어 문장을 완성하세요.

01 미래를 예측하는 것은 **불가능하다.**

It is impossible _____ .

* 예측하다 predict

02 내가 새로운 친구들을 사귀는 것은 **힘들다.**

It is hard _____ .

* 새로운 친구들을 사귀다 make new friends

03 어떤 비디오 게임들은 교육적이라는 것이 **사실이다.**

It is true _____ .

04 그가 파리(Paris)에 있었던 것이 **드러났다.**

It turned out _____ .

05 그녀의 키는 **그녀가 유명한 모델이 되는 것을** 더 쉽게 만들었다.

Her height made it easier _____ .

06 밤새도록 **끊임없이 눈이 왔다.**

_____ steadily through the night.

07 내가 너를 처음 보았던 곳은 **바로 서점에서였다.**

It was in the bookstore _____ .

08 내가 그 책을 잃어버렸던 때는 **바로 어제였다.**

It was yesterday _____ .

09 나를 행복하게 하는 것은 바로 우리 가족이다.

_____ that makes me happy.

10 이 책을 쓰는 것을 끝내는 데 10년이 걸렸다.

_____ to finish writing this book.

11 내가 그 코트를 사는 데 일주일 치 급여가 들었다.

_____ to buy the coat.

＊일주일 치 급여 a week's salary

12 그 문제에 대해 두 가지 대조적인 관점들이 있다.

_____ on the matter.

＊대조적인 관점 contrasting view

13 냉장고에는 음식이 없다.

_____ in the fridge.

14 유머 감각이 없는 몇몇 사람들이 있다.

_____ that have no sense of humor.

15 토지가 개발된 후에는 남아 있는 숲이 없을 것이다.

_____ after the land is developed.

＊숲 forest

정답 p.293

🎙️ 끊어 해석한 부분에 유의하여 다음의 우리말 문장을 영어로 바꾸어 쓰세요.

01 필요하다 / 자동차의 수를 줄이는 것이 / 서울에서
 ＊필요한 necessary   ＊~의 수 the number of 복수명사   ＊줄이다 reduce

_____

02 사실이다 / 광고(advertising)가 사람들을 조장한다는 것은 / 필요 없는 물건들을 사도록
 ＊A가 ~하도록 조장하다 encourage A to 부정사   ＊필요 없는 물건들 unnecessary things

_____

03 중요하다 / 십 대들이 직업 경험을 갖는 것은 / 어린 나이부터
 ＊직업 경험을 갖다 get work experience   ＊어린 나이부터 from an early age

_____

04 바로 한 사람의 헌신적인 노력이다 / 실패와 성공의 차이를 만드는 것은
 ＊헌신적인 노력 dedication   ＊A와 B의 차이를 만들다 make the difference between A and B

_____

05 많은 액수의 세금이 든다 / 도로와 고속도로(highways)를 개선하는 데
 ＊많은 액수의 a large amount of   ＊세금, 세액 tax money

_____

06 바로 성공이다 / 사람들이 얻으려고 애쓰는 것은 / 그들의 일상생활에서
 ＊~을 얻으려고 애쓰다 strive for ~   ＊~의 일상생활에서 in one's daily life

_____

07 기숙사들(dormitories)이 있다 / 초고속 인터넷의 접속을 제공하는
 ＊초고속 인터넷의 접속 high-speed Internet access   ＊제공하다 offer

_____

08 이점들이 거의 없다 / 비디오 게임을 하는 것에 대한
 ＊~에 대한 이점들 benefits to 동명사   ＊~이 거의 없는 few 복수명사

_____

09 거의 필요가 없을 것이다 / 우체국들이 / 미래에는 / 이메일 때문에
　＊~이 거의 필요가 없다 there is little use for ~　　＊~ 때문에 due to ~(= owing to ~, because of ~)

_____

10 인터넷 사용의 확산 때문에 / 온라인 대학 과정들이 더 많이 있을 것이다
　＊~ 사용의 확산 widespread use of ~　　＊온라인 대학 과정 online university course

_____

11 사람들은 결코(ever) 만족할 것 같지 않다 / 그들이 가진 것에
　＊~에 만족하다 be satisfied with ~　　＊~할 것 같지 않다 It is unlikely that 주어 + 동사

_____

12 특정한 경험들이 있다 / 한 사람의 인생을 형성하는
　＊특정한 certain　　＊형성하다 shape

_____

13 이메일은 쉽게 만들었다 / 사람들이 / 연락하는 것을
　＊연락하다 keep in touch

_____

14 나이 많은 사람들에게는 힘들다 / 젊은 세대를 이해하는 것이
　＊젊은 세대 younger generation

_____

15 때가 있다 / 십 대들이 시작해야만 하는 / 스스로 결정을 내리기를
　＊스스로 결정을 내리다 make one's own decision

_____

정답 p.293

'나는 너보다 키가 작다.'를 영어로 써 봅시다. '키가 작은'이라는 뜻의 형용사는 small이지만, 비교 대상이 있어서 '~보다 더 작다'라고 표현할 때는 smaller than을 써야 합니다. 둘 이상의 대상을 형용사나 부사를 사용해서 비교할 때는 '~보다 더 -하다' 또는 '~만큼 -하다'와 같은 **비교** 구문을 씁니다.

▶ I am **smaller than** you. 나는 너보다 키가 작다.

'나는 읽기와 쓰기를 좋아한다.'를 영어로 써 봅시다. '읽기'는 reading, '쓰기'는 writing이므로 '읽기와 쓰기'는 이를 and로 연결하면 됩니다. 이처럼 같은 품사나 구조의 어떤 대상들을 접속사로 연결하여 나열하는 것을 **병치**라고 합니다.

▶ I like **reading** and **writing**. 나는 읽기와 쓰기를 좋아한다.

1 "~만큼 -한/하게"는 [as 형용사/부사 as ~]로 씁니다.

비교하는 두 대상의 특징이 동등함을 나타낼 때 쓰는 비교 구문으로, as와 as 사이에 형용사나 부사를 원래 형태로 써서 표현합니다. [as + 형용사 + 명사 + as]의 형태로도 쓸 수 있습니다.

📗 표현 만들기

뉴욕만큼 큰	**as** big **as** New York
치타만큼 빠르게	**as** fast **as** a cheetah
그가 가진 것만큼 많은 책	**as** many books **as** he has

📗 문장 써보기

1. 서울은 **뉴욕만큼 크다**.

Seoul is **as big as New York**.

2. 그 소년은 **치타만큼 빠르게** 달렸다.

The boy ran **as fast as a cheetah**.

3. 나는 **그가 가진 것만큼 많은 책**을 가지고 있다.

I have **as many books as he has**.

2 "~보다 더 -한/하게"는 [형용사/부사의 비교급 than ~]으로 씁니다.

비교급을 사용하여 정도의 차이를 나타내는 비교 구문입니다. 비교급은 형용사나 부사에 '-er'을 붙이거나, 3음절 이상의 형용사와 부사는 앞에 more을 붙입니다. 비교하는 대상 앞에는 than을 씁니다.

📋 표현 만들기

도서관보다 더 큰	**bigger than** the library
치타보다 더 빨리	**faster than** a cheetah
파리보다 더 아름다운	**more** beautiful **than** Paris

📋 문장 써보기

1. 시청은 **도서관보다 더 크다.**

The city hall is **bigger than the library**.

2. 그 소년은 **치타보다 더 빨리** 달렸다.

The boy ran **faster than a cheetah**.

3. 로마는 **파리보다 훨씬 더 아름답다**.

Rome is **much more beautiful than Paris**.

> **✓ TIP**
>
> '훨씬'이라는 의미로 비교급을 강조할 때는 비교급 앞에 much, far, even, still 등을 씁니다.
> 참고로, very는 쓸 수 없음에 주의합니다.
>
> 훨씬 더 큰 **much** bigger   훨씬 더 빨리 **even** faster

3 "가장 -한"은 [the + 형용사의 최상급]으로, "가장 -하게"는 [부사의 최상급]으로 씁니다.

여러 대상들 중 하나의 정도가 가장 큰 것을 나타낼 때 쓰는 비교 구문으로, 최상급을 사용하여 표현합니다. 최상급은 형용사나 부사에 '-est'를 붙이거나, 3음절 이상의 형용사와 부사는 앞에 most를 붙입니다. 형용사의 최상급 앞에는 the를 씁니다.

📋 표현 만들기

가장 큰	**the** big**gest**
가장 빠르게	fast**est**
가장 아름다운	**the most** beautiful

🔲 문장 써보기

1. 도쿄는 세계에서 **가장 큰** 도시이다.

Tokyo is **the biggest** city in the world.

2. 치타는 모든 동물들 중에서 **가장 빠르게** 달린다.

The cheetah runs **fastest** of all animals.

3. 로마는 내가 이제껏 본 가장 **아름다운** 도시이다.

Rome is **the most beautiful** city that I have ever seen.

"A와 B", "A 또는 B"는 [A and B], [A or B]로 씁니다.

세 가지 이상의 대상을 나열할 때도 마찬가지로 [A, B, and C], [A, B, or C] 등으로 표현합니다. 이때 A, B 그리고 C의 품사와 형태는 동등해야 합니다.

■ 병치의 규칙

nice and easily (×)   nice and easy (○)   품사의 통일
to go or staying (×)   to go or to stay (○)   형태의 통일

■ 그 외의 병치 구문

A와 B 둘 다	[both A and B]
A나 B 둘 중 하나	[either A or B]
A도 아니고 B도 아닌	[neither A nor B]
A가 아니라 B	[not A but B]
A뿐만 아니라 B도	[not only A but (also) B] / [B as well as A]

🔲 표현 만들기

술 마시는 것과 담배 피우는 것	drinking **and** smoking
지하철이나 버스로	by subway **or** by bus
강과 바다 둘 다	**both** rivers **and** seas
독서나 운동 둘 중 하나	**either** reading **or** exercising
크지도 않고 작지도 않은	**neither** big **nor** small
교수가 아니라 학생	**not** a professor **but** a student
스키 타는 것뿐만 아니라 스노보드 타는 것도	**not only** skiing **but (also)** snowboarding
	snowboarding **as well as** skiing

📱 문장 써보기

1. 당신은 **술 마시는 것과 담배 피우는 것**을 그만두어야 한다.

You should quit **drinking and smoking**.

2. 우리는 **지하철이나 버스로** 그곳에 갈 수 있다.

We can go there **by subway or by bus**.

3. 강과 바다 둘 다 중요한 수자원이다.

Both rivers and seas are important water resources.

4. 나는 보통 **독서나 운동 둘 중 하나**를 하며 여가 시간을 보낸다.

I usually spend my free time **either reading or exercising**.

5. 그들의 집은 **크지도 않고 작지도 않다**.

Their house is **neither big nor small**.

6. 그는 **교수가 아니라 학생**이다.

He is **not a professor but a student**.

7. 나는 **스키 타는 것뿐만 아니라 스노보드 타는 것도** 좋아한다.

I like **not only skiing but (also) snowboarding**.
I like **snowboarding as well as skiing**.

✅ TIP
병치 구문이 주어로 쓰일 때, 동사의 수는 다음과 같이 일치시킵니다.

• **Both A and B**는 복수 취급합니다.
  Smith 씨와 Smith 여사는 둘 다 선생님이다.
  <u>Both Mr. Smith and Mrs. Smith</u> **are** teachers.

다음의 병치 구문에서는 동사를 **B**에 일치시킵니다.

• **A or B / not only A but (also) B / B as well as A / either A or B / neither A nor B**
  너 또는 내가 옳다.
  You or <u>I</u> **am** right.

  그녀뿐만 아니라 나도 파티에 갈 것이다.
  Not only she but <u>I</u> **am** coming to the party.

  그뿐만 아니라 너도 그 시험을 치러야 한다.
  <u>You</u> as well as he **have** to take the test.

  Tom 또는 네가 가야 한다.
  Either Tom or <u>you</u> **have** to go.

Jump-up Skills

아래의 문법 포인트들을 추가로 학습한 후, IELTS 라이팅에 활용해봅시다.

---

1. 비교되는 대상은 일치시킵니다.

내 피부는 **너의 피부만큼 어둡다.**
My skin is as dark as you. (×)
비교되는 대상은 '내 피부'와 '너의 피부'이므로 'you'가 아니라 'your skin'이 되어야 하며, 앞에 나온 명사 'skin'의 중복을 피하기 위해 'yours'로 고쳐 씁니다.
→ My skin is **as dark as yours**. (○)

중국의 인구는 **러시아의 인구보다 많다.**
China's population is bigger than Russia. (×)
비교되는 대상은 '중국의 인구'와 '러시아의 인구'이므로 'Russia'가 아니라 'Russia's population'이 되어야 하며, 앞에 나온 명사 'population'의 중복을 피하기 위해 'Russia's'로 고쳐 씁니다.
→ China's population is **bigger than Russia's**. (○)

2. 'as ~ as'나 '비교급 than' 뒤에 [주어 + 동사]의 형태를 쓰게 될 때, 이 동사가 앞에 나온 문장 전체 동사의 의미와 중복될 경우에는 'do'를 대신 씁니다.

동사가 타동사일 때 as나 than 뒤의 명사가 목적어와 혼동될 수 있기 때문에 동사까지 써 주어야 합니다.

나는 **네가 하는 것만큼 자주** 그들을 방문한다.
I visit them **as often as you do**.
'do'는 'visit them'을 대신합니다.

> **참고** I visit them as often as you.
> '내가 너를 방문하는 것만큼 자주 그들을 방문한다.'의 의미가 됩니다.

그녀는 **Jimmy가 관심을 가지는 것보다 훨씬 많이** 아기에 대해 관심을 가진다.
She cares about the baby **even more than Jimmy does**.
'does'는 'cares about the baby'를 대신합니다.

> **참고** She cares about the baby even more than Jimmy.
> '그녀는 Jimmy에 대해 관심을 가지는 것보다 아기에 대해 훨씬 많이 관심을 가진다.'의 의미가 됩니다.

3. "–만큼 ~하지 않다"는 [not as ~ as –]로 씁니다.

나는 **너만큼 많이 먹지 않았다.**
I did **not** eat **as** much **as** you.

4. "~의 몇 배만큼 ~한/하게"는 [배수사 + as 형용사/부사 as ~] 또는 [배수사 + 비교급 than ~]으로 씁니다.

코끼리의 **두 배만큼 큰**
twice as big as an elephant
two times bigger than an elephant

---

5. "가능한 한 ~한/하게"는 [as 형용사/부사 as possible] 또는 [as 형용사/부사 as 주어 can]으로 씁니다.

나는 **가능한 한 빨리** 떠나고 싶다.
I want to leave **as soon as possible**.
I want to leave **as soon as I can**.

6. "~할수록 더 -하다"는 [the 비교급 ~, the 비교급 -]으로 씁니다.

나는 **많이 배울수록, 더 많이** 배우고 싶다.
The more I learn, **the more** I want to learn.

🌐 파란색으로 주어진 우리말 표현을 영어로 바꾸어 문장을 완성하세요.

01 나는 어제만큼 바쁘다.

I am _____ I was yesterday.

02 그 시험은 지난 시험보다 훨씬 더 쉬웠다.

The test was _____ the last one.

03 그는 그의 형만큼 멋있지 않다.

He is _____ his brother.

04 그녀는 가능한 한 많은 시간을 그녀의 아이와 함께 보냈다.

She spent _____ with her child.

05 Ron은 팀에서 제일 빠른 달리기 선수(runner)이다.

Ron is _____ on the team.

06 그녀는 그녀의 동료들보다 더 열심히 일한다.

She works _____ her co-workers.

07 일본의 GDP는 한국의 세 배만큼 많다.

Japan's GDP is _____ South Korea's.

08 사람들은 더 많이 가질수록, 더 많이 원한다.

_____ people have, _____ they want.

09 내가 제일 좋아하는 운동의 종류는 달리기와 수영이다.

My favorite types of exercise are _____.

10 외국어 수업을 수강하는 것은 의무적이 아니라 권장된다.

Taking a foreign language class is _____.

* 의무적인 mandatory   * 권장되는 recommended

11 무단횡단을 방지하는 가장 효과적인 방법은 벌금을 높이는 것이다.

_____ to prevent jaywalking is by increasing fines.

* 무단횡단 jaywalking   * 효과적인 effective   * 벌금 fine

12 배우는 것과 가르치는 것은 둘 다 보람된 과정이다.

_____ are rewarding processes.

13 그녀는 똑똑할 뿐만 아니라 매우 친절하다.

She is _____.

14 그의 자전거는 나의 것만큼 비싸다.

His bike is _____ mine.

15 확실하게 일하는 것이 빨리 끝내는 것보다 더 중요하다.

It is more important to do a thorough job _____.

정답 p.294

DAILY TEST

끊어 해석한 부분에 유의하여 다음의 우리말 문장을 영어로 바꾸어 쓰세요.

01 혼자서 시간을 보내는 것은 / 친구들과 함께 있는 것만큼 유쾌하지 않다

＊유쾌한 pleasant

_____

02 많은 사람들은 생각한다 / 그들의 대학 시절이 가장 즐거운 시간이었다고 / 그들의 인생에서

＊대학 시절 college days　＊즐거운 enjoyable

_____

03 학생들은 / 가장 자주 질문을 하는 / 시험을 잘 보는 경향이 있다

＊자주 frequently　＊시험을 잘 보다 do well in exams

_____

04 젊은 직원들(young workers)은 가지고 있지 않다 / 시간도 에너지도 / 운동할 / 요즘에

＊운동하다 exercise

_____

05 높은 임금을 받는 것은 허락한다 / 사람들이 투자하거나 저축하도록 / 미래를 위해

＊높은 임금을 받다 earn high salaries　＊A가 ~하도록 허락하다 allow A to 부정사

_____

06 주 4일 근무제는 이익을 줄 것이다 / 고용주들과 직원들 둘 다에게

＊주 4일 근무제 a four-day workweek　＊~에게 이익을 주다 benefit

_____

07 체육 수업에 참여하는 것은 / 필수가 아니라 권장된다

＊체육 physical education　＊필수의 essential

_____

08 우수한(strong) 의사소통 능력은 중요하다 / 사업에서뿐만 아니라 개인적인 일에서도

＊사업에서 in business　＊개인적인 일에서 in personal matters

_____

09 작은 회사(company)에서 일하는 것은 보람 있을 수 있다 / 큰 회사(corporation)에서 일하는 것만큼
∗ 보람 있는 rewarding

---

10 십 대들은 더 집중해야 한다 / 공부하는 데 / 돈을 버는 것보다
∗ ~하는 데 집중하다 focus on 동명사   ∗ 돈을 벌다 earn money

---

11 중요하다 / 당신의 업무를 확인하는 것은 / 가능한 한 꼼꼼하게
∗ 꼼꼼하게 thoroughly

---

12 문학 수업은 유용하지 않다 / 과학 수업만큼
∗ 문학 literature   ∗ 유용한 useful

---

13 어떤 사람들에게는, / 애완동물들(pets)이 가깝다 / 가족 구성원들만큼이나
∗ 가족 구성원들 family members

---

14 보통, / 젊은 사람들이 더 개방적이다 / 나이가 더 많은 사람들보다
∗ 개방적인 open-minded

---

15 가끔, / 당신의 실패들은 더욱 가치 있다 / 당신의 성공들보다
∗ 실패 failure   ∗ 가치 있는 valuable   ∗ 성공 success

정답 p.295

HACKERS
IELTS
WRITING BASIC

goHackers.com

학습자료 제공·유학정보 공유

HACKERS IELTS WRITING BASIC

2nd Week

2주에서는 IELTS 라이팅 답변 작성 시 자유자재로 활용 가능한 상황별 필수 표현을
학습해보겠습니다. Task 1과 Task 2의 각 상황에 맞는 표현들을 학습합니다.

상황별 필수 표현 익히기

INTRO

INTRO

1. 자유자재로 활용 가능한 상황별 표현

Task 1에서 시각자료를 분석하여 요약문을 작성할 때 수치의 변화를 나타내거나 비교하는 표현, 과정을 설명하는 표현 등의 상황별 표현을 알아두면 다양하게 답변에 활용할 수 있습니다.

EX 1990년과 2006년 사이에 미국에서 이산화탄소 배출은 점차 증가했다.

CO_2 emissions in the United States **increased gradually** between 1990 and 2006.

Task 2의 에세이를 작성할 때 자신의 아이디어를 이끌어줄 수 있는 표현들을 알아두면 라이팅에 대한 부담을 어느 정도 줄일 수 있고 자신의 생각도 자연스럽게 나타낼 수 있습니다.

EX 나는 우주 탐사에 돈을 쓰는 것이 국가의 명성을 높인다고 굳게 믿는다.

I firmly believe that spending money on space exploration enhances a nation's reputation.

2. 상황별 표현의 활용

2주에서 학습하게 될 상황별 표현들이 실제 IELTS Task 2 문제의 답변에서 어떻게 활용될 수 있을지 살펴봅시다.

Question

> *Some people think that it is wasteful for the government to spend money on putting up statues of historical figures in public places.*
>
> *To what extent do you agree or disagree with this opinion?*
>
> 일부 사람들은 정부가 공공장소에 역사적인 인물들의 동상을 세우는 데 돈을 쓰는 것이 낭비라고 생각한다.
>
> 이 의견에 어느 정도까지 동의 또는 동의하지 않는가?

모범답변

→ 찬반을 나타낼 때 쓰는 표현

It is a common belief that erecting statues of historical figures is a major waste of the government's money. However, **I firmly believe that** governments should spend money on building monuments to

→ 찬반을 나타낼 때 쓰는 표현

influential figures. **This is because** having these statues in public places helps people to remember

→ 인과를 나타낼 때 쓰는 표현

history.

역사적인 인물들의 동상을 세우는 것이 정부 자금의 주요한 낭비라는 것은 일반적인 생각이다. 하지만, 나는 정부가 영향력 있는 인물들의 기념비를 짓는 데 돈을 써야 한다고 굳게 믿는다. 이는 공공장소에 이러한 동상을 세우는 것이 사람들이 역사를 기억하도록 돕기 때문이다.

→ 부연을 나타낼 때 쓰는 표현

To begin with, building statues of historical figures in public locations can remind citizens of their country's history. The statues encourage people to think about important individuals from the past.

For example, in the center of London, there is a statue of Winston Churchill. When people walk past

→ 예시를 나타낼 때 쓰는 표현

it, they are inspired by his achievements and remember the historical events that he was involved in.

우선, 공공장소에 역사적인 인물들의 동상을 짓는 것은 시민들에게 그들 나라의 역사를 상기시킬 수 있다. 동상들은 과거의 중요한 인물들에 대해 생각하도록 고취시킨다. 예를 들어, 런던의 중심가에는 Winston Churchill의 동상이 있다. 사람들이 그것을 지나갈 때, 그들은 그의 업적에 영감을 받고 그가 관여된 역사적 사건들을 기억한다.

→ 요약을 나타낼 때 쓰는 표현   인과를 나타낼 때 쓰는 표현 ●

To sum up, statues remind people of important events in their country's history. **For this reason,**

→ 찬반을 나타낼 때 쓰는 표현

I support the idea that it is appropriate for governments to invest in them.

요약하자면, 동상들은 사람들이 그들 나라의 역사 속 중요한 사건들을 상기시킨다. 이러한 이유로, 나는 정부가 그것들에 투자하는 것이 적절하다는 생각을 지지한다.

위의 예시에서는 'I firmly believe that', 'For example' 등의 상황별 표현을 사용하여 **Task 2** 문제의 답변을 효과적으로 전개해 나가고 있습니다. 이처럼 상황별 표현들을 활용하면, 시험에 어떤 토픽이 제시되어도 답변을 수월하게 작성할 수 있습니다.

2주에서는 다음과 같은 IELTS 라이팅에서 유용하게 쓰일 수 있는 상황별 표현들을 학습해봅시다.

1일	증가, 하락, 변동 표현
2일	비교, 비율, 안정 표현
3일	과정, 전환, 위치 표현
4일	찬반, 장단, 비교, 대조 표현
5일	인과, 예시, 인용, 부연 표현
6일	조건, 가정, 양보, 요약 표현

1일 증가, 하락, 변동 표현

Task 1에서는 그래프를 보고 어떤 수치의 증가를 묘사해야 하는 상황이 많습니다. 예를 들어, '아시아의 차량 판매량은 1990년과 2000년 사이에 점차 증가했다.'라는 문장을 영어로 써 봅시다. 이때 '**점차 증가하다**'라는 표현은 '**주어 increase gradually**'로 쓸 수 있습니다. 따라서 완성된 문장은 'Vehicle sales in Asia increased gradually between 1990 and 2000.'가 됩니다. 이처럼 증가, 하락, 변동을 나타내는 표현들은 그래프나 표의 수치와 그에 대한 변화 양상을 묘사할 때 유용하게 사용할 수 있습니다.

1. 증가를 나타낼 때 쓰는 표현

① 점차/빠르게 증가하다
주어 increase gradually/quickly

아시아에서 연간 쌀 소비량은 점차 증가했다.
The annual consumption of rice in Asia **increased gradually**.
＊연간의 annual　＊소비량 consumption

② 상당히/꾸준히 증가하다
주어 grow significantly/steadily

그 기간의 하반기 동안 장난감 판매량은 상당히 증가했다.
Toy sales **grew significantly** during the second half of the period.
＊하반기 second half　＊기간 period

③ 빠르게/심하게 증가하다
주어 rise rapidly/heavily

그 운송 회사의 수익은 2005년에 101억 달러에서 2010년에 156억 달러로 빠르게 증가했다.
The shipping company's profits **rose rapidly** from 10.1 billion dollars in 2005 to 15.6 billion dollars in 2010.

④ 계속해서/일시적으로 증가하다
주어 go up continually/temporarily

2001년과 2002년에 판매 수치는 계속해서 증가했다.
Sales figures **went up continually** in the years 2001 and 2002.

⑤ ~으로 정점에 도달하다

주어 **peak at ~**

중국의 인구는 2010년에 14억 명으로 정점에 도달하고 난 다음에 하락하기 시작했다.

China's population **peaked at** 1.4 billion in 2010 and then began to fall.

⑥ 급격히/눈에 띄게 치솟다

주어 **soar sharply/remarkably**

승객 수는 2005년부터 그 기간의 마지막까지 1억 5천만 명 이상으로 급격히 치솟았다.

Passenger figures **soared sharply** by over 150 million from 2005 to the end of the period.

⑦ 대략/거의 두 배가 되다

주어 **approximately/almost double**

전자책 판매량은 1년에 132억 달러 이상으로 대략 두 배가 되었다.

E-book sales **approximately doubled** to more than 13.2 billion dollars a year.

⑧ 가장 빠른 성장을 경험하다

주어 **experience the fastest growth**

라스베이거스는 모든 미국 도시들 중 인구 면에서 가장 빠른 성장을 경험했다.

Las Vegas **experienced the fastest growth** in population among all American cities.

⑨ 상승 추세를 보이다

주어 **show an upward trend**

암 생존율은 그 기간 동안 내내 상승 추세를 보였다.

Cancer survival rates **showed an upward trend** throughout the period.

⑩ ~에 증가가 있다

There is a rise in ~

5년 간의 감소 이후 여성 임원들의 수에 증가가 있었다.

There was a rise in the number of female executives after a five-year decline.

2. 하락을 나타낼 때 쓰는 표현

⑪ 상당히/빠르게/점차 감소하다

주어 **decrease substantially/quickly/gradually**

포르투갈의 고등학교 졸업생 비율은 2011년에 상당히 감소했다.

The proportion of high school graduates in Portugal **decreased substantially** in 2011.

12 서서히/꽤 크게 감소하다

주어 **decline slowly/sizably**

취업률은 2001년부터 2003년까지 서서히 감소했다.

The employment rate **declined slowly** from 2001 to 2003.

13 상당히/꾸준히 하락하다

주어 **fall considerably/steadily**

소매 판매량은 6월부터 10월까지 상당히 하락했다.

Retail sales **fell considerably** from June to October.

14 빠르게/근소하게 하락하다

주어 **drop rapidly/insignificantly**

학사 학위를 가진 학생들의 비율이 2010년에 빠르게 하락했다.

The proportion of students with bachelor's degrees **dropped rapidly** in 2010.

15 눈에 띄게/극히 작게 떨어지다

주어 **dip notably/minimally**

캘리포니아의 재생 가능한 에너지 생산 비율은 그다음 해에 눈에 띄게 떨어졌다.

The rate of renewable energy production in California **dipped notably** in the following year.

＊재생 가능한 renewable ＊그다음 해에 in the following year

16 대략/거의 반으로 줄다

주어 **be roughly/nearly halved**

작업장 사고 발생률은 2009년 상반기에 대략 반으로 줄었다.

The incidence of workplace accidents **was roughly halved** in the first six months of 2009.

＊발생률 incidence ＊작업장 workplace

17 ~으로 최저점에 도달하다

주어 **hit a low of ~**

2014년에 승객의 수는 하루에 33,000명으로 최저점에 도달했다.

The number of passengers **hit a low of** 33,000 per day in 2014.

18 A에서 B로 감소되다

주어 **be reduced from A to B**

영국에서 사용된 석탄의 양은 6천만 톤에서 4천만 톤으로 감소되었다.

The amount of coal used in the UK **was reduced from** 60 million tonnes **to** 40 million tonnes.

3. 변동을 나타낼 때 쓰는 표현

(19) ~에 큰 변화가 있다
There are significant changes in ~

유럽인 지원자들의 수에 큰 변화가 있다.
There are significant changes in the number of European applicants.
*지원자 applicant

(20) 조금씩의 변화가 있다
There are some slight shifts

1999년 이후 전기 사용량에 조금씩의 변화가 있었다.
There were some slight shifts in electricity usage after 1999.

(21) 계속해서/지속적으로 변하다
주어 vary continuously/consistently

2015년 동안 내내 아프리카의 출생률은 계속해서 변했다.
Birth rates in Africa **varied continuously** throughout 2015.

(22) ~년의 기간 동안 변동을 거듭하다
주어 fluctuate over the #-year period

서비스 산업의 판매 수치는 25년의 기간 동안 변동을 거듭했다.
Sales figures for the hospitality industry **fluctuated over the 25-year period**.
*서비스 산업 hospitality industry

(23) 여러 차례 오르내리다
주어 go up and down several times

세입은 2011년에 안정되기 전 여러 차례 오르내렸다.
Tax revenue **went up and down several times** before leveling off in 2011.
*세입 tax revenue *안정되다 level off

🌐 파란색으로 주어진 우리말 표현을 영어로 바꾸어 문장을 완성하세요.

01 영국 파운드의 가치는 주어진 기간 동안 상당히 하락했다.

The value of the British pound _____ over the given period.

02 캐나다의 비만율은 그 기간 동안 내내 점차 증가했다.

Obesity rates in Canada _____ throughout the period.

＊비만 obesity

03 1990년과 2010년 사이의 이주량에 조금씩의 변화가 있었다.

_____ in the volume of migration between 1990 and 2010.

＊이주 migration   ＊양 volume

04 이 시기 동안 지하철 표 가격은 3달러에서 1달러로 감소되었다.

Subway ticket prices _____ during this time.

05 영국에서의 전차 사용량은 1994년에 하루에 20만 명의 승객으로 최저점에 도달했다.

Tram usage in the UK _____ 200,000 passengers per day in 1994.

＊전차 tram

06 관리직 근로자의 비율이 그다음 해에 대략 두 배가 되었다.

The proportion of managerial workers _____ in the next year.

＊관리직의 managerial

07 세계 유가는 그 기간의 초반에 눈에 띄게 떨어졌다.

The worldwide oil price _____ at the beginning of the period.

＊세계 유가 worldwide oil price

08 비트코인의 가격은 2016년에 3,000파운드 이상으로 급격히 치솟았다.

The price of bitcoin _____ to over 3,000 pounds in 2016.

09 반면에, 런던에서는 실업률에 증가가 있었다.

On the other hand, _____ the unemployment rate in London.

＊실업률 unemployment rate

10 나리타 공항을 이용하는 승객들의 수는 그다음 해에 50,000명으로 정점에 도달했다.

The figure for passengers using Narita Airport _____ 50,000 in the following year.

11 스마트폰의 판매량은 2015년에 모든 가전제품 중 가장 빠른 성장을 경험했다.

Smartphone sales _____ of all consumer electronics in 2015.

＊가전제품 consumer electronics

12 이민자들의 수는 여러 차례 오르내렸다.

The number of immigrants _____ .

13 미국의 이자율은 10년의 기간 동안 변동을 거듭했다.

Interest rates in the United States _____ .

＊이자율 interest rates

14 호주인의 흡연율은 그다음 3년 동안 대략 반으로 줄었다.

Australian smoking rates _____ over the following three years.

＊흡연율 smoking rates

15 2000년 이후 국가별로 방출되는 이산화탄소의 양에 큰 변화가 있었다.

_____ the amount of CO_2 released by countries after 2000.

＊방출하다 release

정답 p.296

DAILY **TEST**

🌐 끊어 해석한 부분에 유의하여 다음의 우리말 문장을 영어로 바꾸어 쓰세요.

01 수익은 눈에 띄게 떨어졌다 / 서비스 산업 전반에 걸쳐 / 유럽(Europe)에서
＊수익 profits   ＊서비스 산업 hospitality industry

_____

02 석유 가격은 여러 차례 오르내렸다 / 10년 동안
＊10년 decade

_____

03 대학 졸업률은 / 서서히 감소했다 / 매년
＊매년 each year

_____

04 주택에 대한 소비자 지출은 / 빠르게 증가했다, / 비록 그것이 떨어졌지만 / 2002년에
＊주택 housing   ＊소비자 지출 consumer expenditure   ＊떨어지다 dip

_____

05 지원자의 비율에 증가가 있었다 / 주어진 기간의 마지막에
＊주어진 given   ＊~의 마지막에 at the end of ~

_____

06 자동차의 수는 / 일본에서 생산된 / 6천만(60 million)으로 정점에 도달했다 / 2010년에
＊생산하다 manufacture

_____

07 교사들의 급여는 계속해서 변했다 / 남부 주 전역에 걸쳐 / 2015년에
＊급여 salary   ＊남부 주 southern states   ＊~의 전역에 걸쳐 across ~

_____

08 소비자 불만은 상당히 증가했다 / 시간이 지남에 따라, / 나이에 상관없이
＊불만 dissatisfaction   ＊~에 상관없이 regardless of ~

_____

09 남자들의 비율은 / 교육계에서 일하는 / 상당히 하락했다 / 2004년 이후에
　＊교육계에서 일하다 work in education

---

10 육류 소비량은 급격히 치솟았다 / 전년도와 비교하여
　＊소비량 consumption　＊전년도 previous year　＊~와 비교하여 compared to ~

---

11 그래프는 상승 추세를 보인다 / 직업을 바꾸는 임원들의 수에 있어서
　＊직업을 바꾸다 change jobs　＊임원 executive

---

12 호텔 객실은 200파운드에서 75파운드로 감소된다 / 1박에 / 비수기 동안
　＊1박 per night　＊비수기 low season

---

13 승객 수치는 / 버스를 타는 / 빠르게 하락했다
　＊버스를 타다 take the bus

---

14 인도(India)의 식자율은 계속해서 증가했다 / 1950년과 1980년 사이에
　＊식자율 literacy rates

---

15 박물관 방문자들의 수는 상당히 감소했다 / 그 두 연도 사이에
　＊방문자 visitor

정답 p.296

상황별 필수 표현 익히기 **2nd Week** **1일** Hackers IELTS Writing Basic

1. 문장에 주어를 올바르게 썼는지 확인하세요.

아침 내내 자는 것은 시간 낭비이다.

Sleep all morning is a waste of time. (×)

→ **Sleeping/To sleep** all morning is a waste of time. (○)

* to 부정사를 주어로 쓸 경우에는 to 부정사를 문장 처음에 오는 주어로 쓰기보다는 가주어 it을 대신 씁니다. (p.58 참고)

영어의 모든 문장에는 반드시 주어가 있어야 합니다(명령문 제외). 주어가 될 수 있는 것은 명사 역할을 하는 것인데, 이는 명사, 대명사, 동명사구, to 부정사구, 명사절을 가리킵니다. 따라서 동사나 형용사를 주어로 쓰면 틀린 문장이 됩니다.

또한 주어는 접속사 없이 중복해서 쓸 수 없으므로, 명사 주어 뒤에 바로 대명사 주어가 반복되어 나오면 틀린 문장이 됩니다.

EX 그 소녀는 아무 말도 하지 않았다.

The girl she said nothing. (×)

→ **The girl** said nothing. (○)

2. 문장에 동사를 썼는지 확인하세요.

그녀는 소풍을 갔다.

She **going** on a picnic. (×)

→ She **went** on a picnic. (○)

모든 문장에는 반드시 동사가 있어야 합니다. 문장에서 동사가 될 수 있는 것은 '(조동사 +) 동사'이며, '동사원형 + -ing'나 'to + 동사원형'과 같은 형태는 문장의 동사가 될 수 없습니다.

다음 문장에서 틀린 부분을 찾아 고쳐 보세요.

01 마라톤을 뛰는 것은 커다란 성취이다.
~~Run~~ a marathon is a big achievement.
Running 또는 **To run**

02 상품은 소년들에게 주어졌다.
The prizes they were given to the boys.

03 그는 작년에 매우 인기 있는 반장이었다.
He a very popular class president last year.

04 어떤 사람들은 도심지에 있는 아파트에서 사는 것을 선호한다.
Some people preferring to live in an apartment downtown.

05 전갈은 꼬리에 침을 가지고 있다.
The scorpion it has a sting in its tail.

06 대부분의 사람들은 가끔씩 술 마시는 것을 즐긴다.
Most people enjoying having a drink every now and then.

07 학생들은 매일 셔틀버스를 타고 학교에 간다.
Students to take a shuttle bus to school every day.

08 첫인상은 오랫동안 지속된다.
The first impressive lasts a long time.

상황별 필수 표현 익히기

2nd Week

1일

Hackers IELTS Writing Basic

---

01 Run → Running/To run   **02** The prizes they → The prizes   **03** He → He was
04 preferring → prefer   **05** The scorpion it → The scorpion   **06** enjoying → enjoy
07 to take → take   **08** impressive → impression

2일 비교, 비율, 안정 표현

Task 1에서는 그래프를 보고 어떤 수치를 항목별로 비교해야 하는 상황이 많습니다. 예를 들어, '3월의 참가자 수가 9월의 수보다 높았다.'라는 문장을 영어로 써 봅시다. 이때 'A가 B보다 높다'라는 표현은 'A is higher than B'로 쓸 수 있습니다. 따라서 완성된 문장은 'Attendance numbers in March were higher than those for September.'가 됩니다. 이처럼 비교, 비율, 안정을 나타내는 표현들은 시각자료의 항목별 수치와 그에 관한 변화 양상을 묘사할 때 유용하게 사용할 수 있습니다.

1. 비교를 나타낼 때 쓰는 표현

1 A가 B보다 더 ~하다

A is 비교급(higher/lower/more ~) than B

6월에 도착하는 관광객들의 수가 1월보다 더 높았다.

The number of tourists arriving in June **was higher than** in January.

2 A가 가장 ~하다

A is the 최상급(most popular/most common/highest)

홍보학은 2015년에 여성들 사이에서 가장 인기 있는 대학 전공이었다.

Public relations **was the most popular** college major among females in 2015.

＊홍보학 public relations　＊전공 major

3 ~와 거의/대략 같다

주어 is nearly/roughly equal to ~

2001년의 참가자 수는 2000년의 그 수와 거의 같았다.

Attendance numbers in 2001 **were nearly equal to** those for 2000.

＊참가자 attendance

4 그에 반해,

In/By contrast,

그에 반해, 업무차 여행을 하는 사람들의 수는 급증했다.

In contrast, the number of people traveling for business has soared.

⑤ ···한 반면,

Whereas 주어 + 동사,

대부분의 회사들이 직원 수를 줄이고 있었던 반면, 자전거 회사들은 2010년에 더 많이 고용했다.

Whereas most companies were reducing employee numbers**,** bike companies hired more in 2010.

⑥ ~가 뒤를 잇다

followed by ~

프랑스는 대략 9퍼센트로 보건에 가장 많이 지출했으며, 교육이 7.2퍼센트로 뒤를 이었다.

France spent the most on health, at roughly 9 percent, **followed by** education at 7.2 percent.

＊보건 health

⑦ 두드러지다

주어 stand out

액션 영화는 2005년에 가장 성공적인 영화 종류로 두드러진다.

Action films **stand out** as the most successful type of movie in 2005.

⑧ ~의 격차가 넓어지다/좁아지다

The gap ~ widens/narrows

두 집단 간 소득의 격차가 5년의 기간 동안 넓어졌다.

The gap in income between the two groups **widened** over the five-year period.

＊소득 income

⑨ ~를 합한 것보다 더 ···하다

주어 + 동사 more 명사 than ~ combined

사우디아라비아는 이란과 이라크를 합한 것보다 더 많은 석유를 생산했다.

Saudi Arabia produced **more** petroleum **than** Iran and Iraq **combined**.

＊석유 petroleum

⑩ 비슷한 경향이 보였다

A similar pattern/trend was seen

1950년과 1970년 사이에 태어난 여성들에게서 비슷한 경향이 보였다.

A similar pattern was seen in women born between 1950 and 1970.

2. 비율을 나타낼 때 쓰는 표현

⑪ 다수의 ~

The majority of ~

파리에 있는 다수의 관광객들은 루브르 박물관과 에펠탑을 방문했다.

The majority of tourists in Paris visited the Louvre Museum and the Eiffel Tower.

⑫ ~의 부분

The portion of ~

기반 시설에 할당된 자금의 부분이 가장 작았다.

The portion of the funds allocated to infrastructure was the smallest.

＊자금 fund ＊할당하다 allocate ＊기반 시설 infrastructure

⑬ 거의/대략 ~을 차지하다

주어 **account for almost/roughly ~**

국제 학생들은 새로 들어오는 신입생들 중 거의 15퍼센트를 차지했다.

International students **accounted for almost** 15 percent of incoming freshmen.

＊새로 들어오는 incoming

⑭ 대략/거의 ~을 차지하다

주어 **make up approximately/almost ~**

그 수치는 라틴 아메리카계 사람들이 미국 인구의 대략 20퍼센트를 차지했음을 보여준다.

The figure shows that Hispanic people **made up approximately** 20 percent of the US population.

＊라틴 아메리카계의 Hispanic

⑮ ~으로 이루어져 있다

주어 **consist of ~**

가장 빠르게 성장하는 고용 부문은 기술 및 에너지와 관련된 직업들로 이루어져 있다.

The fastest growing employment categories **consist of** jobs related to technology and energy.

＊고용 employment ＊~와 관련된 related to ~

⑯ ~으로 구성되어 있다

주어 **is composed of ~**

그래프는 2014년 가정용 쓰레기의 주된 종류에 대한 정보로 구성되어 있다.

The graph **is composed of** information about the main forms of household waste in 2014.

＊가정용 쓰레기 household waste

17 ~에 속하다

주어 **fall into ~**

모든 남성의 거의 절반이 2030년까지 이 범주에 속할 것이다.

Nearly half of all males will **fall into** this category by 2030.

18 우위를 차지하는 ~이다

주어 **is the dominant ~**

힙합은 캐나다 대부분의 지역에서 우위를 차지하는 음악 장르였다.

Hip-hop **was the dominant** musical genre in most areas of Canada.

19 거의/비교적 균일한

주어 **is nearly/relatively flat**

자동 변속 차량의 판매량은 2012년 상반기에 거의 균일했다.

Sales of automatic cars **were nearly flat** in the first half of 2012.

3. 안정을 나타낼 때 쓰는 표현

20 비교적/거의 안정적인 상태를 유지하다

주어 **remain relatively/almost stable**

십 대들 사이에서의 컴퓨터 사용은 2010년과 2015년 간에 비교적 안정적인 상태를 유지했다.

Computer use among teenagers **remained relatively stable** between 2010 and 2015.

21 비교적 균등하게 분포되어 있다

주어 **is relatively evenly distributed**

실직은 네 부문에 걸쳐 비교적 균등하게 분포되어 있었다.

The job losses **were relatively evenly distributed** across the four sectors.

＊실직 job loss   ＊부문 sector

22 거의/비교적 변화가 없었다

There was nearly/relatively no change

연료 공급에서는 10년의 기간 동안 거의 변화가 없었다.

There was nearly no change in the fuel supply over the ten-year period.

DAILY CHECK-UP

🌳 파란색으로 주어진 우리말 표현을 영어로 바꾸어 문장을 완성하세요.

01 1850년과 1890년 사이에 공장의 수는 거의 변화가 없었다.

_____ in the number of factories between 1850 and 1890.

02 햄버거 판매량은 식당 수익의 대략 60퍼센트를 차지했다.

Hamburger sales _____ 60 percent of the restaurant's revenue.

03 다수의 관리직은 40세 이상의 남자들에 의해 점유되었다.

_____ managerial positions were held by men over 40.

＊관리직 managerial position

04 스페인의 실업률은 프랑스와 거의 같았다.

Spain's unemployment rate _____ France's.

05 많은 기복에도 불구하고, 화석 연료는 우위를 차지하는 에너지 자원이었다.

Despite many ups and downs, fossil fuels _____ energy source.

＊기복 ups and downs　＊화석 연료 fossil fuel

06 1970년부터 2010년까지 태양 에너지와 풍력 생산량의 격차가 넓어졌다.

_____ between solar energy and wind power production _____
from 1970 to 2010.

＊태양 에너지 solar energy　＊풍력 wind power

07 그에 반해, 국가 무역 적자는 2015년에 증가했다.

_____, the national trade deficit increased in 2015.

＊무역 적자 trade deficit

08 USA Today는 1990년대 동안 미국에서 가장 인기 있는 신문이었다.

USA Today _____ newspaper in the United States during the 1990s.

09 서비스 부문의 수익은 마지막 분기에 거의 균일했다.

Profits in the service sector _____ in the last quarter.
＊수익 profits　＊마지막 분기에 in the last quarter

10 그리스의 인터넷 사용자의 수는 세계 평균보다 더 낮았다.

The number of Internet users in Greece _____ the world average.

11 프랑스 트럭은 다른 자동차 범주들 중에서 두드러졌다.

French trucks _____ among the other automobile categories.
＊자동차 automobile

12 금연자들의 암 발병률에서 비슷한 경향이 보였다.

_____ in the cancer rate for former smokers.
＊금연자 former smoker

13 교육에 사용된 세금의 부분이 2005년에 증가했다.

_____ tax revenues used for education rose in 2005.

14 한국의 인건비는 40년 동안 거의 안정적인 상태를 유지했다.

Labor costs in Korea _____ for the four decades.
＊인건비 labor cost

15 한국의 강우량은 한 해에 걸쳐 비교적 균등하게 분포되어 있었다.

Rainfall in Korea _____ across the year.
＊강우량 rainfall

정답 p.297

끊어 해석한 부분에 유의하여 다음의 우리말 문장을 영어로 바꾸어 쓰세요.

01 인도 소비자들은 거의 30퍼센트를 차지했다 / 모든 신규 가입자 중에서

＊신규 가입자 new subscriber

_____

02 실업률은 비교적 안정적인 상태를 유지했다 / 그 기간 내내

＊실업률 unemployment rates

_____

03 브라질(Brazil)은 더 많은 육류를 소비한다 / 모든 다른 나라들을 합한 것보다

＊소비하다 consume

_____

04 임원직의 부분은 / 여성들이 차지한 / 성장했다 / 2011년에

＊임원직 executive jobs   ＊성장하다 grow

_____

05 데이터는 보여준다 / 영국 성인들의 67퍼센트가 속했다는 것을 / 비만 범주에

＊비만 범주 overweight category

_____

06 기차 여행이 가장 인기가 많았던 반면 / 1950년에, / 그것은 항공 여행으로 대체되었다 / 1970년에는

＊기차 여행 rail travel   ＊항공 여행 air travel   ＊~로 대체되다 be replaced by ~

_____

07 거의 변화가 없었다 / 남성들의 기대 수명에 / 그 기간 동안

＊기대 수명 life expectancy

_____

08 대학교 학생들은 / 대략 20퍼센트를 차지했다 / 그 도시의 인구의

＊인구 population

_____

09 철강 제조업은 / 우위를 차지하는 산업이었다 / 첫 2년 동안
   ＊철강 제조업 steel manufacturing   ＊산업 industry

___

10 일본은 두드러진다 / 유일한 나라로서 / 10퍼센트 이상의 성장(growth)을 가진
   ＊유일한 only

___

11 2000년에, / 국가 수입품들의 50퍼센트는 구성되어 있었다 / 강철과 석탄으로
   ＊국가 수입품 nation's import   ＊강철 steel   ＊석탄 coal

___

12 그리스(Greece)의 국가 부채는 / 거의 같았다 / 인도의 것과
   ＊국가 부채 national debt

___

13 중국은 세계에서 가장 높은 인구수를 가지고, / 인도가 뒤를 이었다
   ＊세계에서 가장 높은 world's highest

___

14 다이어그램(diagram)은 판매 수치로 이루어져 있다 / 5개의 컴퓨터 제조업체들에 대한 / 유럽의
   ＊판매 수치 sales figures   ＊제조업체 manufacturer

___

15 그에 반해, / 재생 가능한 에너지 부문은 빠르게 성장했다 / 2012년에
   ＊재생 가능한 에너지 renewable energy

___

정답 p.298

1. 조동사 뒤에는 동사원형을 썼는지 확인하세요.

> 그는 가난한 사람들을 도울 수 있다.
>
> He **can helps** poor people. (×)
>
> → He **can help** poor people. (○)

can, must, may, shall, will, might, should, would, could 등과 같은 조동사 뒤에는 반드시 동사원형을 써야 합니다. 조동사 뒤에 동사의 3인칭 단수형(동사＋(e)s)을 쓰거나 과거형을 쓰는 실수를 하지 않도록 주의합니다. 참고로 be동사(am, is, are)의 동사원형은 be입니다. 또한 의문문이나 부정문에서 조동사로 쓰인 do(es)나 did 뒤에도 동사원형을 써야 합니다.

EX 그녀는 남동생이 있니?

Does she **has** a brother? (×)

→ **Does** she **have** a brother? (○)

2. be동사 뒤에는 -ing나 p.p.를 썼는지 확인하세요.

> 그녀는 살 곳을 찾고 있다.
>
> She **is look** for a place to live. (×)
>
> → She **is looking** for a place to live. (○)

동사 자리에 be동사와 다른 동사를 함께 쓰는 경우에는 진행 시제(be동사 + 동사의 -ing)나 수동태(be동사 + 동사의 p.p.)로 써야 합니다. 따라서 be동사 뒤에 동사의 현재형이나 과거형을 쓰면 틀리게 됩니다. 마찬가지로, 동사의 -ing형이나 동사의 p.p.는 be동사 없이 단독으로 쓰일 수 없습니다.

3. 완료 시제에서는 have 뒤에 p.p.를 썼는지 확인하세요.

> 나는 전에 그녀를 만난 적이 전혀 없다.
>
> I **have** never **meet** her before. (×)
>
> → I **have** never **met** her before. (○)

현재완료 시제에서는 have + 동사의 p.p.를 써야 하고, 과거완료 시제에서는 had + 동사의 p.p.를 써야 합니다. 따라서 have 뒤에 동사원형 또는 과거형이나 동사의 -ing형을 쓰면 틀리게 됩니다.

○　　　○　　　○　　　○　　　○　　　○　　　○

다음 문장에서 틀린 부분을 찾아 고쳐 보세요.

01 몇몇 민간 단체들만이 정부의 결정을 지지하고 있다.
Only a few private organizations supporting the government's decision.
～are

02 새로운 사람들을 만나는 것은 종종 흥미로울 수 있다.
Meeting new people can often is exciting.

03 신규 공장은 지역사회에 많은 변화를 가져올 것이다.
A new factory will brings many changes to the community.

04 이 방법은 전에 사용된 적이 결코 없다.
This method has never been use before.

05 그가 더 어렸을 때 어느 누구보다도 더 빨리 달릴 수 있었다.
He could ran faster than anyone else when he was younger.

06 초인종이 울렸을 때 그는 텔레비전을 보고 있었다.
He watching television when the doorbell rang.

07 그들은 최근에 대학을 졸업했다.
They have recently graduate from college.

08 영어는 학생들에게 가르쳐지는 과목이다.
English is a subject that is teach to students.

01 supporting → are supporting　　**02** is → be　　　　　　**03** brings → bring
04 use → used　　　　　　　　　　**05** ran → run　　　　　　**06** watching → was watching
07 graduate → graduated　　　　　**08** is teach → is taught

3일 과정, 전환, 위치 표현

Task 1에서는 다이어그램을 보고 어떤 과정이나 단계의 진행을 묘사해야 하는 상황이 많습니다. 예를 들어, '시멘트 제조 과정에는 여섯 단계가 있다.'라는 문장을 영어로 써 봅시다. 이때 '~ **단계가 있다**'라는 표현은 '**There are ~ stages**'로 쓸 수 있습니다. 따라서 완성된 문장은 'There are six stages to the cement production process.'가 됩니다. 이처럼 과정, 전환, 위치를 나타내는 표현들은 다이어그램이나 지도의 특징을 묘사하거나 변화 전·후를 비교할 때 유용하게 사용할 수 있습니다.

1. 과정을 나타낼 때 쓰는 표현

① ~ 단계가 있다
There are ~ stages

재활용 과정에는 다섯 단계가 있다.
There are five **stages** to the recycling process.

② 과정/생애 주기는 ~하면 시작된다
The process/ The life cycle begins when ~

과정은 곡물이 분쇄되고, 물이 추가되고, 가열되면 시작된다.
The process begins when grains are ground, added to water, and heated.
＊곡물 grain ＊분쇄하다 grind

③ 첫 번째 단계는 ~이다
The first step is ~

첫 번째 단계는 포장용 테이프로 상자를 봉하는 것이다.
The first step is to seal the box with packing tape.
＊봉하다 seal

④ 그다음에,
Then, 주어 + 동사

그다음에, 이것은 소비자들에게 판매될 준비가 된다.
Then, it is ready to be sold to customers.

⑤ ~한 후,

After 주어 + 동사,

와인은 1년간 숙성된 후, 병에 담아진다.

After the wine has been aged for one year, it is bottled.

＊숙성시키다 age ＊병에 담다 bottle

⑥ 이 과정의 마지막 단계에서,

In the final step/In the last stage of this process,

이 과정의 마지막 단계에서, 상표는 유리병에 붙여진다.

In the final step of this process, a label is put on the glass bottle.

＊상표 label

2. 전환을 나타낼 때 쓰는 표현

⑦ ~의 철거

the removal of ~

북쪽 지역의 주요한 변화는 부두의 철거였다.

The main change to the northern district was **the removal of** the docks.

＊북쪽의 northern ＊지역 district ＊부두 dock

⑧ ~의 추가

the addition of ~

또 다른 변화는 강의 남쪽에 상점들의 추가였다.

Another alteration was **the addition of** stores south of the river.

＊변화 alteration

⑨ ~의 가장 큰 변화 중 하나는 −이다

One of the biggest changes to ~ is −

공항의 가장 큰 변화 중 하나는 새로운 터미널의 추가였다.

One of the biggest changes to the airport **was** the addition of a new terminal.

⑩ ~의 주요 변화는 −를 포함하다

The main change for ~ involves −

그 박물관의 주요 변화는 큰 주차장의 건설을 포함한다.

The main change for the museum **involves** the construction of a large car park.

＊건설 construction ＊주차장 car park

⑪ A가 B로 변화되다

A is transformed into B

2010년에 공항 옆의 지역이 주거 구역으로 변화되었다.

The area beside the airport **was transformed into** a residential zone in 2010.

＊주거 구역 residential zone

⑫ A가 B 근처에 건설되다

A is constructed near B

공공 도서관이 시청 근처에 건설되었다.

A public library **was constructed near** City Hall.

⑬ A가 B로 옮겨지다

A is moved to B

복사실이 3층으로 옮겨졌다.

The copy room **was moved to** the third floor.

⑭ A가 B까지 연장되다

A is extended to B

Camellia Boulevard가 Pinhook Road까지 연장되었다.

Camellia Boulevard **was extended to** Pinhook Road.

⑮ A가 B로 대체되다

A is replaced with B

사무실들은 주거용 건물들로 대체되었다.

Offices **were replaced with** residential buildings.

⑯ ~에는 변동 사항이 없었다

No changes were made to ~

1층에는 변동 사항이 없었다.

No changes were made to the ground floor.

＊1층 ground floor

3. 위치를 나타낼 때 쓰는 표현

⑰ A는 B와 평행하다

A is parallel to B

자전거 길은 강과 평행하다.
The bike path **is parallel to** the river.

⑱ A는 B 옆에 있다

A is next to B

화장실은 직원 휴게실 옆에 있다.
The restroom **is next to** the employee lounge.

⑲ A는 B의 맞은편에 있다

A is across from B

약국은 은행의 맞은편에 있다.
The pharmacy **is across from** the bank.

⑳ ~의 중간에

in the middle/center of ~

중앙 광장은 도시의 중간에 있다.
The main square is **in the middle of** the city.

㉑ ~ 근처에 위치해 있다

주어 is located/positioned/situated near ~

슈퍼마켓은 공원 근처에 위치해 있다.
The supermarket **is located near** the park.

㉒ A가 B로 나누어지다

A is split into B

연회장은 좌석 구역과 식사 구역으로 나누어졌다.
The banquet room **was split into** a seating area and a dining area.

㉓ A가 B와 연결되다

A is connected to B

기차역은 국제 공항과 연결된다.
The railway station **is connected to** the international airport.

🎈 파란색으로 주어진 우리말 표현을 영어로 바꾸어 문장을 완성하세요.

01 대부분의 나무와 숲이 보도로 대체되었다.

Most of the trees and forests _____ walkways.

＊보도 walkway

02 Regent Street는 해변의 끝까지 연장되었다.

Regent Street _____ the end of the beach.

03 수영장은 축구장 근처에 위치해 있다.

The swimming pool _____ the football pitch.

＊축구장 football pitch

04 나비의 생애 주기에는 주요한 세 단계가 있다.

_____ three major _____ in the life cycle of a butterfly.

＊생애 주기 life cycle

05 이 과정의 마지막 단계에서, 완제품은 용기에 포장된다.

_____, the finished product is packaged into containers.

＊완제품 finished product　＊포장하다 package

06 극장은 병원 옆에 있다.

The theatre _____ the hospital.

07 쇼핑몰은 2005년에 주차장의 추가로 더 확장되었다.

The shopping mall expanded further with _____ a car park in 2005.

08 포도가 으깨진 후, 과즙은 발효되도록 남겨진다.

_____ the grapes are crushed, the juice is left to ferment.

＊으깨다 crush　＊발효되다 ferment

09 그 길은 해변과 평행했다.

The road _____ the beach.

10 도시는 주거 건물과 상업 건물의 분리된 구역으로 나누어졌다.

The city _____ separate areas for residential and commercial buildings.

＊상업의 commercial   ＊분리된 separate

11 과정은 물이 여과 장치를 거치면 시작된다.

_____ the water goes through a filter.

＊여과 장치 filter   ＊거치다 go through

12 수리 동안에 미술관의 크기에는 변동 사항이 없었다.

_____ the size of the gallery during the renovations.

＊수리 renovation

13 국립 공원의 가장 큰 변화 중 하나는 식물원의 확장이었다.

_____ the national park _____ the expansion
of the botanical garden.

＊식물원 botanical garden   ＊확장 expansion

14 발전소가 항구 근처에 건설되었다.

An electrical power plant _____ the harbour.

＊발전소 electrical power plant   ＊항구 harbour

15 도서관의 중간에 책상들이 몇 개 있다.

There are several study tables _____ the library.

정답 p.298

DAILY TEST

🎈 끊어 해석한 부분에 유의하여 다음의 우리말 문장을 영어로 바꾸어 쓰세요.

01 가장 쉽게 알아볼 수 있는 변화는 / 부두의 철거였다
     * 쉽게 알아볼 수 있는 recognizable   * 부두 dock

_____

02 쇼핑센터는 연결된다 / 지하철역과
     * 지하철역 underground station

_____

03 생애 주기는 시작된다 / 올챙이들이 부화하면 / 그들의 알(eggs)에서
     * 올챙이 tadpole   * 부화하다 hatch

_____

04 식당이 옮겨졌다 / 그 건물의 최고층으로
     * 식당 dining room   * 최고층 top floor

_____

05 호텔은 대체되었다 / 주유소로 / 2010년에
     * 주유소 petrol station

_____

06 그 식당은 위치해 있다 / 교회 근처에 / Park Avenue에 있는
     * 식당 restaurant

_____

07 그다음에, / 이것은 오븐(oven) 안에 놓아지고 / 12분 동안 구워진다
     * 놓다 place   * 굽다 bake

_____

08 도시의 주요 변화는 포함한다 / 새로운 다리의 건설을
     * 건설 construction

_____

09 그 옷 가게는 맞은편에 있다 / 새로운 학교의 / Thompson Avenue에 있는

＊옷 가게 clothing store

---

10 첫 번째 단계는 / 응답하는 것이다 / 고객들로부터의 피드백(feedback)에

＊~에 응답하다 respond to ~

---

11 시청 광장(City Hall Square)은 변화되었다 / 아이스 스케이트장으로 / 2016년에

＊아이스 스케이트장 ice skating rink

---

12 대회의실은 나누어졌다 / 몇몇의 회의실들로

＊대회의실 conference room   ＊몇몇의 several

---

13 새로운 도로의 추가는 / 공항을 연결했다 / 기차역으로

＊A를 B로 연결하다 connect A to B

---

14 학교로 가는 길은 평행하다 / 철로와

＊~로 가는 길 path to ~   ＊철로 train tracks

---

15 여섯 단계가 있다 / 위스키 제조 과정에는

＊위스키 제조 과정 whisky-making process

정답 p.299

상황별 필수 표현 익히기

2nd
Week

3일

Hackers IELTS Writing Basic

실수 클리닉   3. 수의 일치

1. 주어와 동사의 수를 일치시켰는지 확인하세요.

> 두 아기와 함께 있는 한 여자가 지금 쇼핑하고 있다.
>
> **A woman** with two babies **are** shopping now. (×)
>
> → **A woman** with two babies **is** shopping now. (○)

주어가 단수일 경우 단수 동사를 쓰고, 복수일 경우 복수 동사를 써야 합니다. 주어와 동사 사이에 주어를 꾸미는 수식어구가 오는 경우에는 실제 주어와 수식어구를 혼동하지 말고 주어의 수를 구분해서 그에 맞는 동사를 써야 합니다.

2. 동명사구/to 부정사구/명사절 뒤에 단수 동사를 썼는지 확인하세요.

> 사진을 찍는 것은 매우 재미있다.
>
> Taking pictures **are** a lot of fun. (×)
>
> → Taking pictures **is** a lot of fun. (○)

동명사구나 to 부정사구, 또는 명사절(의문사절, whether절, that절, what절 등)이 주어가 되는 경우에는 단수 동사를 써야 합니다.

3. '부분을 나타내는 표현 + 명사'를 주어로 쓸 때 명사와 동사의 수를 일치시켰는지 확인하세요.

> 대부분의 창문이 깨졌다.
>
> Most of the windows **is** broken. (×)
>
> → Most of the windows **are** broken. (○)

most of, some of, half of, rest of, majority of, # percent of, 분수 of와 같이 부분을 나타내는 말이 주어로 올 때는 of 뒤에 오는 명사를 확인해서 명사가 단수일 때는 단수 동사를, 복수일 때는 복수 동사를 써야 합니다.

4. 'the number of + 명사'와 'a number of + 명사' 뒤에 수 일치하는 동사가 왔는지 확인하세요.

> 많은 학생들이 참석했다.
>
> A number of students **was** present. (×)
>
> → A number of students **were** present. (○)

'the number of 복수 명사'는 '~의 수'라는 뜻으로 뒤에 단수 동사를 써야 하고, 'a number of + 복수 명사'는 '많은 ~'이라는 뜻으로 뒤에 복수 동사를 써야 합니다.

다음 문장에서 틀린 부분을 찾아 고쳐 보세요.

01 운동을 하는 많은 아이들은 다른 사람들과 협력하는 데 더 능숙하다.
Many children who play sports ~~is~~ better at working with other people.
              are

02 그녀의 여생은 아픈 사람들을 돕는 데 바쳐졌다.
The rest of her life were devoted to helping sick people.

03 가파른 언덕을 오르는 것은 처음에는 느린 걸음을 필요로 한다.
To climb steep hills require a slow pace at first.

04 가장 많은 투표를 받은 후보자가 선거에서 이긴다.
The candidate with the most votes win the election.

05 그 나라에서 태어나는 아기의 수는 점점 증가하고 있다.
The number of babies born in the country are on the rise.

06 당신이 질병에 걸릴 것인지 아닌지의 여부는 당신의 면역 체계에 달려있다.
Whether you are likely to develop a disease or not depend on your immune system.

07 지구의 75퍼센트는 물로 덮여있다.
Seventy-five percent of the earth are covered with water.

08 이 도시의 많은 학생들은 이미 그 박물관을 방문했다.
A number of students in this town has already visited the museum.

상황별 필수 표현 익히기

2nd Week

3일

Hackers IELTS Writing Basic

01 is → are   **02** were → was   **03** require → requires
04 win → wins   **05** are → is   **06** depend → depends
07 are → is   **08** has → have

4일 찬반, 장단, 비교, 대조 표현

Task 2에서는 어떤 주제에 대한 찬성이나 반대 의견을 서술해야 하는 상황이 많습니다. 예를 들어, '나는 유전자 변형 작물을 기르는 것이 이롭다는 것에 동의한다.'라는 문장을 영어로 써 봅시다. 이때 **'나는 …에 동의한다'** 라는 표현은 **'I agree that 주어 + 동사'**로 나타낼 수 있습니다. 따라서 완성된 문장은 'I agree that growing genetically modified crops is advantageous.'가 됩니다. 이처럼 찬반, 장단, 비교, 대조를 나타내는 표현들은 문제에 대한 자신의 의견을 밝히거나, 주제의 장단점을 제시하여 자기 주장의 근거를 효과적으로 뒷받침하는 데 유용하게 사용할 수 있습니다.

1. 찬반을 나타낼 때 쓰는 표현

① 나는 …에 동의한다

I agree that 주어 + 동사 / I agree with ~

나는 어떤 아이라도 충분한 연습을 하면 훌륭한 음악가가 될 수 있다는 것에 동의한다.

I agree that any child can become a good musician with enough practice.

② 나는 …라고 굳게 믿는다

I firmly believe that 주어 + 동사

나는 몇몇 직원들에게는 돈이 직위보다 더 좋은 원동력이라고 굳게 믿는다.

I firmly believe that money is a better motivator than a job title for some employees.

＊원동력 motivator ＊직위 job title

③ 나는 …라는 생각을 지지한다

I support the idea that 주어 + 동사

나는 정부가 재활용을 하지 않는 사람들에게 벌금을 부과해야 한다는 생각을 지지한다.

I support the idea that governments should fine people who do not recycle.

＊벌금을 부과하다 fine

④ 일부 사람들은 …라고 생각한다

Some people think that 주어 + 동사

일부 사람들은 언어를 배우는 것이 균형 잡힌 교육의 중요한 부분이라고 생각한다.

Some people think that learning languages is an important part of a well-rounded education.

＊균형 잡힌 well-rounded

5 …은 일반적인 생각이다

It is a common belief that 주어 + 동사

실용적인 기술에 집중하는 것이 학생들에게 유익하다는 것은 일반적인 생각이다.

It is a common belief that concentrating on practical skills is beneficial for students.

＊~에 집중하다 concentrate on ~　＊실용적인 practical　＊유익한 beneficial

6 …은 사실이다

It is true that 주어 + 동사

오늘날 사람들이 과거보다 더 많은 스트레스를 받는다는 것은 사실이다.

It is true that people today are under more stress than in the past.

＊스트레스를 받다 be under stress

7 …은 명백하다

It is evident that 주어 + 동사

인공 지능을 개발하는 것이 이롭다는 것은 명백하다.

It is evident that developing artificial intelligence is advantageous.

＊인공 지능 artificial intelligence　＊이로운 advantageous

8 …라는 더 설득력 있는 주장이 있다

There is a more persuasive argument that 주어 + 동사

부모들이 그들의 자녀들을 직업보다 우선시해야 한다는 더 설득력 있는 주장이 있다.

There is a more persuasive argument that parents should prioritize their children over their careers.

＊우선시하다 prioritize

9 여러 가지 이유로 …은 분명해 보인다

It seems clear that 주어 + 동사 **for several reasons**

여러 가지 이유로 운동이 식단보다 더 중요하다는 것은 분명해 보인다.

It seems clear that exercise is more important than diet **for several reasons**.

10 나는 ~에 반대한다

I object to ~/I object that 주어 + 동사

나는 국제 스포츠 행사를 후원하는 데 세금을 쓰는 것에 반대한다.

I object to spending tax money on sponsoring international sporting events.

＊세금 tax money　＊후원하다 sponsor

⑪ 나는 ~에 반대한다

I am against ~

나는 범죄를 예방하기 위해서 사형 제도를 이용하는 것에 반대한다.

I am against using the death penalty to prevent crimes.

＊사형 제도 death penalty ＊예방하다 prevent

2. 장단을 나타낼 때 쓰는 표현

⑫ 주요한 장점/단점은 …이다

The main advantage/disadvantage is that 주어 + 동사

주요한 장점은 학생들이 전문 기술을 배울 수 있다는 것이다.

The main advantage is that students can learn technical skills.

⑬ ~은 장점과 단점을 모두 지닌다

주어 **has its (own) advantages and disadvantages**

이민자들에게 국경을 개방하는 것은 장점과 단점을 모두 지닌다.

Opening borders to immigrants **has its advantages and disadvantages**.

⑭ …은 장점이 많아 보인다

It seems advantageous that 주어 + 동사

회사가 2개 국어를 하는 직원들을 많이 보유하는 것은 장점이 많아 보인다.

It seems advantageous that the firm has many bilingual staff members.

＊2개 국어를 하는 bilingual

3. 비교를 나타낼 때 쓰는 표현

⑮ 그와 비슷하게, …이다

Similarly, 주어 + 동사

그와 비슷하게, 미래를 위해 저축하는 것은 지금 돈을 쓰는 것보다 더 중요하다.

Similarly, saving for the future is more important than spending money now.

⑯ ~과 비교할 때, …이다

Compared to ~, 주어 + 동사

다른 생활비와 비교할 때, 주거비는 비싸다.

Compared to other living costs, housing expenses are expensive.

＊생활비 living cost ＊주거비 housing expense

⑰ ~가 −하는 것이 더 좋다
It is preferable for ~ to −

장기적인 경제 발전을 촉진하기 위해 정부가 교육에 투자하는 것이 더 좋다.
It is preferable for governments **to** invest in education to foster long-term economic development.
＊투자하다 invest　＊촉진하다 foster　＊장기적인 long-term

4. 대조를 나타낼 때 쓰는 표현

⑱ 반대로, …이다
Conversely, 주어 + 동사

반대로, 스포츠를 하는 것은 학생들에게 팀워크와 리더십의 가치를 가르친다.
Conversely, playing sports teaches students the value of teamwork and leadership.

⑲ 한편으로는, …이다
On the one hand, 주어 + 동사

한편으로는, 부모의 개입은 아이들이 공부하도록 격려한다.
On the one hand, parental involvement encourages children to study.
＊부모의 parental　＊개입 involvement　＊격려하다 encourage

⑳ 반면에, …이다
On the contrary, 주어 + 동사

반면에, 건강관리에 대한 소비는 증가했다.
On the contrary, spending on health care has increased.

㉑ 하지만, ~과는 다르게, …이다
However, unlike ~, 주어 + 동사

하지만, 강의 중심 수업들과는 다르게, 프로젝트 중심 학습은 실제로 참여하는 경험을 제공한다.
However, unlike lecture-based classes, project-based learning offers hands-on experience.
＊강의 중심의 lecture-based　＊제공하다 offer　＊실제로 참여하는 hands-on

㉒ ~을 부인할 수 없지만, …이다
While it is undeniable that 주어 + 동사, 주어 + 동사

지역사회가 안전을 유지해야 한다는 것을 부인할 수 없지만, 사생활권 역시 중요하다.
While it is undeniable that communities need to stay safe, privacy rights are also important.
＊지역사회 community　＊사생활권 privacy rights

DAILY CHECK-UP

🌐 파란색으로 주어진 우리말 표현을 영어로 바꾸어 문장을 완성하세요.

01 아이들이 미술 수업을 들어야 한다는 더 설득력 있는 주장이 있다.

_____ children should take art classes.

02 열대 우림을 보존하는 것은 장점과 단점을 모두 지닌다.

Preserving the rainforests _____.

＊열대 우림 rainforest   ＊보존하다 preserve

03 일부 사람들은 운동선수들에게 지급되는 높은 급여가 정당하다고 생각한다.

_____ the high salaries paid to athletes are justified.

＊운동선수 athlete   ＊급여 salary   ＊정당한 justified

04 주요한 장점은 모든 사람들이 똑같은 취업 기회를 가진다는 것이다.

_____ everyone has the same career opportunities.

＊취업 기회 career opportunity

05 그와 비슷하게, 급우들은 학생의 교육에 주요한 영향을 미칠 수 있다.

_____, classmates can have a major impact on a student's education.

＊~에 주요한 영향을 미치다 have a major impact on ~

06 나는 자전거 헬멧을 쓰는 것이 의무적이어야 한다고 굳게 믿는다.

_____ wearing bicycle helmets should be mandatory.

＊의무적인 mandatory

07 하지만, 재생 가능한 에너지의 대부분의 형태들과는 다르게, 풍력은 비교적 신뢰할 수 있다.

_____ most forms of renewable energy, wind power is relatively reliable.

08 나는 제품 시험에 동물들을 이용하는 것에 반대한다.

_____ using animals in product testing.

09 나는 대학들이 학생들에게 전문적인 기술을 가르치는 데 집중해야 한다는 생각을 지지한다.

_____ universities should focus on teaching students professional skills.

＊전문적인 professional ＊집중하다 focus on

10 학생들이 그들의 선생님들에 대해서 피드백을 제공할 수 있다는 것은 장점이 많아 보인다.

_____ students can provide feedback about their teachers.

11 대학 졸업생들과 비교할 때, 대학교 학위가 없는 사람들의 급여는 낮은 경향이 있다.

_____ college graduates, the salaries of those without university degrees tend to be low.

12 반면에, 취미를 갖는 것은 학생들이 더 창의적으로 되도록 고취시킬 수 있다.

_____, having a hobby can inspire students to be more creative.

＊창의적인 creative ＊고취시키다 inspire

13 신입 직원들이 연수 과정에 참석하도록 요구되어야 한다는 것은 일반적인 생각이다.

_____ new employees should be required to attend training courses.

14 교사들이 표준화된 시험을 통해서 학생들을 평가하는 것이 더 좋다.

_____ teachers _____ assess students through standardized exams.

＊표준화된 시험 standardized exams ＊평가하다 assess

15 여러 가지 이유로 큰 회사에서 일하는 것이 유익하다는 것은 분명해 보인다.

_____ working for a large company is beneficial _____.

정답 p.300

🎤 끊어 해석한 부분에 유의하여 다음의 우리말 문장을 영어로 바꾸어 쓰세요.

01 나는 굳게 믿는다 / 기술에 투자하는 것이 좋은 방법이라고 / 학교의 예산을 사용하는
　　 ＊~에 투자하다 invest in ~　　＊예산 budget

_____

02 더 설득력 있는 주장이 있다 / 보건과 안전 교육은 필수적이라는
　　 ＊보건과 안전 교육 health and safety training　　＊필수적인 crucial

_____

03 나는 반대한다 / 화석 연료를 사용하는 것에 / 주요한 에너지원으로써
　　 ＊화석 연료 fossil fuels　　＊주요한 primary　　＊에너지원 energy source

_____

04 사실이다 / 더 많은 학생들이 결정하고 있다는 것은 / 대학(college)을 중퇴하기로 / 요즘에
　　 ＊~하기로 결정하다 decide to 부정사　　＊~을 중퇴하다 drop out of ~　　＊요즘에 nowadays

_____

05 한편으로는, / 사립 학교들은 더 작은 학급을 가진다 / 공립 학교들보다
　　 ＊사립 학교 private school　　＊공립 학교 public school

_____

06 일부 사람들은 생각한다 / 학생들이 숙제를 할 필요가 있다고 / 매일
　　 ＊숙제를 하다 do homework

_____

07 반대로, / 대면 의사소통은 감소하고 있다
　　 ＊대면의 face-to-face　　＊감소하다 decline

_____

08 나는 동의한다 / 성공은 가장 좋은 방법이라는 것에 / 지성을 평가하는
　　 ＊지성 intelligence　　＊평가하다, 측정하다 measure

_____

09 일반적인 생각이다 / 인터넷이 훌륭한 교육 자원이라는 것은 / 학생들을 위한

    ＊교육 자원 educational resource

---

10 나는 생각을 지지한다 / 정부가 제공해야 한다는 / 무료 인터넷 접속을 / 모든 시민들에게

    ＊무료 인터넷 접속 free Internet access   ＊시민 citizen

---

11 부인할 수 없지만, / 전자책들이 인기를 얻고 있다는 것을 / 종이책들도 여전히 선호된다 / 많은 독자들에 의해

    ＊전자책 e-book   ＊인기를 얻다 gain in popularity   ＊선호하다 prefer   ＊독자 reader

---

12 분명해 보인다 / 인구 과잉은 오늘날 가장 심각한 문제들 중 하나라는 것을 / 여러 가지 이유로

    ＊인구 과잉 overpopulation

---

13 주요한 장점은 / 전기차들이 배출하지 않는다는 것이다 / 이산화탄소를

    ＊전기차 electric car   ＊배출하다 emit   ＊이산화탄소 carbon dioxide

---

14 명백하다 / 온라인 쇼핑(online shopping)의 문제점들이 / 이점들보다 더 크다는 것은

    ＊문제점 drawback   ＊이점 benefit   ＊~보다 더 크다 outweigh

---

15 하지만, / 보통 식물들과는 다르게, / 유전자 변형 작물들은 저항력이 있다 / 가뭄에

    ＊유전자 변형 작물 genetically modified crop   ＊~에 저항력이 있다 be resistant to ~   ＊가뭄 drought

---

정답 p.300

상황별 필수 표현 익히기 **2nd Week** **4일** Hackers IELTS Writing Basic

1. 현재 시제와 현재진행 시제를 구별해서 올바르게 썼는지 확인하세요.

> 매일 아침 그는 아침 식사를 한다.
>
> He **is eating** breakfast every morning. (×)
>
> → He **eats** breakfast every morning. (○)

현재 시제는 현재의 사실과 상태 외에도 현재의 반복적인 습관이나 불변의 진리를 나타낼 때 씁니다. 반면에 현재진행 시제는 말하는 시점에 진행 중인 동작을 나타낼 때 씁니다. 따라서 현재의 습관이나 진리를 나타내는 문장에 현재진행 시제를 쓰면 틀립니다.

2. 현재완료 시제와 과거 시제를 구별해서 올바르게 썼는지 확인하세요.

> 그녀는 어제 이곳에 도착했다.
>
> She **has arrived** here yesterday. (×)
>
> → She **arrived** here yesterday. (○)

현재완료 시제는 just, already, yet, recently, for, since와 같은 부사와 함께 쓰여 과거의 어느 한 시점부터 현재까지의 완료, 경험, 결과, 계속 등을 나타낼 때 씁니다. 따라서 yesterday, last night, 10 years ago, in the past, in 1980와 같이 이미 완료된 명백한 과거의 한 시점을 나타내는 부사나 부사구와는 함께 쓰일 수 없으며, 이 경우에는 현재완료가 아닌 과거 시제를 써야 합니다.

또한, since를 '~한 이래로, ~한 때부터'라는 의미의 접속사로 쓸 때에는 since를 쓴 종속절에는 과거 시제를, 주절에는 현재완료 시제를 써야 합니다.

EX 그가 온 이래로, 우리는 행복했다.

Since he **came**, we **had been** happy. (×)

→ Since he **came**, we **have been** happy. (○)

다음 문장에서 틀린 부분을 찾아 고쳐 보세요.

01 매일 아침, 그녀는 산책을 한다.

Every morning, she ~~is going~~ for a walk.
                    goes

02 그는 커피에 절대 설탕을 넣어 마시지 않는다.

He is never taking sugar in his coffee.

03 요즘, 기술은 어느 때보다도 더 빠르게 발전하고 있다.

Nowadays, technology has developed faster than ever.

04 물은 섭씨 100도에서 끓는다.

Water is boiling at 100 degrees Celsius.

05 그가 미국에 간 이래로 나는 그에게 아무 소식도 듣지 못했다.

I have heard nothing from him ever since he has gone to America.

06 지난밤에 눈이 왔다.

It has snowed last night.

07 그는 어제 직장에 있지 않았다.

He has not been at work yesterday.

08 John은 밴쿠버에 산다. 그는 1985년 이래로 그곳에서 살았다.

John lives in Vancouver. He lived there since 1985.

생활별 필수 표현 익히기

2nd Week

4일

Hackers IELTS Writing Basic

---

01 is going → goes   **02** is never taking → never takes   **03** has developed → is developing
04 is boiling → boils   **05** has gone → went   **06** has snowed → snowed
07 has not been → was not   **08** lived → has lived

5일 인과, 예시, 인용, 부연 표현

Task 2에서는 어떤 주제에 대한 원인과 결과를 서술해야 하는 상황이 많습니다. 예를 들어, '소아 비만의 주된 원인은 아이들이 더 많은 패스트푸드를 먹고 있다는 것이다.'라는 문장을 영어로 써 봅시다. 이때 '**~의 주된 원인은 …이다**'라는 표현은 '**The main cause of ~ is that 주어 + 동사**'로 쓸 수 있습니다. 따라서 완성된 문장은 'The main cause of child obesity is that children are eating more fast food.'가 됩니다. 이처럼 인과, 예시, 인용, 부연을 나타내는 표현들은 문제에 대한 원인과 결과를 분석하거나 자신의 주장에 대한 근거를 효과적으로 전달하는 데 유용하게 사용할 수 있습니다.

1. 인과를 나타낼 때 쓰는 표현

① 이러한 이유 때문에, …이다
For these reasons, 주어 + 동사

이러한 이유 때문에, 더 엄격한 처벌을 시행하는 것은 범죄를 줄이는 데 가장 좋은 방법은 아니다.
For these reasons, implementing stricter penalties is not the best way to reduce crime.
＊시행하다 implement ＊엄격한 strict ＊처벌 penalty

② 이는 …이기 때문이다
This is because 주어 + 동사

이는 현장 학습이 훌륭한 학습 기회를 제공하기 때문이다.
This is because field trips offer a great learning opportunity.

③ ~의 주된 원인/쟁점은 …이다
The main cause/issue of ~ is that 주어 + 동사

종 감소의 주된 원인은 인간이 자연 생태계를 파괴하고 있다는 것이다.
The main cause of species decline **is that** humans are destroying natural ecosystems.
＊종 species ＊자연 생태계 natural ecosystem

④ ~ 때문에, …이다
Due to ~, 주어 + 동사

도로의 교통 혼잡 때문에, 많은 사람들이 지하철 타는 것을 선호한다.
Due to traffic congestion on the roads, many people prefer to take the subway.
＊교통 혼잡 traffic congestion

⑤ 그 결과로, …되다

As a result, 주어 + 동사

그 결과로, 교환 학생 프로그램에 참가하는 대부분의 학생들은 더 좋은 성적을 받게 된다.

As a result, most students who participate in exchange programs get better grades.

＊~에 참가하다 participate in ~   ＊교환 학생 프로그램 exchange program

⑥ 결과적으로, …이다

Consequently/As a consequence, 주어 + 동사

결과적으로, 지구 온난화는 급속도로 증가하고 있다.

Consequently, global warming is increasing at an alarming rate.

＊지구 온난화 global warming   ＊급속도로 at an alarming rate

2. 예시를 나타낼 때 쓰는 표현

⑦ 예를 들어, …이다

For instance/For example, 주어 + 동사

예를 들어, 청소년 범죄자들의 75퍼센트가 이후에 성인으로서 범죄를 저지른다.

For instance, 75 percent of juvenile criminals later commit crimes as adults.

＊청소년 범죄자 juvenile criminal

⑧ ~의 예를 보자

Take the example of ~

해외에 있는 학술 강좌들의 예를 보자.

Take the example of academic courses abroad.

＊학술 강좌 academic course

⑨ 또 다른 예로, …이다

In another case, 주어 + 동사

또 다른 예로, 재활용 제도는 매립지 사용을 반으로 줄인다고 밝혀졌다.

In another case, recycling schemes were shown to reduce landfill use by half.

＊제도 scheme   ＊매립지 landfill

⑩ ~에서 보이는 바와 같이, …이다

주어 + 동사, **as can be seen in ~**

늘어나는 외동 아이들의 수에서 보이는 바와 같이, 평균 가족의 규모가 변하고 있다.

The size of the average family is changing, **as can be seen in** the growing number of only children.

3. 인용을 나타낼 때 쓰는 표현

(11) ~에 따르면, ···이다
According to ~, 주어 + 동사

최근의 연구에 따르면, 이탈리아에서 빈곤한 사람들의 비율은 약 12퍼센트 정도이다.
According to recent research, the percentage of people in poverty in Italy is around 12 percent.

(12) 연구 결과는 ···을 보여주었다
Studies have shown that 주어 + 동사

연구 결과는 규칙적인 운동이 심장마비의 위험을 줄일 수 있다는 것을 보여주었다.
Studies have shown that regular exercise can reduce the risk of heart attacks.

4. 부연을 나타낼 때 쓰는 표현

(13) 우선, ···이다
To begin with, 주어 + 동사

우선, 프로젝트 중심의 교육은 학생들의 창의적으로 생각하는 능력을 향상시킨다.
To begin with, project-based education boosts students' ability to think creatively.

(14) 게다가, ···이다
On top of that, 주어 + 동사

게다가, 인간 복제는 많은 윤리적인 쟁점들을 제기한다.
On top of that, human cloning raises numerous ethical issues.
＊인간 복제 human cloning ＊제기하다 raise ＊윤리적인 ethical

(15) ~하는 방법 중 하나는 −이다
One of the ways to ~ is −

삼림 벌채를 늦추는 방법 중 하나는 지주들에게 엄격한 규정을 부과하는 것이다.
One of the ways to slow deforestation **is** to impose strict rules upon landowners.
＊삼림 벌채 deforestation ＊부과하다 impose ＊지주 landowner

(16) 그것이 ···하는 이유이다
That is why 주어 + 동사

그것이 균형 잡힌 식사를 하는 것이 중요한 이유이다.
That is why it is important to have a balanced diet.

17 이 사건이 보여주듯, …이다
As this case reveals, 주어 + 동사

이 사건이 보여주듯, 지도자에 대한 여론은 시간이 지나면서 변한다.
As this case reveals, the public's opinion of leaders changes over time.
＊여론 public's opinion

18 구체적으로, …이다
To be specific, 주어 + 동사

구체적으로, 캠퍼스에 사는 학생들은 수업에 덜 빠진다.
To be specific, students living on campus miss fewer classes.

19 그뿐 아니라, …이다
Not only that, but 주어 + 동사

그뿐 아니라, 스포츠는 사람들에게 유용한 리더십 기술도 가르칠 수 있다.
Not only that, but sports can also teach people valuable leadership skills.

20 다시 말해서, …이다
In other words, 주어 + 동사

다시 말해서, 시간제 근로자들은 20대인 근로자 중 다수를 차지한다.
In other words, part-time employees make up a majority of workers in their 20s.
＊~을 차지하다 make up ~

21 게다가, …이다
Moreover/In addition, 주어 + 동사

게다가, 온라인 쇼핑은 항상 이용 가능하다.
Moreover, online shopping is available all the time.

22 이런 식으로, …하다
In this way, 주어 + 동사

이런 식으로, 학생들은 더욱 개인 맞춤화된 교육을 받는다.
In this way, students receive more personalized instruction.
＊개인 맞춤화된 personalized ＊교육 instruction

23 대체로, …이다
On the whole, 주어 + 동사

대체로, 소셜 미디어는 문제점보다 긍정적인 효과를 더 많이 가진다.
On the whole, social media has more positive effects than drawbacks.
＊긍정적인 positive ＊문제점 drawback

DAILY CHECK-UP

🌳 파란색으로 주어진 우리말 표현을 영어로 바꾸어 문장을 완성하세요.

01 다시 말해서, 숙제를 내는 것은 학생들의 동기를 향상시킬 수 있다.

_____, assigning homework can improve students' motivation.
＊숙제를 내다 assign homework ＊동기 motivation

02 우선, 부모들은 그들의 자녀가 비만이 되는 것을 막아야 한다.

_____, parents should stop their children from becoming obese.
＊비만이 되다 become obese ＊A가 ~하는 것을 막다 stop A from 동명사

03 또 다른 예로, 과학자들은 기후 변화가 중단될 수도 있다고 밝혔다.

_____ _____, scientists showed that climate change could be halted.
＊기후 변화 climate change ＊중단시키다 halt

04 당뇨병 발병률을 낮추는 방법 중 하나는 시민들에게 운동하도록 장려하는 것이다.

_____ lower the diabetes rate _____ to encourage citizens to exercise.
＊당뇨병 diabetes ＊장려하다 encourage

05 그뿐 아니라, 도시에 나무를 심는 것은 더 깨끗한 공기를 만든다.

_____ planting trees in cities results in cleaner air.

06 대체로, 시골 지역의 범죄율은 계속해서 상승하였다.

_____, the crime rate in rural areas has continued to rise.
＊시골의 rural

07 Albert Einstein의 젊은 시절의 예를 보자.

_____ Albert Einstein's early life.

08 이 사건이 보여주듯, 외국어를 할 수 있는 것은 유용하다.

_____, being able to speak a foreign language is beneficial.

09 이는 텔레비전을 보는 것이 교육적인 경험이 될 수 있기 때문이다.

_____ watching television can be an educational experience.

10 이런 식으로, 음악 교육은 초등학교 교육 과정에서 중요한 역할을 한다.

_____, musical education plays an important part in the elementary school curriculum.

＊교육 과정 curriculum

11 그 결과로, 많은 나라들이 국제 스포츠 행사를 개최하기를 원한다.

_____, many countries want to host international sporting events.

＊개최하다 host

12 게다가, 원격으로 일하는 것은 교통비를 줄여준다.

_____, working remotely reduces transportation costs.

＊원격으로 remotely ＊교통비 transportation cost

13 이러한 이유 때문에, 관광 산업은 지역 문화에 부정적인 영향을 미칠 수 있다.

_____, tourism can have a negative effect on local cultures.

＊관광 산업 tourism ＊지역의 local ＊부정적인 negative

14 그것이 기술이 사람들을 덜 사교적으로 만드는 이유이다.

_____ technology is making people less sociable.

＊사교적인 sociable

15 연구 결과는 대부분의 사람들이 우주 탐사를 돈 낭비라고 여긴다는 것을 보여주었다.

_____ most people consider space exploration to be a waste of money.

＊우주 탐사 space exploration ＊낭비 waste

정답 p.301

끊어 해석한 부분에 유의하여 다음의 우리말 문장을 영어로 바꾸어 쓰세요.

01 이런 식으로, / 알코올의 적당한 섭취는 / 긍정적인 영향을 미칠 수 있다 / 한 사람의 건강에
＊적당한 섭취 moderate consumption　＊~에 긍정적인 영향을 미치다 have a positive effect on ~

_____

02 다양한 문화에서 온 사람들과 교류하기 때문에, / 해외로 여행하는 사람들은 / 일반적으로 편견이 없다
＊다양한 various　＊~와 교류하다 interact with ~　＊편견이 없는 open-minded

_____

03 구체적으로, / 산업 폐기물은 차지한다 / 거의 70퍼센트를 / 모든 오염 물질의
＊산업 폐기물 industrial waste　＊~을 차지하다 account for ~　＊오염 물질 pollution

_____

04 결과적으로, / 사람들은 오랜 시간 일해야만 한다 / 집을 살 여유를 가지기 위해
＊오랜 시간 일하다 work long hours　＊~을 살 여유를 가지다 afford

_____

05 다시 말해서, / 증가하는 인구를 부양하는 것이 / 우선 사항이 되어야 한다
＊부양하다 feed　＊우선 사항 priority

_____

06 오늘날 건강 문제들의 주된 원인은 / 사람들이 먹고 있다는 것이다 / 더 많은 가공 식품들을
＊건강 문제 health issue　＊가공 식품 processed food

_____

07 그뿐 아니라, / 여성에 대한 미디어의 묘사는 / 낮은 자존감을 초래할 수 있다 / 어린 소녀들에게서
＊묘사 portrayal　＊낮은 자존감 low self-esteem　＊~을 초래하다 lead to ~

_____

08 예를 들어, / 더 많은 사람들이 베이징(Beijing)을 방문하고 있다 / 과거보다
＊방문하다 visit

_____

09   우선, / 건강한 식단에 대해 학생들을 가르치는 것은 / 그들을 도울 수 있다 / 영양에 대해 더 많이 배우도록

* 건강한 식단 healthy diets   * 영양 nutrition

---

10   예를 보자 / 실업률에 큰 변화의

* 실업률 unemployment rate

---

11   최근 연구에 따르면, / 영국(United Kingdom)에서의 비서직은 감소했다 / 스마트 기기들의 도입 이후에

* 비서직 secretarial jobs   * 감소하다 decline   * 도입 introduction

---

12   연구 결과는 보여주었다 / 야외에서 많은 시간을 보내는 아이들이 / 더 환경에 대한 의식이 높다는 것을

* 야외에서 outdoors   * 환경에 대한 의식이 높은 environmentally aware

---

13   게다가, / 학생들은 더 잘 배운다 / 그들이 직접 참여하는 활동들을 수행할 때

* 직접 참여하는 활동 hands-on activity   * 수행하다 perform

---

14   인터넷은 만든다 / 의사소통을 더 쉽게, / 소셜 미디어의 경우에서 보이는 바와 같이

* 의사소통 communication

---

15   게다가, / 예술에 정부 자금을 쓰는 것은 / 이익을 준다 / 극히 적은 시민들에게

* 정부 자금 government funds   * ~에게 이익을 주다 benefit   * 극히 적은 very few

---

정답 p.301

1. 자동사와 목적어 사이에 전치사를 썼는지 확인하세요.

> 나는 당신을 기다릴 것이다.
>
> I will **wait** you. (×)
>
> → I will **wait for** you. (○)

자동사 뒤에 목적어가 올 경우에는 목적어 앞에 전치사를 반드시 써 주어야 합니다. 따라서 '당신을 기다리다'라는 표현은 'wait you'가 아닌 'wait for you'라고 해야 맞습니다. 이처럼 전치사 없이 목적어를 바로 쓰기 쉬운 자동사들은 전치사와 묶어서 외워두면 좋습니다.

전치사와 함께 외우면 좋은 자동사

wait for ~을 기다리다	apologize to ~에게 사과하다	compensate for ~을 보상하다
compete with ~와 경쟁하다	graduate from ~을 졸업하다	participate in ~에 참여하다
reply to ~에게 대답하다	complain about ~을 불평하다	consent to ~을 승낙하다

2. 타동사와 목적어 사이에 전치사를 쓰지는 않았는지 확인하세요.

> 우리는 그 문제에 대해 토론했다.
>
> We **discussed about** the matter. (×)
>
> → We **discussed** the matter. (○)

타동사는 전치사 없이 동사 뒤에 바로 목적어가 옵니다. 따라서 '방에 들어가다'라는 표현은 'enter into a room'이 아닌 'enter a room'이라고 해야 맞습니다. 이처럼 전치사와 함께 잘못 쓰기 쉬운 타동사들은 '~에 참석하다'처럼 목적어를 포함한 의미로 암기하면 좋습니다.

전치사와 함께 잘못 쓰기 쉬운 타동사

discuss ~에 대해 토론하다	leave ~을 떠나다	enter ~에 들어가다
attend ~에 참석하다	reach ~에 도달하다	resemble ~와 닮다
mention ~을 언급하다	approach ~에 접근하다	answer ~에 대답하다

다음 문장에서 틀린 부분을 찾아 고쳐 보세요.

01 그는 그의 어머니를 닮았다.

He resembles ⟨with⟩ his mother.

02 그녀는 3년 전에 고등학교를 졸업했다.

She graduated high school three years ago.

03 그는 내 이메일에 아직 답장하지 않았다.

He has not replied my email yet.

04 그들은 파티에서 일찍 떠나야만 했다.

They had to leave from the party early.

05 낯선 사람이 나에게 말을 걸기 위해 다가왔다.

The stranger approached to me to talk.

06 우리는 그가 우리에게 사과하기를 기다렸지만, 그는 하지 않았다.

We waited for him to apologize us, but he did not.

07 정부는 세금을 줄임으로써 경제적 손실을 보상해야 한다.

The government should compensate the economic loss by lowering taxes.

08 위원회는 빈곤 가정의 문제들에 대해 토론했다.

The committee discussed about the problems of poor families.

상황별 필수 표현 익히기

2nd Week

5일

Hackers IELTS Writing Basic

01 resembles with → resembles	**02** graduated → graduated from	**03** replied → replied to
04 leave from → leave	**05** approached to → approached	**06** apologize → apologize to
07 compensate → compensate for	**08** discussed about → discussed	

6일 조건, 가정, 양보, 요약 표현

Task 2에서는 어떤 주제에 대한 조건이나 상태를 서술해야 하는 상황이 많습니다. 예를 들어, '만일 인터넷이 없다면, 연구하는 것이 훨씬 더 어려울 것이다.'라는 문장을 영어로 써 봅시다. 이때 **'만일 ~이 없다면, …할 것이다'** 라는 표현은 **'Without ~, 주어 + will + 동사'**로 쓸 수 있습니다. 따라서 완성된 문장은 'Without the Internet, doing research would be much harder.'가 됩니다. 이처럼 조건, 가정, 양보, 요약을 나타내는 표현들은 어떤 상황에 대한 조건 및 가정을 통해 의견을 뒷받침하거나 자신의 의견을 다시 한번 간략히 서술할 때 유용하게 사용할 수 있습니다.

1. 조건을 나타낼 때 쓰는 표현

(1) 만일 ~이 없다면, …할 것이다
Without ~, 주어 + will + 동사

만일 부모의 개입이 없다면, 학생들은 아마 조언을 받기 위해 그들의 또래에 의지할 것이다.
Without parental involvement, students **will** most likely turn to their peers for advice.
＊개입 involvement ＊~에 의지하다 turn to ~

(2) ~과 무관하게, …이다
Regardless of ~, 주어 + 동사

그들의 정치적 관점과 무관하게, 모두가 환경 운동에 참여해야 한다.
Regardless of their political views, everyone should participate in environmental campaigns.

(3) 일단 ~하면, …이다
Once ~, 주어 + 동사

일단 사람들이 플라스틱을 사용하는 것을 멈추면, 오염이 덜 생길 것이다.
Once people stop using plastic, there will be less pollution.

(4) ~을 고려하면, …이다
Given ~, 주어 + 동사

도시의 높은 범죄율을 고려하면, 교외 지역에 사는 것이 더 안전하다.
Given the high rate of crime in cities, living in suburban areas is safer.
＊교외의 suburban

(5) ~에 관해서라면, …이다

When it comes to ~, 주어 + 동사

운동에 관해서라면, 수영이 체중을 줄이는 데 가장 효과적인 방법이다.

When it comes to exercise, swimming is the most effective way to lose weight.

(6) …인지 의문이다

It is doubtful whether 주어 + 동사

대학생들이 정치에 관심이 있는지 의문이다.

It is doubtful whether college students are interested in politics.

(7) 마치 …처럼 보인다

It seems as if 주어 + 동사

마치 요즘 많은 사람들이 불량 식품을 너무 많이 먹는 것처럼 보인다.

It seems as if many people eat too much junk food nowadays.

(8) 만일 …라면 ~할 것이다

주어 + **would** + 동사, **provided that** 주어 + 동사

만일 정부가 그렇게 하는 것을 쉽게 만든다면, 사람들은 기꺼이 재활용할 것이다.

People **would** be willing to recycle, **provided that** the government made it easy to do so.

2. 가정을 나타낼 때 쓰는 표현

(9) 아마도, …일 것이다

Presumably, 주어 + 동사

아마도, 이 방법은 더 많은 외국인 근로자들을 유치하기 위해 의도되었을 것이다.

Presumably, this measure is intended to attract more foreign workers.

＊의도하다 intend ＊유치하다 attract

(10) 십중팔구, …일 것이다

In all likelihood, 주어 + **will** + 동사

십중팔구, 지구 온난화는 계속해서 악화될 것이다.

In all likelihood, global warming **will** continue to worsen.

＊지구 온난화 global warming ＊악화되다 worsen

3. 양보를 나타낼 때 쓰는 표현

(11) 그럼에도 불구하고, …이다

Nevertheless/Even so, 주어 + 동사

그럼에도 불구하고, 사람들은 자신들의 인터넷 서비스에 대한 비용을 지불해야 한다.

Nevertheless, people should pay for their own Internet service.

＊~에 대한 비용을 지불하다 pay for ~

(12) ~에도 불구하고, …이다

In spite of ~, 주어 + 동사

몇몇 문제점들에도 불구하고, 더 많은 사람들이 전기차를 사고 있다.

In spite of some drawbacks, more people are buying electric cars.

4. 요약을 나타낼 때 쓰는 표현

(13) 요약하자면, …이다

To sum up, 주어 + 동사

요약하자면, 좋은 근로 조건들이 높은 급여보다 더 중요하다.

To sum up, good working conditions are more important than a high salary.

(14) 전반적으로, …이다

Overall, 주어 + 동사

전반적으로, 불법 이민을 처리하는 것은 많은 비용이 든다.

Overall, dealing with illegal immigration costs a great deal of money.

＊처리하다, 다루다 deal with　＊불법의 illegal　＊많은 a great deal of

(15) 간단히 말해서, …이다

In short, 주어 + 동사

간단히 말해서, 대학생들에게 출석은 선택적이어야 한다.

In short, attendance should be optional for college students.

(16) 결론적으로, …이다

In conclusion, 주어 + 동사

결론적으로, 알코올 소비량을 감소시키는 것은 사회에 긍정적인 영향을 미칠 것이다.

In conclusion, reducing alcohol consumption would have a positive impact on society.

⑰ 즉, …이다

That is, 주어 + 동사

즉, 아르바이트를 하는 것은 학생들이 책임감에 대해 배우도록 돕는다.

That is, getting a part-time job helps students learn about responsibility.

＊책임감 responsibility

⑱ 이러한 점에서, …이다

In this regard, 주어 + 동사

이러한 점에서, 경찰의 권력을 증가시키는 것이 범죄를 줄이는 가장 좋은 방법은 아니다.

In this regard, increasing the power of police forces is not the best way to reduce crime.

⑲ 이와 같이, …이다

As such, 주어 + 동사

이와 같이, 모든 학생들은 학과 외 활동에 참여해야 한다.

As such, all students should participate in extracurricular activities.

＊학과 외 활동 extracurricular activity

⑳ 마지막으로 중요한 것은, …이다

Last but not least, 주어 + 동사

마지막으로 중요한 것은, 모든 시민들은 의료 서비스를 받아야 한다는 것이다.

Last but not least, every citizen should have healthcare.

＊의료 서비스 healthcare

㉑ 모든 것을 고려해 보면, …이다

All things considered, 주어 + 동사

모든 것을 고려해 보면, 학생들에게 스포츠를 하게 하는 것은 더 큰 자기 계발로 이어질 수 있다.

All things considered, requiring students to do sports can lead to greater self-development.

＊자기 계발 self-development

㉒ 결국 요점은 …이다

What it comes down to is that 주어 + 동사

결국 요점은 우리가 지구를 보호하기 위해서 재생 가능한 에너지를 사용해야만 한다는 것이다.

What it comes down to is that we must use renewable energy to protect the earth.

DAILY CHECK-UP

🌐 파란색으로 주어진 우리말 표현을 영어로 바꾸어 문장을 완성하세요.

01 제2 언어를 배우는 것에 관해서라면, 나이는 중요하지 않다.

_____ learning a second language, age is not important.

02 결국 요점은 의료 서비스는 모든 사람들의 권리라는 것이다.

_____ healthcare is a right for all people.

＊의료 서비스 healthcare

03 돈을 아주 적게 버는 것에도 불구하고, 많은 사람들은 여전히 자선 단체에 기부한다.

_____ earning very little, many people still donate to charity.

＊돈을 벌다 earn   ＊자선 단체 charity   ＊기부하다 donate

04 비닐봉지가 완전히 금지될 것인지 의문이다.

_____ plastic bags will be completely banned.

＊비닐봉지 plastic bag   ＊완전히 completely   ＊금지하다 ban

05 결론적으로, 멸종된 동물들을 복제하는 것은 중대한 문제를 초래할 수 있다.

_____, cloning extinct animals could cause major problems.

＊멸종된 extinct   ＊복제하다 clone

06 십중팔구, 많은 직업들이 곧 로봇에 의해 수행될 것이다.

_____, many jobs _____ be performed by robots soon.

07 요약하자면, 동물 실험은 금지되어야 한다.

_____, animal testing should be prohibited.

＊금지하다 prohibit

08 간단히 말해서, 우리는 비행기에서 휴대 전화가 사용되는 것을 허용하면 안 된다.

_____, we should not allow mobile phones to be used on planes.

09 아마도, 십 대들은 그들의 외모에 대해 가장 많이 걱정할 것이다.

_____, teenagers are most worried about their looks.

10 만일 인터넷이 없다면, 세계는 지금 매우 달랐을 것이다.

_____ the Internet, the world _____ be very different now.

11 그럼에도 불구하고, 요즘 더 많은 사람들이 스트레스를 경험한다.

_____, more people experience stress these days.

12 이러한 점에서, 숙제를 내는 것은 학생들의 성적을 향상시키지 않는다.

_____, assigning homework does not improve students' grades.

＊숙제를 내다 assign homework   ＊향상시키다 improve

13 마치 십 대들은 학기 중에 충분한 수면을 취하지 않는 것처럼 보인다.

_____ teenagers are not getting enough sleep during the school year.

14 마지막으로 중요한 것은, 아이들이 컴퓨터를 사용함으로써 검색 기술을 배울 수 있다는 것이다.

_____, children can learn research skills by using computers.

15 오늘날의 경쟁적인 구직 시장을 고려하면, 석사 학위를 취득하는 것이 필수가 되고 있다.

_____ today's competitive job market, earning a master's degree is becoming

a necessity.

＊경쟁적인 competitive   ＊구직 시장 job market   ＊필수 necessity

정답 p.302

상황별 필수 표현 익히기 **2nd Week 6일** Hackers IELTS Writing Basic

DAILY **TEST**

끊어 해석한 부분에 유의하여 다음의 우리말 문장을 영어로 바꾸어 쓰세요.

01 결국 요점은 / 더 작은 학급 규모가 학생들을 도와준다는 것이다 / 더 많이 배우도록
*학급 규모 class size

_____

02 전반적으로, / 애완동물들은 유익하다 / 사람의 정신적인 건강과 행복에
*~에 유익한 beneficial to ~   *정신적인 건강 mental health

_____

03 과학적인 근거에도 불구하고, / 일부 사람들은 여전히 믿는다 / 지구 온난화가 거짓이라는 것을
*과학적인 근거 scientific evidence   *거짓인 fake

_____

04 즉, / 대부분의 사교 기술들은 학습될 수 있다 / 학교에서
*사교 기술 social skill   *학습하다 learn

_____

05 모든 것을 고려해보면, / 여러 개의 언어를 말하는 것은 유용하다 / 구직 시장에서
*여러 개의 multiple   *유용한 useful   *구직 시장 job market

_____

06 고려하면, / 소셜 미디어의 사회에의 영향을 / 이것은 신중하게 사용되어야 한다
*~에의 영향 influence on ~   *신중하게 carefully

_____

07 십중팔구, / 학생들에게 교복을 입으라고 강요하는 것은 / 영향이 거의 없을 것이다 / 그들의 성적에
*A에게 ~하도록 강요하다 force A to 부정사   *~에 영향이 거의 없다 have little effect on ~

_____

08 박물관에 관해서라면, / 입장료는 무료여야 한다 / 모든 사람들에게
*입장료 admission

_____

09 교사들은 더 많은 시간을 일할 것이다 / 만일 정부가 그들의 임금을 인상한다면,

 ＊임금 wage ＊인상하다 increase

---

10 인종(race) 또는 성별(gender)과 무관하게, / 모든 사람들은 대우받아야 한다 / 정중하게

 ＊대우하다 treat ＊정중하게 with respect

---

11 마지막으로 중요한 것은, / 우주 탐사는 발전시킬 수 있다는 것이다 / 국제적인 평화와 협력을

 ＊우주 탐사 space exploration ＊발전시키다 foster ＊협력 cooperation

---

12 이와 같이, / 세금을 올리는 것은 / 정부가 더 나은 서비스들을 제공하게 할 수 있다 / 그들의 시민들에게

 ＊세금을 올리다 raise taxes ＊A가 ~하게 하다 allow A to 부정사

---

13 이러한 점에서, / 가혹한 처벌은 비효율적인 방법이다 / 범죄를 줄이는

 ＊가혹한 처벌 harsh punishment ＊비효율적인 ineffective

---

14 일단 사람이 다른 나라의 언어에 유창하게 되면, / 그들은 더 잘 이해할 수 있다 / 그 나라의 문화를

 ＊~에 유창하게 되다 become fluent in ~

---

15 마치 사람들이 더 중독되고 있는 것처럼 보인다 / 그들의 스마트폰에 / 요즘

 ＊~에 중독되다 become addicted to ~

정답 p.303

생활필수 표현 익히기

2nd Week

6일

Hackers IELTS Writing Basic

1. 4형식 문장의 수동태를 올바르게 썼는지 확인하세요.

> 아버지께서 나에게 선물을 주셨다.
>
> My father gave **me a present**.
>
> 나는 아버지께 선물을 받았다.
>
> → **I** was given **a present** by my father. (○)　　　[간접목적어 주어]
>
> 선물이 아버지에 의해 내게 주어졌다.
>
> → **A present** was given me by my father. (×)　　　[직접목적어 주어]
>
> → **A present** was given **to** me by my father. (○)

4형식 문장은 두 개의 목적어, 즉 간접목적어(me)와 직접목적어(a present)를 각각의 주어로 하여 수동태 문장을 만들 수 있습니다. 이때 직접목적어(a present)를 주어로 하여 수동태 문장을 만들면 수동태 문장의 간접목적어(me) 앞에 동사(give)에 따라 전치사(to)를 써야 하는 것에 주의합니다.

2. 5형식 문장의 수동태를 올바르게 썼는지 확인하세요.

> 그녀는 나에게 잠자리에 들라고 말했다.
>
> She told **me to go to bed**.
>
> 나는 그녀에게 잠자리에 들라는 말을 들었다.
>
> → I was told **go to bed by her**. (×)
>
> → I was told **to go to bed by her**. (○)

[주어(She) + 동사(told) + 목적어(me) + 목적보어(to go to bed)]의 5형식 문장을 수동태로 쓸 때에는 목적어를 주어로 쓰고 목적보어로 쓰인 명사, 형용사, to 부정사는 동사 뒤에 그대로 써주면 됩니다.

3. 자동사를 수동태로 잘못 쓰지 않았는지 확인하세요.

> 일본에서 지진이 일어났다.
>
> The earthquake **was occurred** in Japan. (×)
>
> → The earthquake **occurred** in Japan. (○)

목적어와 함께 쓰이지 않는 자동사는 수동태로 쓸 수 없습니다. 예를 들면, occur, start, die, happen, seem, appear, look, exist, remain 등과 같은 동사들은 수동태로 만들 수 없다는 것에 주의합니다. 이런 동사들은 별도로 외워두는 것이 좋습니다.

다음 문장에서 틀린 부분을 찾아 고쳐 보세요.

01 그는 행복해 보였다.
He was seemed happy.

02 영어는 그에 의해 우리에게 가르쳐졌다.
English is taught us by him.

03 그 사고는 어제 일어났다.
The accident was occurred yesterday.

04 그 책은 그에 의해 나에게 주어졌다.
The book was given me by him.

05 그 쇼는 8시에 시작한다.
The show is started at eight.

06 그는 한국에서 가장 위대한 과학자들 중 한 명으로 여겨진다.
He is considered to one of the greatest scientists in Korea.

07 그의 부모님은 그가 매우 어렸을 때 돌아가셨다.
His parents were died when he was very young.

08 그 지역은 2003년에 정부에 의해 국립공원으로 만들어졌다.
The area was made to a national park by the government in 2003.

01 was seemed → seemed　　**02** us → to us　　**03** was occurred → occurred
04 me → to me　　**05** is started → starts　　**06** considered to → considered
07 were died → died　　**08** made to → made

HACKERS
IELTS
WRITING BASIC

goHackers.com

학습자료 제공·유학정보 공유

HACKERS IELTS WRITING BASIC

3rd
Week

3주에서는 IELTS 라이팅 답변 작성 시 나의 아이디어를 구현하는 주제별 필수 표현을 학습해보겠습니다. Task 2 문제에 출제되는 주제별로 다양한 표현들을 학습합니다.

주제별 필수 표현 익히기

INTRO

INTRO

1. 아이디어를 구현하는 주제별 표현

영어를 공부해본 사람이라면 누구나 영어로 말하거나 글을 쓸 때 적절한 표현이 생각나지 않아 답답했던 기억이 있을 것입니다. 또한 읽거나 들었을 때는 분명 쉬운 표현이라 생각했는데, 막상 내가 사용하려 하면 잘 생각이 나지 않는 경우도 있습니다. 이때 자신의 아이디어를 구현해줄 수 있는 주제별 표현들을 다양하게 알고 있다면, 생각하는 내용을 주어진 시간에 빠르고 정확하게 전달할 수 있습니다.

구체적인 예를 살펴봅시다.

교육과 관련된 주제에 대해 에세이를 쓰면서 '급하게 시험공부를 하다'라는 표현을 하고자 합니다.

EX study hastily

여기서 우리가 쉽게 떠올릴 수 있는 표현은 'study hastily'와 같이 한글과 영어를 일대일로 대응시킨 표현일 것입니다. 하지만 'study'와 'hastily'는 서로 함께 잘 쓰이지 않는 단어이기 때문에 이 두 단어를 조합해서 쓰면 글이 오히려 어색해집니다.

EX cram for an exam

반면 '벼락치기로 공부하다'라는 뜻을 가진 'cram for an exam'이란 표현을 알고 있다면, '급하게 시험공부를 하다'라는 의미를 정확하게 구현해낼 수 있습니다.

3주에서는 이처럼 구체적인 아이디어를 구현해주는 표현들을 주제별로 익히고 실제 문장에 적용하는 연습을 합니다.

2. 주제별 표현의 활용

3주에서 학습하게 될 주제별 표현들이 실제 IELTS 답변에서 어떻게 활용될 수 있을지 살펴봅시다.

Question

> *Some educators believe that project-based learning is a superior teaching style.*
> *Therefore, they think that more classes should be taught using this system.*
>
> *To what extent do you agree or disagree with this statement?*
>
> 일부 교육자들은 프로젝트 기반 학습이 우수한 교수법이라고 생각한다. 따라서, 그들은 더 많은 수업들이 이 방법을 이용해 가르쳐져야 한다고 생각한다. 이 진술에 어느 정도까지 동의 또는 동의하지 않는가?

모범답변

It is a common belief that the most effective form of teaching is direct instruction. However, I firmly believe that project-based learning is a more valuable teaching style because it **promotes creativity**.

가장 효과적인 교수법은 직접적인 강의라는 것은 일반적인 생각이다. 하지만, 나는 프로젝트 기반 학습이 더 가치 있는 교수법이라고 굳게 믿는데, 그것이 창의성을 증진하기 때문이다.

To begin with, project-based education boosts students' ability to think creatively. By **sharing ideas** with their peers in **group assignments**, students can find new ways to reach a goal. For instance, when working on a physics problem, students can **gain knowledge** by discussing the problem and coming up with an imaginative solution together.

우선, 프로젝트 기반 교육은 학생들이 창의적으로 생각할 수 있는 능력을 향상시킨다. 조별 과제에서 또래들과 의견을 공유함으로써, 학생들은 목표에 도달하는 새로운 방법을 찾을 수 있다. 예를 들어, 물리 문제를 풀 때, 학생들은 문제에 대해 논의하고 함께 창의적인 해답을 찾아냄으로써 지식을 얻을 수 있다.

To sum up, project-based learning makes students more creative. For this reason, I think we should increase the use of project-based learning.

요약하자면, 프로젝트 기반 학습은 학생들을 더 창의적으로 만든다. 이러한 이유로, 나는 우리가 프로젝트 기반 학습의 사용을 늘려야 한다고 생각한다.

위의 예시에서는 'promote creativity', 'share ideas', 'group assignments', 'gain knowledge' 등의 표현을 사용하여 교육 주제에 대한 에세이를 효과적으로 전개해나가고 있습니다. 이처럼 주제별 표현들을 잘 익혀두면 어떤 토픽이 출제되더라도 자신이 말하고자 하는 내용을 다채로운 표현을 통해 정확하게 구현해낼 수 있고, 에세이를 더욱 풍성하게 할 수 있습니다.

3주에서는 다음과 같은 IELTS 라이팅에서 자주 출제되는 주제별 표현들을 학습해봅시다.

1일	교육에 관한 표현
2일	법과 정책에 관한 표현
3일	가정, 건강에 관한 표현
4일	직업, 사회에 관한 표현
5일	자연과 환경, 과학 기술에 관한 표현
6일	여행, 세계에 관한 표현

1일 교육에 관한 표현

'대학에서 학생들이 학과 외 활동을 하는 것은 유익하다.'라는 진술에 대한 찬성과 반대 여부를 묻는 문제에 대해 '학과 외 활동에 참여하는 것은 새로운 친구들을 사귀는 좋은 방법이다.'라는 문장을 쓰려고 합니다. 이때 '**학과 외 활동**'이라는 표현은 '**extracurricular activities**'로 쓸 수 있습니다. 따라서 완성된 문장은 'Participating in extracurricular activities is a good way to make new friends.'가 됩니다. 이처럼 Task 2에서는 교사, 학생, 교과 과정, 교육 정책 등 교육 관련 주제가 자주 출제되므로, 관련 표현들을 미리 익혀두면 유용하게 사용할 수 있습니다.

(1) 학과 외 활동
extracurricular activities

학생들은 자신들의 학과 외 활동들을 자유롭게 선택해야 한다.
Students should be free to select their own **extracurricular activities**.

(2) 학습 과정
learning process

모든 학생에게 학습 과정은 다르다.
The **learning process** is different for every student.

(3) 규칙을 확립하다
establish a rule

많은 학교들은 수업 중 휴대 기기 사용에 관한 규칙을 확립해야만 했다.
Many schools had to **establish a rule** regarding the use of mobile devices in class.
＊~에 관한 regarding

(4) 또래 집단
peer group

십 대들은 그들의 또래 집단에 크게 영향을 받는다.
Teenagers are largely influenced by their **peer group**.

5 직업 교육
vocational education

더 많은 젊은 사람들이 실용적인 기술을 얻기 위해 직업 교육을 추구하고 있다.
More young people are pursuing a **vocational education** to gain practical skills.
＊추구하다 pursue ＊실용적인 practical

6 학술 프로그램
academic programs

학생들이 해외에서 학술 프로그램에 참여할 때, 그들은 언어 능력을 발달시킬 수 있다.
When students take part in **academic programs** abroad, they can develop their language skills.
＊~에 참여하다 take part in ~

7 다방면에 걸친 교육
well-rounded education

다방면에 걸친 교육은 학생들이 더 자신감 있고 창의적으로 되도록 가르친다.
A **well-rounded education** teaches students to be more confident and creative.

8 좋은 성적을 받다
get good grades

좋은 성적을 받기 위한 부담은 일부 학생들에게 압박이 될 수 있다.
The pressure to **get good grades** can be overwhelming for some students.
＊부담 pressure ＊압박이 되는 overwhelming

9 나쁜 성적을 받다
get poor marks

어떤 학생들은 매우 똑똑함에도 불구하고 나쁜 성적을 받는다.
Some students **get poor marks** despite being highly intelligent.

10 해외에서 공부하다
study abroad

점점 더 많은 학생들이 그들의 사고를 넓히기 위해 해외에서 공부하고 있다.
More and more students are **studying abroad** to broaden their minds.

11 유용한 기술을 배우다
learn valuable skills

사람들은 그들의 직업이 어떤 것이든지 유용한 기술을 배울 수 있다.
People can **learn valuable skills** no matter what their job is.

⑫ 협동심을 기르다
build teamwork

학급에서 그룹 프로젝트를 조직하는 것은 협동심을 길러준다.

Incorporating group projects in the classroom **builds teamwork**.

＊조직하다 incorporate

⑬ 마감 기한을 지키다
meet a deadline

마감 기한을 지키지 못하는 학생은 좋은 성적을 못 받을 것이다.

A student who cannot **meet a deadline** will not receive a good grade.

⑭ 의견을 공유하다
share ideas

의견을 공유함으로써, 학생들은 목표에 도달하는 새로운 방법들을 찾을 수 있다.

By **sharing ideas**, students can find new ways to reach a goal.

⑮ 인격 발달
personality development

아이들의 가정 환경은 그들의 인격 발달에 중요한 영향을 미친다.

The home environment of children has a significant impact on their **personality development**.

⑯ 캠퍼스 밖에서
off campus

캠퍼스 밖에서 사는 것은 기숙사에서 지내는 것보다 학생들에게 훨씬 더 많은 비용이 들게 할 수 있다.

Living **off campus** can cost students much more than staying in dormitories.

＊기숙사 dormitory

⑰ 학위를 받다
earn a degree

온라인 대학을 통해 학위를 받는 것은 비용 효율이 높은 선택이다.

Earning a degree through an online college is a cost-effective option.

＊비용 효율이 높은 cost-effective

⑱ 잠재력
potential

한 사람의 잠재력은 그들의 성적을 통해 측정될 수 없다.

A person's **potential** cannot be measured through their grades.

19 조별 과제

group assignment

조별 과제는 학생들에게 목표를 성취하기 위해 어떻게 함께 일해야 하는지를 가르쳐 준다.

Group assignments teach students how to work together to achieve a goal.

20 수업료

tuition fees

수업료의 인상은 많은 사람들이 대학에 진학하는 것을 포기하게 할 것이다.

The increase in **tuition fees** will result in many people giving up on going to university.

＊~을 포기하다 give up on ~

21 의무 출석

compulsory attendance

초등 교육에 대해서는 의무 출석이 있어야 한다.

There should be **compulsory attendance** for primary education.

＊초등 교육 primary education

22 긍정적인 자아상을 개발하다

develop a positive self-image

자신감을 증진시키는 것은 십 대들이 긍정적인 자아상을 개발하도록 돕는다.

Promoting confidence helps teenagers **develop a positive self-image**.

23 창의성을 증진하다

promote creativity

프로젝트 기반 학습은 창의성을 증진하기 때문에 더 가치 있는 교수법이다.

Project-based learning is a more valuable teaching style because it **promotes creativity**.

24 지식을 얻다

gain knowledge

여행하는 것은 다른 문화들에 대한 지식을 얻는 최고의 방법들 중 하나이다.

Traveling is one of the best ways to **gain knowledge** about other cultures.

DAILY CHECK-UP

🌐 파란색으로 주어진 우리말 표현을 영어로 바꾸어 문장을 완성하세요.

01 또래 집단의 일부가 되는 것은 십 대의 자신감에 중요하다.

Being part of a _____ is important for a teenager's confidence.

02 충분한 수면을 취하지 않는 아이들은 나쁜 성적을 받는 경향이 있다.

Children who do not get enough sleep tend to _____.

＊~하는 경향이 있다 tend to 부정사

03 의무 출석 방침이 항상 더 나은 학생 성취도를 야기하는 것은 아니다.

_____ policies do not always result in better student performance.

＊방침, 정책 policy　＊학생 성취도 student performance

04 해외에서 공부하는 것이 일부 학생들에게는 재정적으로 어려울 수 있다.

It can be financially difficult for some students to _____.

＊재정적으로 financially

05 연구 결과는 인격 발달이 성인기까지 계속될 수 있다는 것을 보여준다.

Research shows that _____ can continue into adulthood.

＊성인기 adulthood

06 대부분의 대학 졸업반 학생들은 캠퍼스 밖에서 사는 것을 선호한다.

Most college seniors prefer to live _____.

07 일부 비평가들은 학위를 받는 것이 더 이상 비용을 들일 가치가 없다고 주장한다.

Some critics argue that _____ is not worth the expense anymore.

＊비평가 critic　＊~의 가치가 있는 worth

08 근면한 사람들은 단순히 똑똑한 사람들보다 더 많은 잠재력을 가지고 있다.

People who are hard-working have more _____ than those who are simply smart.

＊근면한 hard-working　＊단순히 simply

09 조별 과제에 참여하는 것은 학생들에게 협동과 타협을 가르쳐 준다.

Taking part in a _____ teaches students collaboration and compromise.

＊협동 collaboration   ＊타협 compromise

10 국제 학생들의 수업료는 국내 학생들의 것보다 더 높다.

_____ for international students are higher than those for domestic students.

＊국내의 domestic

11 직업 교육은 특정한 직업에 대한 훈련을 제공한다.

A _____ offers training for a specific career.

＊특정한 specific   ＊직업 career

12 어린 아이들을 칭찬하는 것은 그들이 긍정적인 자아상을 개발하도록 돕는다.

Complimenting young children helps them to _____.

＊칭찬하다 compliment

13 교사들은 항상 자신의 학생들의 창의성을 증진해야 한다.

Teachers should always _____ in their students.

14 일정을 세우는 것은 계획적이지 않은 학생들이 마감 기한을 지키도록 도울 수 있다.

Making a schedule can help unorganized students _____.

＊계획적이지 않은 unorganized

15 의견을 공유하는 것은 그룹으로 공부하는 것의 주요한 이점들 중 하나이다.

_____ is one of the main benefits of studying in groups.

정답 p.304

DAILY TEST

🌏 끊어 해석한 부분에 유의하여 다음의 우리말 문장을 영어로 바꾸어 쓰세요.

01 우리는 유용한 기술들을 배울 수 있다 / 우리의 성공들과 실패들로부터
    ＊성공 success   ＊실패 failure

_____

02 대부분의 회사들은 직원 워크숍을 개최한다 / 협동심을 기르기 위해서
    ＊직원 워크숍 employee workshops   ＊개최하다 hold

_____

03 예술, 외국어, 그리고 스포츠는 모든 부분이다 / 다방면에 걸친 교육의
    ＊외국어 foreign languages

_____

04 기술은 상당한 영향을 주고 있다 / 학습 과정에
    ＊~에 상당한 영향을 주다 have substantial effect on ~

_____

05 학과 외 활동은 / 중요한 부분이다 / 아이의 교육에
    ＊아이의 교육 child's education

_____

06 다양한 학술 프로그램들은 / 현재(now) 이용할 수 있다 / 고령의 시민들이
    ＊다양한 a variety of   ＊~가 이용할 수 있는 accessible to ~   ＊고령의 senior

_____

07 학생들은 많은 노력을 들인다 / 좋은 성적을 받는 것에 / 일류 대학교에 입학하기 위해서
    ＊~에 노력을 들이다 put effort into ~   ＊일류 대학교 prestigious university   ＊입학하다 attend

_____

08 정부는 규칙을 확립해야 한다 / 학생들이 반드시 제2 언어를 배워야만 한다는 / 학교에서
    ＊제2 언어 second language

_____

09 사람의 배경은 영향을 준다 / 그들의 인격 발달에

　＊배경 background　　＊~에 영향을 주다 influence

10 많은 대학원생들은 연구의 대부분을 한다 / 캠퍼스 밖에서

　＊대학원생 postgraduate student　　＊~의 대부분 the majority of ~

11 일부 회사들은 선호한다 / 학위를 받은 사람들을 고용하기를 / 컴퓨터 공학(computer science)에서

　＊고용하다 hire

12 강좌들은 / 학생들에게 서로 의견을 공유할 것을 요구하는 / 그들에게 가르칠 수 있다 / 협동의 가치를

　＊서로 with one another　　＊요구하다 require　　＊협동 collaboration　　＊가치 value

13 비평가들은 말한다 / 십 대들은 긍정적인 자아상을 개발할 수 없다고 / 소셜 미디어 때문에

　＊비평가 critic　　＊~ 때문에 because of ~

14 미술 또는 음악 수업을 듣는 것은 / 창의성을 증진할 수 있다

　＊수업을 듣다 take classes

15 사람들은 지식을 얻을 수 있다 / 사회 문제들에 대해 / 뉴스(news)를 읽음으로써

　＊사회 문제 social issue

정답 p.304

1. 접속사 대신 접속부사를 잘못 쓰지 않았는지 확인하세요.

> 비가 내리고 있다, 그러나 어쨌든 나는 달릴 것이다.
>
> It is raining, **however** I will run anyway.　(×)
>
> → It is raining, **but** I will run anyway.　(○)
>
> → It is raining. **However**, I will run anyway.　(○)

접속사는 절과 절을 연결하는 기능을 합니다. 반면에, 접속부사는 부사이기 때문에 접속사의 기능을 할 수 없고, 앞 문장과의 관계를 나타내는 역할을 합니다. 따라서 절과 절을 연결하는 자리에 접속부사가 쓰이면 틀린 문장이 됩니다.

	접속사		접속부사	
시간	when ~할 때 before ~ 전에 since ~ 이후로 as soon as ~하자마자	while ~하는 동안, after ~ 후에, until ~ 때까지,	then 그리고 나서 afterward 그 이후 soon 곧 finally 마침내	meanwhile 그동안에, later 나중에 next 다음에
대조/양보	but/yet 그러나 though/although 비록 ~일지라도	while 반면에,	however/still 그러나　　instead 대신에, on the other hand 반면에, nevertheless 그럼에도 불구하고	
인과	because/as/since ~하기 때문에		therefore/thus/accordingly 따라서, consequently/as a result 결과적으로	
조건	if ~라면　　　　　unless ~하지 않는다면		otherwise 그렇지 않으면	

2. 한 문장에 접속사를 하나만 썼는지 확인하세요.

> 그녀가 아팠기 때문에, 나는 그녀에게 수프를 가져다 주었다.
>
> **Since** she was feeling sick, **so** I brought her soup.　(×)
>
> → **Since** she was feeling sick, I brought her soup.　(○)
>
> → She was feeling sick, **so** I brought her soup.　(○)

접속사는 절과 절을 연결하는 역할을 하므로, 절이 두 개일 때 접속사는 하나만 올 수 있습니다. 따라서 접속사의 개수는 항상 절의 개수보다 하나 적습니다.

◯ ◯ ◯ ◯ ◯ ◯ ◯

다음 문장에서 틀린 부분을 찾아 고쳐 보세요.

01 Mark는 수영을 할 수 있지만, 나는 할 줄 모른다.

Mark can swim, ~~however~~ I cannot.
but

02 비가 오고 있지만, 그는 갈 것이다.

Although it is raining, but he will go.

03 그녀는 나를 잘 알기 때문에, 나는 내 감정을 그녀에게 숨길 수 없다.

Since she knows me well, so I cannot hide my feelings from her.

04 그는 피곤했기 때문에, 일찍 잠자리에 들었다.

Because he was tired, and he went to bed early.

05 표는 반값에 팔리고 있었지만, 매우 적은 사람들이 그것을 샀다.

The tickets were selling at half price, however very few people bought them.

06 그는 아팠기 때문에, 학교에 결석했다.

Nevertheless he was sick, he was absent from school.

07 나는 바다 근처에 살지만, 나는 수영을 잘 하지 못한다.

Though I live near the sea, but I am not a good swimmer.

08 그녀는 커피를 블랙으로 마시는 반면에, 그는 크림을 넣은 커피를 선호한다.

She drinks her coffee black, instead he prefers his with cream.

01 however → but	**02** Although 또는 but 생략	**03** Since 또는 so 생략
04 and 생략	**05** however → but	**06** Nevertheless → Since
07 Though 또는 but 생략	**08** instead → while	

2일 법과 정책에 관한 표현

'일부 사람들은 정부가 의료 제도를 향상시키는 데 더 많은 세금을 사용해야 한다고 생각한다.'라는 진술에 대한 찬성과 반대 여부를 묻는 문제에 대해 '공익을 증진하는 것은 정부의 최우선 과제여야 한다.'라는 문장을 쓰려고 합니다. 이때 '공익을 증진하다'라는 표현은 'promote the public good'으로 쓸 수 있습니다. 따라서 완성된 문장은 'Promoting the public good should be a government's top priority.'가 됩니다. 이처럼 Task 2에서는 정부 정책의 타당성과 법의 집행 등 법과 정책 관련 주제가 자주 출제되므로, 관련 표현들을 미리 익혀두면 유용하게 사용할 수 있습니다.

(1) 공익을 증진하다
promote the public good

기업들은 사업을 할 때 공익을 증진해야 한다.
Corporations should **promote the public good** when doing business.

(2) 범죄율
crime rate

범죄율을 줄이는 가장 좋은 방법은 경찰청에 대한 투자를 늘리는 것이다.
The best way to reduce the **crime rate** is to increase investment in police departments.
＊투자 investment ＊경찰청 police department

(3) 범죄를 저지르다
commit a crime

한 연구는 많은 젊은이들이 빈곤하게 살기 때문에 범죄를 저지른다는 것을 밝혔다.
A study revealed that many youths **commit crimes** because they live in poverty.
＊밝히다 reveal ＊빈곤하게 살다 live in poverty

(4) ~를 차별 대우하다
discriminate against ~

어떤 사람들은 특정 국가에서 온 사람들을 차별 대우한다.
Some individuals **discriminate against** people from certain countries.

⑤ 권리를 침해하다
violate the rights

대다수의 사람들은 아동 노동이 아이들의 권리를 침해한다고 생각한다.
The majority of people believe that child labor **violates the rights** of children.

⑥ 사생활에 대한 위협
threat to privacy

사람들은 너무 많은 카메라들이 어디에나 있는 것이 사생활에 대한 위협이라고 우려한다.
People are concerned that having so many cameras everywhere is a **threat to privacy**.

⑦ 개인 정보 도용
identity theft

온라인상의 해커들로 인해 개인 정보 도용이 심각한 문제가 되었다.
Identity theft has become a serious problem because of online hackers.

⑧ 논란의 여지가 있는 이슈
controversial issues

세계의 지도자들이 합의를 보지 못하는 논란의 여지가 있는 이슈들이 여전히 많이 있다.
There are still many **controversial issues** that world leaders cannot agree on.

⑨ 시사 문제
current affairs

국제적인 사회에서 전 세계의 시사 문제에 대해 파악하고 있는 것은 중요하다.
In a global community, it is important to keep track of **current affairs** around the world.

＊~에 대해 파악하고 있다 keep track of ~

⑩ 해결책을 찾아내다
come up with a solution

우리는 멸종 위기 종들을 돕기 위한 해결책을 찾아낼 필요가 있다.
We need to **come up with a solution** to help endangered species.

＊멸종 위기 종 endangered species

⑪ 엄격한 규칙을 부과하다
impose strict rules

정부는 나라에 이민을 오는 사람들에게 엄격한 규칙을 부과해야 한다.
The government should **impose strict rules** on people immigrating to the country.

12 처벌을 강화하다
strengthen the penalties

만일 정부가 강도에 대한 처벌을 강화한다면, 이는 범죄율을 줄일 것이다.
If the government **strengthens the penalties** for robbery, it would reduce the crime rate.

13 적절한 대책을 취하다
take proper measures

병원들은 질병이 퍼지지 않도록 확실히 하기 위해 적절한 대책을 취할 필요가 있다.
Hospitals need to **take proper measures** to ensure that illnesses do not spread.

14 세입
tax revenues

세입은 사회에서 가장 취약한 사람들의 생활을 향상시키기 위해 사용되어야 한다.
Tax revenues should be used to improve the lives of the most vulnerable people in society.
＊향상시키다 improve ＊취약한 vulnerable

15 예산을 짜다
set a budget

정부가 예산을 짜는 데에는 오랜 시간이 걸린다.
It takes a long time for the government to **set a budget**.

16 기금을 모으다
raise funds

유명 인사들은 때때로 자선 단체를 위해 기금을 모은다.
Celebrities sometimes **raise funds** for charity.
＊유명 인사 celebrity ＊자선 단체 charity

17 정책을 실행하다
implement a policy

시 정부는 노숙자들을 돕는 정책을 실행해야 한다.
The city government should **implement a policy** that helps the homeless.

18 국가의 기반 시설
country's infrastructure

만일 국가의 기반 시설에 더 많은 투자가 이루어진다면, 경제는 개선될 것이다.
If more investment is made in the **country's infrastructure**, the economy will improve.

19 개발 도상국

developing country

많은 개발 도상국들은 여성들에게 동등한 권리를 부여하지 않는다.

Many **developing countries** do not grant equal rights to women.

＊부여하다 grant ＊동등한 equal ＊권리 right

20 경제 성장을 촉진하다

foster economic growth

기술 회사들을 지원하는 것은 경제 성장을 촉진하는 한 가지 방법이다.

Supporting technology companies is one way to **foster economic growth**.

21 공공재산

public property

지역 예술품을 공공재산에 전시하는 것은 도시를 아름답게 하는 좋은 방법이다.

Displaying local artworks on **public property** is a good way to beautify the city.

＊전시하다 display ＊예술품 artwork ＊아름답게 하다 beautify

22 사회 복지

social welfare

저소득 가정을 위한 다양한 사회 복지 프로그램들을 이용할 수 있다.

A variety of **social welfare** programs are available for low-income families.

＊저소득의 low-income

23 시민을 보호하다

protect citizens

시민들을 보호하는 정책들은 때때로 그들의 자유를 축소할 수도 있다.

Policies that **protect citizens** can sometimes reduce their freedom.

24 투표를 실시하다

take a vote

정부는 법률에 대한 중대한 변경사항을 시행하기 전에 투표를 실시해야 한다.

Governments should **take a vote** before implementing major changes to the law.

🔮 파란색으로 주어진 우리말 표현을 영어로 바꾸어 문장을 완성하세요.

01 판사는 그들의 배경에 근거하여 사람을 차별 대우하면 안 된다.

A judge should not _____ a person based on their background.

    ＊판사 judge

02 지역 정부는 공익을 증진하기 위해 돈을 써야 한다.

Local governments must spend money to _____.

03 처벌을 강화하는 것이 불법 다운로드를 막을 수 있는지는 불확실하다.

It is unclear whether _____ can prevent illegal downloading.

    ＊불법의 illegal   ＊불확실한 unclear

04 정부 정책은 절대 사람들의 권리를 침해해서는 안 된다.

Government policies should never _____ of the people.

05 환경을 보호하기 위해서 적절한 대책을 취하는 것은 필수적이다.

It is essential to _____ to protect the environment.

06 도심 공원은 공공재산이고, 모두에게 열려 있다.

City parks are _____ and are open to everyone.

07 사회 복지는 소득 불평등의 계속되는 증가 때문에 위험한 상태이다.

_____ is at risk due to the continued rise in income inequality.

    ＊소득 income   ＊불평등 inequality

08 모든 국가들은 세계적인 기온 상승을 막기 위한 해결책을 찾아내야 한다.

All nations must _____ to stop the increase in global temperatures.

    ＊기온 temperature   ＊상승 increase

09 일부 회사들은 직원들이 자료를 공유하는 것을 금지하는 엄격한 규칙을 부과한다.

Some companies _____ that prohibit employees from sharing data.
＊공유하다 share   ＊금지하다 prohibit

10 사람들이 논란의 여지가 있는 이슈들에 대해 알도록 그것들을 논의하는 것은 중요하다.

It is important to discuss _____ so that people are aware of them.

11 정부는 의료 서비스에 지출할 예산을 짜야 한다.

The government should _____ for spending on healthcare.

12 국가의 기반 시설은 그 나라의 경제 성장에 중요한 역할을 한다.

A _____ plays a crucial role in its economic progress.
＊중요한 crucial   ＊경제 성장 economic progress

13 회사들은 모든 직원들에게 영향을 주는 결정들에 대해서 투표를 실시해야 한다.

Companies should _____ on decisions that affect all staff members.

14 경매를 개최하는 것은 자선 단체들이 기금을 모을 수 있는 한 가지 방법이다.

Holding an auction is one way that charitable organizations can _____.
＊개최하다 hold   ＊자선 단체 charitable organization

15 깨끗한 식수를 얻을 수 없는 것은 여전히 많은 개발 도상국의 문제이다.

Not having access to clean drinking water is still a problem in many _____.
＊식수 drinking water

정답 p.305

주제별 필수 표현 악하기

3rd Week

2일

Hackers IELTS Writing Basic

끊어 해석한 부분에 유의하여 다음의 우리말 문장을 영어로 바꾸어 쓰세요.

01 더 많은 직업을 제공하는 것은 / 젊은 사람들을 위해 / 경제 성장을 촉진할 것이다
  * 제공하다 provide

_____

02 어려울 수 있다 / 해결책을 찾아내는 것은 / 모두가 동의할 수 있는
  * ~에 동의하다 agree on ~

_____

03 오늘날 대부분의 사람들은 / 시사 문제를 알게 된다 / 인터넷을 통해서
  * ~을 알게 되다 keep up with ~   * ~을 통해서 via

_____

04 범죄율은 상당히 떨어졌다 / 경찰력의 확장 때문에
  * 상당히 considerably   * 경찰력 police force   * 확장 expansion

_____

05 새로운 공항 보안 정책들이 도입되었다 / 시민들을 보호하기 위해 / 발생 가능한 위협들로부터
  * 공항 보안 정책 airport security policy   * 도입하다 introduce   * 발생 가능한 possible   * 위협 threat

_____

06 지도자들은 할 수 없어야 한다 / 정책을 실행하는 것을 / 대중의 찬성 없이
  * 대중의 찬성 public's approval

_____

07 개인 정보를 넘겨 주는 것은 / 전화상으로 / 이어질 수 있다 / 개인 정보 도용으로
  * 개인 정보 personal information   * 넘겨 주다 give out   * 전화상으로 over the phone

_____

08 세입은 사용되어야 한다 / 사회를 개선하기 위해
  * 개선하다 improve

_____

09 필수적이다 / 대중이 경찰에게 알리는 것은 / 만일 그들이 누군가를 목격했다면 / 범죄를 저지르는
  ＊필수적인 vital ＊알리다 inform ＊목격하다 witness

---

10 정부 지도자들은 적절한 대책을 취하고 있다 / 강화하기 위해서 / 국가의 사이버 보안을
  ＊사이버 보안 cyber security

---

11 우리는 도와야 한다 / 개발 도상국들이 성장하도록 / 이것이 이로울 것이기 때문에 / 국제 사회 전체에
  ＊A가 ~하도록 돕다 help A to 부정사 ＊~에 이롭다 benefit ＊국제 사회 global community

---

12 더 높은 벌금을 부과하는 것은 / 막을 수 있다 / 사람들이 공공재산을 파괴하는 것을
  ＊벌금을 부과하다 impose fines ＊A가 ~하는 것을 막다 prevent A from 동명사 ＊파괴하다 destroy

---

13 사람들이 투표를 실시하기 전에 / 새로운 정책에 대해서, / 그들은 그것을 철저히 조사해봐야 한다 / 먼저
  ＊철저히 thoroughly ＊조사하다 research

---

14 온라인 거래들은 편리하다 / 하지만 그것은 또한 될 수 있다 / 사생활에 대한 위협이
  ＊온라인 거래 online transaction ＊편리한 convenient

---

15 많은 자선 단체들은 기금을 모은다 / 그들 스스로 / 정부에 의존하는 대신에
  ＊자선 단체 charity group ＊~에 의존하다 rely on ~ ＊~ 대신에 instead of ~

정답 p.306

실수 클리닉 | 8. 명사

1. 셀 수 있는 명사와 셀 수 없는 명사를 구별해서 썼는지 확인하세요.

> 우리는 대학에서 많은 지식을 배운다.
>
> We learn **many informations** in university. (×)
>
> → We learn **much information** in university. (○)

구체적인 사물을 가리키는 보통 명사처럼 셀 수 있는 명사는 부정관사 a(n)를 붙이거나 복수로 쓸 수 있고, (a) few, many, several과 같은 수량 형용사 뒤에 올 수 있습니다. 반면에, 셀 수 없는 명사는 a(n)를 붙이거나 복수로 쓸 수 없고, (a) little, much와 같은 수량 형용사 뒤에 올 수 있습니다. 셀 수 없는 명사의 종류로는 일정한 형태가 없는 물질 명사(water, air, bread, metal, wood)와 개념을 나타내는 추상 명사(success, knowledge, information, progress, advice, happiness, luck, beauty)가 있습니다.

2. every/each/another 뒤에 단수 명사와 단수 동사를 썼는지 확인하세요.

> 모든 시민들은 그 시장을 존경한다.
>
> **Every citizens** respects the mayor. (×)
>
> → **Every citizen** respects the mayor. (○)

every는 '모든', each는 '각각의', another는 '또 다른'의 의미로, 모두 단수 명사 앞에 오고 단수 동사를 취합니다. 따라서 복수 명사와 결합하거나 복수 동사를 쓰면 틀리게 됩니다.

3. most를 의미에 맞게 썼는지 확인하세요.

> 대부분의 아이들은 사탕을 좋아한다.
>
> **Most of children** like candy. (×)
>
> → **Most children** like candy. (○)
>
> 내 친구들 중 대부분은 도시에 산다.
>
> **Most my friends** live in the city. (×)
>
> → **Most of my friends** live in the city. (○)

'대부분의 ~'라는 의미로 일반적인 대상에 대해 말할 때는 'most + 명사'를 쓰고, '~ 중 대부분'이라는 의미로 특정한 대상에 대해 말할 때는 'most of + 한정사(the 또는 소유격 대명사) + 명사'를 씁니다.

다음 문장에서 틀린 부분을 찾아 고쳐 보세요.

01 각각의 지원자들은 발언할 15분이 주어졌다.
Each candidates was given 15 minutes to speak.

02 건강은 성공을 위한 첫 번째 필수 요건이다.
Health is the first requisite for a success.

03 모든 편지는 발송되기 전에 확인되어야 한다.
Every letters need to be checked before it is sent out.

04 대부분의 직원들은 토요일에 근무하지 않는다.
Most of employees do not work on Saturdays.

05 선생님들은 학생들에게 좋은 충고를 줄 수 있어야 한다.
Teachers should be able to give their students some good advices.

06 그 도시들 중 대부분은 대중 교통 시스템을 갖추고 있다.
Most of cities have public transportation systems.

07 우리는 인생에 대해 배울 수 있는 또 다른 방법을 생각해볼 수 있다.
We can think of another ways to learn about life.

08 한국은 엄청난 경제 성장을 이루었다.
Korea has made great economic progresses.

주제별 필수 표현 익히기

3rd Week

2일

Hackers IELTS Writing Basic

01 candidates → candidate	02 a success → success	03 letters need → letter needs
04 Most of → Most	05 advices → advice	06 cities → the cities
07 ways → way	08 progresses → progress	

3일 가정, 건강에 관한 표현

'일부 사람들은 아이들이 집안일을 돕도록 하는 것이 교육적이라고 생각한다.'라는 진술에 대한 찬성과 반대 여부를 묻는 문제에 대해 '아이들은 그들의 집안일을 끝마침으로써 책임감을 배운다.'라는 문장을 쓰려고 합니다. 이때 '집안일'이라는 표현은 'household chores'로 쓸 수 있습니다. 따라서 완성된 문장은 'Children learn responsibility by completing their household chores.'가 됩니다. 이처럼 Task 2에서는 자녀 양육, 부모, 어린이와 관련된 내용이나 건강 문제, 의료 서비스 등 가정, 건강 관련 주제가 자주 출제되므로, 관련 표현들을 미리 익혀두면 유용하게 사용할 수 있습니다.

① 집안일
household chores

집안일 하는 법을 배우는 것은 성장의 중요한 부분이다.
Learning how to do **household chores** is an important part of growing up.

② 출생률
birth rate

한국의 출생률은 여러 해 동안 감소해오고 있다.
The **birth rate** in Korea has been declining for many years.

③ 맞벌이 부모
working parents

맞벌이 부모는 자녀들의 숙제를 도와주는 데 어려움을 겪는다.
Working parents have a hard time helping their children with their homework.

④ 한부모 가정
single-parent family

오늘날, 한부모 가정은 과거보다 더 흔하다.
Today, **single-parent families** are more common than in the past.
＊흔한 common

⑤ 세대 차이

generation gap

학생들과 그들의 부모들 사이에는 큰 세대 차이가 있다.

There is a large **generation gap** between students and their parents.

⑥ 조부모와 함께 살다

live with one's grandparents

연구에 따르면, 조부모와 함께 사는 아이들이 더 행복하다.

According to research, children **living with their grandparents** are happier.

⑦ 노인을 보살피다

look after the elderly

노인을 보살피는 것은 많은 노력을 필요로 한다.

It takes a lot of work to **look after the elderly**.

⑧ 좋은 모범이 되다

set a good example

부모는 항상 안전벨트를 함으로써 아이들에게 좋은 모범이 되어야 한다.

Parents should **set a good example** for their children by always wearing a safety belt.

⑨ 식단을 짜다

plan meals

미리 식단을 짜는 사람들이 건강한 식단을 고수하기 더 쉽다.

People who **plan meals** in advance find it easier to stick to a healthy diet.

＊미리 in advance ＊~을 고수하다 stick to ~

⑩ 채식주의자가 되다

become a vegetarian

채식주의자가 되는 것을 선택하는 데에는 여러 가지 이유들이 있다.

There are various reasons for choosing to **become a vegetarian**.

⑪ 균형 잡힌 식단

well-balanced diet

다양한 종류의 음식으로 구성된 균형 잡힌 식단은 건강을 유지하는 데 중요하다.

A **well-balanced diet**, consisting of a wide variety of foods, is important for staying healthy.

＊~으로 구성되다 consist of ~ ＊건강을 유지하다 stay healthy

(12) 과식을 피하다

avoid overeating

만일 사람들이 과식을 피한다면, 그들은 훨씬 더 건강하다고 느낄 것이다.

If people **avoid overeating**, they would feel much healthier.

(13) 건강한 식습관을 조성하다

promote healthy eating habits

좋은 부모는 아이들에게 건강한 식습관을 조성해야 한다.

Good parents should **promote healthy eating habits** to their children.

(14) 건강한 일상을 유지하다

maintain a healthy daily routine

많은 사람들은 건강한 일상을 유지하는 것이 힘들다고 생각한다.

Many people find **maintaining a healthy daily routine** challenging.

(15) 간접흡연

secondhand smoke

간접흡연에의 노출은 암과 다른 질병들을 유발할 수 있다.

Exposure to **secondhand smoke** can cause cancer and other diseases.

＊노출 exposure ＊유발하다 cause ＊질병 disease

(16) 소아 비만

childhood obesity

그리스의 많은 아이들이 소아 비만을 겪는다.

Many children in Greece are affected by **childhood obesity**.

＊(병을) 겪게 만들다 affect

(17) 신체 활동 부족

lack of physical activity

장기적인 신체 활동 부족은 고혈압을 야기할 수 있다.

A prolonged **lack of physical activity** can result in high blood pressure.

＊장기적인 prolonged ＊고혈압 high blood pressure

(18) 규칙적으로 운동하다

exercise regularly

규칙적으로 운동하지 않는 것은 노년기에 나쁜 건강으로 이어질 수 있다.

Failure to **exercise regularly** can lead to poor health in old age.

19 의료 서비스
medical care

미국의 의료 서비스는 다른 나라들에 비해서 매우 비싸다.
Medical care in the United States is extremely expensive compared to other countries.

20 건강상의 문제를 겪다
suffer from health problems

수백만 명의 미국인들은 건강에 해로운 생활 방식과 관련 있는 건강상의 문제를 겪는다.
Millions of Americans **suffer from health problems** related to an unhealthy lifestyle.
＊~와 관련 있는 related to ~   ＊생활 방식 lifestyle

21 질병을 치료하다
cure illness

질병을 치료하기 위해 우리가 사용하는 약들은 부작용을 가질 수 있다.
The drugs that we use to **cure illnesses** can have side effects.
＊약 drug   ＊부작용 side effect

22 스트레스를 해소하다
relieve stress

취미를 가지는 것은 스트레스를 해소할 수 있고, 사람들이 휴식을 취하는 데 도움이 된다.
Having a hobby can **relieve stress** and help people to relax.

23 기대 수명
life expectancy

예를 들어, 영국 남성의 기대 수명은 80세 정도이다.
For example, the **life expectancy** for men in England is around 80.

24 공중 보건을 향상시키다
improve public health

정부는 공중 보건을 향상시키기 위해서 설탕이 든 음료에 과중한 세금을 적용해야 한다.
The government should apply heavy taxes to sugary drinks to **improve public health**.
＊적용하다 apply   ＊설탕이 든 sugary

DAILY CHECK-UP

🌐 파란색으로 주어진 우리말 표현을 영어로 바꾸어 문장을 완성하세요.

01 선진국은 개발 도상국보다 더 낮은 출생률을 가지는 경향이 있다.

Developed countries tend to have lower _____ than developing countries.

＊선진국 developed country

02 집안일은 흔히 간과되는 운동의 한 형태이다.

_____ are an often overlooked form of exercise.

＊간과하다 overlook

03 한부모 가정의 수가 증가하고 있다.

The number of _____ is on the rise.

04 부모와 아이들 사이의 세대 차이는 의견 충돌을 야기할 수 있다.

The _____ between parents and children can cause disagreements.

＊의견 충돌 disagreement

05 어떤 사람들은 돈을 절약하기 위해서 그들의 조부모와 함께 사는 것을 선택한다.

Some people choose to _____ to save money.

＊절약하다 save   ＊선택하다 choose

06 일부 나라에서는, 노인을 보살필 사람들이 충분하지 않다.

In some countries, there are not enough people to _____.

07 요가는 스트레스를 해소하고 더 나은 건강에 이르게 할 수 있다.

Yoga can _____ and lead to better health.

08 의료 전문가들은 과도한 스트레스가 사람의 기대 수명을 줄일 수 있다고 경고한다.

Medical experts warn that extreme stress can lower a person's _____.

＊전문가 expert   ＊과도한 extreme   ＊경고하다 warn

09 핀란드는 모든 시민들에게 아낌없는 의료 서비스를 제공한다.

Finland offers generous _____ to all of its citizens.
* 아낌없는 generous

10 초등학교는 학생들에게 균형 잡힌 식단의 중요성을 가르쳐야 한다.

Elementary schools should teach students the importance of a _____.

11 주의 깊게 식단을 짜는 것은 경제적일 뿐만 아니라 건강하다.

_____ carefully is not only economical but also healthy.
* 경제적인 economical

12 의사들은 건강한 생활 방식을 실천함으로써 그들의 환자들에게 좋은 모범이 되도록 기대된다.

Doctors are expected to _____ for their patients by practicing
a healthy lifestyle.
* 실천하다 practice   * 기대하다 expect

13 채식주의자가 되는 것은 심장병에 대한 위험을 낮출 수 있다.

_____ can lower your risk of heart disease.
* 심장병 heart disease   * 위험 risk

14 규칙적으로 운동하는 사람들은 그렇지 않은 사람들보다 더 오래 사는 경향이 있다.

People who _____ tend to live longer than those who do not.

15 소아 비만은 많은 선진국의 주요한 관심사이다.

_____ is a major concern in many developed countries.
* 관심사 concern

정답 p.306

DAILY TEST

끊어 해석한 부분에 유의하여 다음의 우리말 문장을 영어로 바꾸어 쓰세요.

01 사람들은 더 많은 시간을 써야 한다 / 노인을 보살피는 데
  * 시간을 쓰다 spend time

_____

02 많은 맞벌이 부모들은 의존한다 / 다른 사람들에게 / 그들의 아이들을 돌보기 위해
  * ~에게 의존하다 rely on ~   * ~을 돌보다 take care of ~

_____

03 예를 들어, / 출생률은 매우 높았다 / 아일랜드에서 / 1970년대 동안
  * 아일랜드 Ireland

_____

04 오늘날, / 아이들의 수가 / 그들의 조부모와 함께 사는 / 도달했다 / 최저 기록에
  * 도달하다 reach   * 최저 기록 a new low

_____

05 중요하다 / 교사들이 좋은 모범이 되는 것은 / 그들의 학생들을 위해
  * 중요한 important

_____

06 기대 수명은 증가해왔다 / 많은 나라들에서 / 전 세계의
  * 전 세계의 around the world

_____

07 의료 서비스는 / 논란의 여지가 있는 정치적 이슈이다 / 미국에서 / 요즘
  * 논란의 여지가 있는 controversial   * 정치적인 political

_____

08 부모는 유의해야 한다 / 간접흡연의 위험에
  * ~에 유의하다 pay attention to ~

_____

09 많은 성인들은 먹을 수 없다 / 균형 잡힌 식단을 / 그들이 너무 바쁘기 때문에
    ∗ ~할 수 없다 be unable to 부정사

_____

10 신체 활동 부족은 / 비만의 주된 원인이다 / 젊은 사람들 사이에서
    ∗ 비만 obesity

_____

11 사람들은 여러 가지 방법들을 가지고 있다 / 스트레스를 해소하는
    ∗ 여러 가지 방법들 different ways

_____

12 패스트푸드 광고들을 금지하는 것은 / 공중 보건을 향상시킬 것이다
    ∗ 광고 advertisement   ∗ 금지하다 ban

_____

13 일부 사람들은 믿는다 / 채식주의자가 되는 것이 주요한 단계라고 / 한 사람의 건강을 향상시키기 위한
    ∗ 단계 step   ∗ ~을 위한 towards

_____

14 아무도 원하지 않는다 / 건강상의 문제를 겪는 것을 / 어느 때라도 / 그들의 인생에서
    ∗ 어느 때라도 at any time

_____

15 의료 전문가들은 추천한다 / 정기적으로 운동하는 것을 / 건강을 유지하기 위해서
    ∗ 의료 전문가 healthcare professional   ∗ 추천하다 recommend   ∗ 건강을 유지하다 remain healthy

_____

주제별 필수 표현 익히기

3rd Week

3일

Hackers IELTS Writing Basic

정답 p.307

1. 셀 수 있는 단수 명사 앞에 부정관사(a/an)를 썼는지 확인하세요.

> 그는 Peter에게서 차를 빌렸다.
>
> He borrowed **car** from Peter. (×)
>
> → He borrowed **a car** from Peter. (○)

부정관사 a/an은 '하나의'라는 의미이고, 셀 수 있는 단수 명사가 처음 언급되었을 때 그 앞에 씁니다. 따라서 셀 수 있는 단수 명사가 처음 언급되었을 때 부정관사 없이 단독으로 쓰이면 틀리게 됩니다. 또한 부정관사는 고유 명사와 추상 명사 앞에 쓸 수 없고, 뒤에 오는 단어의 철자에 상관 없이 발음이 모음으로 시작되면 a 대신 an을 쓰는 것에 주의해야 합니다.

2. 정관사 the를 올바르게 썼는지 확인하세요.

> 그것은 2층에 있다.
>
> It is on **second** floor. (×)
>
> → It is on **the second** floor. (○)

정관사 the는 앞에서 언급되었거나, 특정한 사물, 장소, 개념을 나타낼 때 씁니다. 또한, 정관사는 부정관사와는 다르게 단수 명사, 복수 명사, 가산 명사, 불가산 명사 모두에 사용될 수 있습니다. 다음과 같이 반드시 정관사를 사용해야 하는 특수한 용법들은 꼭 기억해두어야 합니다.

- the + 형용사의 최상급
- the + 서수(first, second, third, ⋯)
- the + 유일한 사물(moon, sun, earth, world, universe, sky, ⋯)
- the + same, only, next, last, ⋯
- the + morning, afternoon, evening, present, future, past, ⋯
- by the + 단위(hour, pound, dozen, ⋯)

다음 문장에서 틀린 부분을 찾아 고쳐 보세요.

01 서울은 한국에서 가장 큰 도시이다.

Seoul is largest city in South Korea.
       ‸
      the

02 위대한 예술가들은 독특한 재능을 가지고 있다.

Great artists have an unique talent.

03 과거에는 질병을 치료하는 특정한 방법이 없었다.

There were no specific methods to cure disease in past.

04 우리는 미래에 무슨 일이 일어날 지 모르기 때문에, 조심하는 것이 가장 좋다.

Since we do not know what will happen in a future, it is best to be cautious.

05 인터넷은 세계가 의사소통하는 방법에 엄청난 영향을 끼쳤다.

The Internet has had a profound impact on how world communicates.

06 새로운 언어를 배우는 것은 많은 장점을 가지고 있다.

Learning new language has many advantages.

07 일부 사람들은 그들의 애완동물과 같은 테이블에서 먹는다.

Some people eat with their pets at same table.

08 학생들은 매주 최소한 한 시간의 운동을 해야 한다.

Students should do at least a hour of exercise every week.

01 largest → the largest	**02** an unique → a unique	**03** past → the past
04 a future → the future	**05** world → the world	**06** new language → a new language
07 same → the same	**08** a hour → an hour	

'많은 학생들이 대학교에 진학하는 대신 취업을 선택한다.'라는 진술에 대한 장점과 단점을 묻는 문제에 대해 '대학 졸업생들이 직장을 구하는 데 어려움을 겪고 있다.'라는 문장을 쓰려고 합니다. 이때 '**직장을 구하다**'라는 표현은 '**find employment**'로 쓸 수 있습니다. 따라서 완성된 문장은 'College graduates are struggling to find employment.'가 됩니다. 이처럼 Task 2에서는 취업, 직장과 관련된 내용이나 사회적 이슈 등 직업, 사회 관련 주제가 자주 출제되므로, 관련 표현들을 미리 익혀두면 유용하게 사용할 수 있습니다.

① 직장을 구하다
find employment

대학교 상담 교사들은 졸업생들이 직장을 구하는 것을 도울 수 있다.
College counselors can help graduates **find employment**.
＊상담 교사 counselor ＊졸업생 graduate

② 생활비를 벌다
earn a living

많은 젊은이들이 소셜 미디어를 통해 생활비를 번다.
Many young adults **earn a living** through social media.

③ (시간제) 아르바이트를 하다
have a part-time job

대학생들이 아르바이트를 하는 것은 유익하다.
It is beneficial for college students to **have a part-time job**.

④ 직업을 바꾸다
make a career change

당신은 직업을 바꾸는 것의 장점과 단점을 따져 보아야 한다.
You should weigh the pros and cons of **making a career change**.
＊따져 보다 weigh ＊장점과 단점 pros and cons

직업 만족도
job satisfaction

직업 만족도는 생산성에 필수적인 역할을 한다.
Job satisfaction plays a vital role in productivity.
＊필수적인 vital   ＊생산성 productivity

(6) 높은/낮은 임금
high/low wages

연구에 따르면, 높은 임금과 직업 만족도 사이에는 분명한 관련이 없다.
According to research, there is no clear link between **high wages** and job satisfaction.
＊분명한 clear   ＊관련 link

(7) 비정규직 근로자
temporary worker

비정규직 근로자들은 종종 건강 보험을 받지 않는다.
Temporary workers often receive no health insurance.
＊받다 receive   ＊건강 보험 health insurance

(8) 근무 환경
work environment

대부분의 직업에서 근무 환경의 질은 더욱 중요해지고 있다.
In most professions, the quality of the **work environment** is becoming more important.

(9) 경력
work experience

더 많은 경력을 가진 사람들은 다른 사람들보다 유리하다.
Those with more **work experience** have an advantage over others.

(10) 팀으로 일하다
work in teams

일부 사람들은 혼자보다 팀으로 일하는 것을 선호한다.
Some people prefer to **work in teams** rather than on their own.

(11) 일과 여가의 균형을 맞추다
balance work and leisure

요즘에는 사람들이 일과 여가의 균형을 맞추는 것이 어렵다고 생각하고 있다.
Nowadays, people are finding it hard to **balance work and leisure**.

(12) 성 역할
gender role

시간이 지나면서, 성 역할은 덜 분명해졌다.

Over time, **gender roles** have become less defined.

＊분명하게 하다 define

(13) 대중매체
mass media

대중매체는 여론에 주요한 영향을 미친다.

The **mass media** has a major impact on public opinion.

(14) 도시/시골 지역
urban/rural areas

많은 사람들이 직업을 찾아서 도시 지역으로 이동하고 있다.

Many people are moving to **urban areas** in search of work.

＊~을 찾아서 in search of ~

(15) 소비 습관
spending habits

다양한 연령대의 소비 습관은 상당히 다르다.

The **spending habits** of the various age groups differed considerably.

(16) 문화 활동
cultural activities

문화 활동은 사람들이 그들의 가족이나 친구들과 유대를 형성하도록 해준다.

Cultural activities allow people to bond with their family or friends.

＊~와 유대를 형성하다 bond with ~

(17) 증가하는 추세이다
be a growing trend

자동화는 여러 산업에서 증가하는 추세이다.

Automation **is a growing trend** in many industries.

(18) 최신 유행을 따르다
follow the latest trends

많은 사람들은 소셜 미디어를 통해 최신 유행을 따른다.

A lot of people **follow the latest trends** through social media.

19 약물 중독

drug addiction

약물 중독은 오늘날 젊은이들 사이에서 심각한 문제이다.

Drug addiction is a serious problem among today's youth.

20 영화/비디오 게임에서의 폭력

violence in movies/video games

연구 결과는 영화에서의 폭력을 보는 것이 꼭 실생활에서 폭력적으로 행동하는 것으로 이어지지는 않는다는 것을 보여준다.

Research shows that watching **violence in movies** does not necessarily lead to acting violently in real life.

＊실생활 real life

21 빈부격차

gap between rich and poor people

빈부격차는 점점 커지고 있다.

The **gap between rich and poor people** is getting wider.

22 최저 임금을 올리다

raise the minimum wage

일부 경제학자들은 최저 임금을 올리는 것이 실수라고 생각한다.

Some economists think that **raising the minimum wage** is a mistake.

＊경제학자 economist

23 사회적 기대에 부응하다

fit social expectations

일부 부모들은 그들의 자녀들이 사회적 기대에 부응하기를 강요한다.

Some parents force their children to **fit social expectations**.

24 ~의 사생활을 존중하다

respect the privacy of ~

부모는 아이들의 사생활을 존중해야 한다.

Parents should **respect the privacy of** their children.

25 대중의 인식을 높이다

raise public awareness

자선 행사는 사회 문제들에 관한 대중의 인식을 높일 수 있다.

Charity events can **raise public awareness** about social issues.

🌐 파란색으로 주어진 우리말 표현을 영어로 바꾸어 문장을 완성하세요.

01 전기차를 사는 것은 소비자들 사이에서 증가하는 추세이다.

Buying electric cars _____ among consumers.

02 사람들은 스스로 약물 중독을 극복할 수 없다.

People cannot overcome _____ on their own.

＊극복하다 overcome

03 회사들은 비용을 줄이기 위해서 때때로 비정규직 근로자들을 고용한다.

Companies sometimes hire _____ to reduce their costs.

＊비용 cost ＊고용하다 hire

04 더 많은 사람들이 도시 생활에서 벗어나기 위해 시골 지역으로 되돌아오고 있다.

More people are returning to _____ to escape city life.

＊벗어나다 escape ＊되돌아오다 return

05 직업을 바꾸는 것은 매우 스트레스를 받는 경험이 될 수 있다.

_____ can be a very stressful experience.

06 소셜 미디어는 잘 알려지지 않은 질병들에 대한 대중의 인식을 높이는 데 도움이 되었다.

Social media has helped to _____ about little-known illnesses.

＊잘 알려지지 않은 질병 little-known illness

07 공학 학위가 있는 사람들은 디지털 시대에 생활비를 버는 다양한 방법들을 발견하고 있다.

Those with degrees in engineering are finding various ways to _____ in the digital age.

08 전통적인 문화에서는 사회적 기대에 부응해야 한다는 많은 압박이 있다.

In traditional cultures, there is a lot of pressure to _____.

＊전통적인 traditional ＊압박 pressure

09 낮은 직업 만족도는 고용주들이 장기 근속하는 직원들을 유지하는 것을 어렵게 만들 수 있다.

Low _____ can make it difficult for employers to keep long-term workers.

＊장기 근속하는 직원 long-term worker

10 주민자치센터는 주민들을 위해 많은 문화 활동을 제공한다.

Community centers provide many _____ for residents.

＊주민 resident   ＊제공하다 provide

11 좋은 소비 습관은 어릴 때 가르쳐져야 한다.

Good _____ should be taught early on in life.

＊어릴 때 early on in life

12 한 연구 결과는 비디오 게임에서의 폭력이 공격성으로 이어질 수 있다는 것을 보여준다.

One study shows that _____ may lead to aggression.

＊공격성 aggression

13 생활비가 증가했음에 따라, 정부는 최저 임금을 올려야 한다.

As the cost of living has increased, the government must _____.

14 많은 수의 사람들이 대중매체를 싫어한다.

A large proportion of people dislike the _____.

15 대부분의 회사들은 그들이 고객들의 사생활을 존중한다는 것을 보장하는 정책들을 가지고 있다.

Most companies have policies that ensure they _____ their customers.

＊보장하다 ensure   ＊정책 policy

정답 p.307

주제별 필수 표현 익히기

3rd Week

4일

Hackers IELTS Writing Basic

DAILY **TEST**

🔎 끊어 해석한 부분에 유의하여 다음의 우리말 문장을 영어로 바꾸어 쓰세요.

01 수입이 낮은 사람들은 / 종종 아르바이트를 한다 / 수입과 지출을 맞추기 위해
  * 수입이 낮은 사람들 people on low incomes　　* 수입과 지출을 맞추다 make ends meet

_____

02 일과 여가의 균형을 맞추는 것은 이어진다 / 더 건강한 생활 방식으로
  * ~로 이어지다 lead to ~　　* 생활 방식 lifestyle

_____

03 한 가지 방법은 / 나쁜 소비 습관을 조절하는 / 오직 현금만 사용하는 것이다
  * 조절하다 control　　* 현금 cash

_____

04 점점 더 힘들어지고 있다 / 미숙련된 근로자들이 / 직장을 구하는 것이
  * 미숙련된 근로자 low-skilled worker

_____

05 작은 회사들은 보통 가지고 있다 / 더 여유 있는 근무 환경을
  * 여유 있는 relaxed

_____

06 OECD에 따르면, / 빈부격차는 / 계속해서 늘어난다
  * 계속해서 ~하다 continue to 부정사

_____

07 팀으로 일하는 것은 필요로 한다 / 훌륭한 의사소통을 / 팀원들 사이의
  * 필요로 하다 require

_____

08 소음 공해는 매우 높다 / 대부분의 도시 지역에서
  * 소음 공해 noise pollution　　* 매우 extremely

_____

09 일부 고용주들은 선호한다 / 경력을 가진 지원자들을 / 대학 학위를 가진 사람들보다

* 고용주 employer   * 지원자 candidate   * 대학 학위 college degree

---

10 사람들은 너무 많이 중점을 둔다 / 최신 유행을 따르는 것에

* ~에 중점을 두다 focus on ~

---

11 가족 내에서 성 역할은 / 바뀌어왔다 / 1950년대 이래로

* 1950년대 이래로 since the 1950s

---

12 십 대들은 쉽게 영향을 받는다 / 대중매체에 의해

* ~에 의해 영향을 받다 be influenced by ~

---

13 직업의 낮은 임금은 / 그것을 덜 매력적으로 만들었다 / 많은 지원자들에게

* 매력적인 attractive

---

14 부모들은 노출시키면 안 된다 / 아이들을 / 영화에서의 폭력에

* 노출시키다 expose

---

15 기자들은 사생활을 존중해야 한다 / 유명 인사들의

* 기자 journalist   * 유명 인사 celebrity

주제별 필수 표현 익히기

3rd Week

4일

Hackers IELTS Writing Basic

정답 p.308

실수 클리닉　10. 전치사

1. 두 개 이상의 단어로 이루어진 전치사를 올바른 형태로 썼는지 확인하세요.

> 그들은 폭우에도 불구하고 외출했다.
>
> They went out **in spite** the heavy rain.　(×)
>
> → They went out **in spite of** the heavy rain.　(○)

두 개 이상의 단어로 이루어진 전치사들은 반드시 함께 쓰여야 전치사의 역할을 할 수 있으므로 함께 묶어 외우도록 합니다.

in spite of ~에도 불구하고	**by means of** ~을 사용해서
according to ~에 따르면	**due to/because of** ~ 때문에
contrary to ~와는 반대로	**in addition to** ~ 외에도, ~에 덧붙여
far from ~하기는커녕	**instead of** ~ 대신에
next to ~의 옆에	**regardless of** ~에 상관없이
in front of ~의 앞에	**thanks to** ~ 덕분에

2. 방향/장소를 나타내는 부사 앞에 전치사를 잘못 쓰지 않았는지 확인하세요.

> 그는 비 때문에 일찍 집에 갔다.
>
> He went **to home** early because of the rain.　(×)
>
> → He went **home** early because of the rain.　(○)

전치사와 함께 잘못 쓰기 쉬운 부사들이 있습니다. home(집으로), abroad(해외로), overseas(해외로), upward(위쪽으로), forward(앞으로), backward(뒤로), downward(아래로)와 같은 단어들은 방향과 장소를 나타내는 부사로 쓰일 때 앞에 전치사를 쓰면 틀린 표현이 되므로 주의해야 합니다.

다음 문장에서 틀린 부분을 찾아 고쳐 보세요.

01 그는 이번 여름에 해외로 여행을 갔다.

He traveled (to) abroad this summer.

02 생각은 단어를 사용해서 표현된다.

Thoughts are expressed by means words.

03 그는 그러한 사고들이 그날 이후 앞으로 다시는 일어나지 않을 것임을 약속했다.

He promised that such accidents would not happen again from that day to forward.

04 그 결과는 모든 예상들과는 반대였다.

The results were contrary all expectations.

05 내 옆의 여자는 나에게 무언가 말하려고 했다.

The woman next me tried to tell me something.

06 그녀는 휴가를 가는 것 대신에 고아원에서 자원봉사를 했다.

She volunteered at the orphanage instead taking a vacation.

07 그는 해외로 가기 전에 영업부서를 담당했다.

He was in charge of the sales department before going to overseas.

08 정치인들의 비판 외에, 그 회사의 주식도 떨어지고 있다.

In addition criticism from politicians, the company's stocks are falling.

---

01 to abroad → abroad　　　**02** by means → by means of　　　**03** to forward → forward
04 contrary → contrary to　　**05** next → next to　　　　　　　**06** instead → instead of
07 to overseas → overseas　　**08** In addition → In addition to

5일 자연과 환경, 과학 기술에 관한 표현

'석유, 석탄과 같은 화석 에너지가 점점 고갈되고 있다.'라는 진술에 대한 원인과 해결책을 묻는 문제에 대해 '석유 가격이 상승함에 따라 대체 에너지원이 더욱 인기를 끌고 있다.'라는 문장을 쓰려고 합니다. 이때 '**대체 에너지**'라는 표현은 '**alternative energy**'로 쓸 수 있습니다. 따라서 완성된 문장은 'Alternative energy sources are becoming more popular as oil prices increase.'가 됩니다. 이처럼 Task 2에서는 환경 문제, 과학 기술의 영향과 그에 대한 의견 등 자연과 환경, 과학 기술 관련 주제가 자주 출제되므로, 관련 표현들을 미리 익혀두면 유용하게 사용할 수 있습니다.

① 대체 에너지
alternative energy

화석 연료보다 더 효율적인 다양한 종류의 대체 에너지가 있다.
There are various types of **alternative energy** that are more efficient than fossil fuels.

② 천연자원
natural resources

과학자들은 우리가 지구의 천연자원을 급속도로 다 써버리고 있다고 말한다.
Scientists say that we are using up the earth's **natural resources** at an alarming rate.
＊다 써버리다 use up ＊급속도로 at an alarming rate

③ 에너지 절약
energy conservation

에너지 절약은 모두에 의해 실천되어야 한다.
Energy conservation should be practiced by everyone.
＊실천하다 practice

④ 지구 온난화
global warming

지구 온난화는 오늘날 사회가 직면하고 있는 가장 큰 과제들 중 하나이다.
Global warming is one of the greatest challenges that society is facing today.
＊과제, 도전 challenge ＊직면하다 face

⑤ 대기 오염
air pollution

대기 오염은 특히 어린이들에게 심각한 건강 문제로 이어질 수 있다.
Air pollution can lead to serious health problems, particularly for children.

⑥ 유독 가스의 배출
emission of toxic gases

공장으로부터 유독 가스의 배출은 위험하다.
The **emission of toxic gases** from factories is hazardous.
*위험한 hazardous

⑦ 환경 문제
environmental concern

사회 문제보다 환경 문제에 더 많은 돈이 쓰여야 한다.
More money should be spent on **environmental concerns** than social problems.

⑧ 환경을 파괴하다
destroy the environment

다른 어떤 종도 인간보다 더 환경을 파괴하지는 않았다.
No other species has **destroyed the environment** more than humans.

⑨ 환경 친화적인
environmentally friendly

환경 친화적인 포장의 사용은 법으로 요구되어야 한다.
The use of **environmentally friendly** packaging should be required by law.

⑩ 생태계를 보호하다
preserve the ecosystem

동식물들이 위협받지 않도록 생태계를 보호하는 것이 중요하다.
It is important to **preserve the ecosystem** so that animals and plants are not threatened.
*위협하다 threaten

⑪ 인간의 영향을 최소화하다
minimize the human impact

재생 가능한 에너지를 사용하는 것은 환경에 대한 인간의 영향을 최소화한다.
Using renewable energy **minimizes the human impact** on the environment.

⑫ 멸종 위기종
endangered species

우리는 전 세계에서 멸종 위기종을 보호하기 위해 반드시 조치를 취해야만 한다.

We must take action to protect the **endangered species** across the globe.

＊조치를 취하다 take action

⑬ 멸종되다
become extinct

보존을 위한 노력이 더 없다면 많은 종들이 멸종될 것이다.

Without further conservation efforts, many species will **become extinct**.

＊보존 conservation ＊노력 effort

⑭ 동물 복지
animal welfare

정부는 동물 복지보다 국민의 복지를 우선시해야 한다.

Governments should prioritize the well-being of their people over **animal welfare**.

＊우선시하다 prioritize ＊복지 well-being

⑮ 인터넷에 접속하다
access the Internet

사람들은 이제 비행기에서 인터넷에 접속할 수 있다.

People can now **access the Internet** on airplanes.

⑯ 인터넷 보안
Internet security

인터넷 보안은 많은 국가들의 큰 걱정거리가 되었다.

Internet security has become a big concern for many nations.

⑰ 스마트폰의 과도한 사용
excessive use of smartphones

스마트폰의 과도한 사용은 수면 장애로 이어질 수 있다.

The **excessive use of smartphones** can lead to sleep disorders.

＊수면 장애 sleep disorder

18 통신 수단
means of communication

문자 메시지를 보내는 것은 젊은 세대 사이에서 주요한 통신 수단이 되었다.
Text messaging has become the main **means of communication** among the younger generation.

19 최첨단 기술
cutting-edge technology

최첨단 기술은 너무 비싸서 많은 사람들이 이용할 형편이 되지 않는다.
Cutting-edge technology is too expensive for many people to afford.

20 기술의 발전
technological advancements

기술의 발전은 사회의 모든 사람들에게 항상 이롭지는 않다.
Technological advancements are not always beneficial to everyone in society.

21 과학적 발견
scientific discovery

과학적 발견들은 예기치 않은 부작용을 일으킬 수 있다.
Scientific discoveries can cause unexpected side effects.

22 우주 탐사
space exploration

우주 탐사는 많은 과학적 발전을 가져왔다.
Space exploration has led to many scientific breakthroughs.

23 인공지능
artificial intelligence

인공지능의 사용은 가까운 미래에 많은 직업에서 흔해질 것이다.
The use of **artificial intelligence** will become common in many professions in the near future.

24 유전자 조작
genetic modification

비록 유전자 조작이 위험할 수 있더라도, 그것은 무수한 생명을 구할 수 있다.
Although **genetic modification** may be risky, it could save countless lives.

＊위험한 risky ＊무수한 countless

DAILY CHECK-UP

🌳 파란색으로 주어진 우리말 표현을 영어로 바꾸어 문장을 완성하세요.

01 예를 들어, 인도는 세계에서 가장 심한 대기 오염을 갖고 있다.

For example, India has the worst _____ in the world.

02 유전자 조작은 우리가 작물을 기르는 방법을 변화시켜왔다.

_____ has changed the way we grow crops.

03 비록 우주 탐사는 비용이 많이 들지만, 인류의 진보를 위해 필요하다.

Although _____ is expensive, it is necessary for human progress.
    ＊진보 progress

04 지구 온난화는 북극의 빙하가 녹는 것을 초래해오고 있다.

_____ has been causing glaciers to melt in the Arctic.
    ＊북극 the Arctic   ＊빙하 glacier   ＊녹다 melt

05 우리는 천연자원을 더 현명하게 사용해야 한다.

We must use _____ more wisely.
    ＊현명하게 wisely

06 증가된 유독 가스의 배출은 건강 문제를 일으키고 있다.

The increased _____ is causing health problems.

07 석유 유출은 해안 동물에 대한 주요한 환경 문제이다.

Oil spills are a major _____ for coastal wildlife.
    ＊유출 spill   ＊해안의 coastal

08 인터넷에 접속할 수 없는 사람들은 온라인 쇼핑을 이용할 수 없다.

Those who cannot _____ are unable to take advantage of online shopping.
    ＊~을 이용하다 take advantage of ~

09 인공지능의 발전으로, 많은 사람들이 직업을 잃을 것이다.

With advancements in _____, many people will lose their jobs.

10 동물 복지에 관심을 가지는 것은 우리의 도덕적 의무이다.

It is our moral duty to care about _____.

 * 도덕적인 moral   * 의무 duty

11 과도한 사냥 때문에 멸종 위기종의 수가 증가했다.

The number of _____ has increased because of overhunting.

 * 과도한 사냥 overhunting

12 풍력은 유망한 대체 에너지의 형태이다.

Wind power is a promising form of _____.

 * 풍력 wind power   * 유망한 promising

13 기술의 발전은 사람들이 전 세계 누구와도 관계를 맺을 수 있도록 해준다.

_____ allow people to connect with anyone around the world.

 * ~와 관계를 맺다 connect with ~

14 편지 쓰기와 같은 전통적인 통신 수단은 사라지고 있다.

Traditional _____, such as letter writing, are dying out.

 * 사라지다 die out

15 사용되고 있지 않을 때 가전제품의 전원을 끄는 것은 에너지 절약의 한 종류이다.

Switching off your appliances when they are not in use is a type of _____.

 * 사용되고 있다 be in use   * 가전제품 appliance   * 전원을 끄다 switch off

정답 p.309

DAILY **TEST**

🌐 끊어 해석한 부분에 유의하여 다음의 우리말 문장을 영어로 바꾸어 쓰세요.

01 우리는 함께 노력해야만 한다 / 생태계를 보호하기 위해서 / 해양 생물들의

    ＊해양 생물 sea creature

_____

02 비닐봉지를 사용하는 것은 / 환경을 파괴한다

    ＊비닐봉지 plastic bags

_____

03 상대성 이론(the law of relativity)은 / 가장 중요한 과학적 발견들 중 하나였다 / 역사상

    ＊중요한 significant

_____

04 과학자들은 사용하고 있다 / 최첨단 기술을 / 로봇들을 만들어내기 위해

    ＊만들다 create

_____

05 많은 단체들이 있다 / 동물 복지를 장려하는 / 오늘날

    ＊단체 organization   ＊장려하다 promote

_____

06 많은 학생들은 현재 요구된다 / 인터넷에 접속하도록 / 숙제를 하기 위해서

    ＊~하도록 요구되다 be required to 부정사

_____

07 에너지 절약은 중요한 수단이다 / 환경을 보호하는

    ＊수단, 방법 means

_____

08 자전거를 타는 것은 / 환경 친화적인 방법이다 / 통근하는

    ＊자전거를 타다 ride a bike   ＊통근하다 commute

_____

09 담수는 하나이다 / 우리의 가장 귀중한 천연자원들 중

    ＊담수 freshwater   ＊귀중한 valuable

---

10 더 많은 회사들이 / 전환하고 있다 / 대체 에너지 자원들(sources)로

    ＊~으로 전환하다 switch to ~

---

11 인공지능은 크게 전진해왔다 / 최근 몇 년간

    ＊크게 전진하다 take a big step forward   ＊최근 몇 년간 in recent years

---

12 많은 종들이 멸종될 것이다 / 기후 변화 때문에

    ＊기후 변화 climate change

---

13 요즘 많은 사고들이 / 스마트폰의 과도한 사용으로 인해 발생한다 / 운전 중

    ＊사고 accident   ＊~으로 인해 발생하다 result from ~

---

14 식당들은 도울 수 있다 / 인간의 영향을 최소화하는 것을 / 환경에 대한 / 플라스틱을 사용하지 않음으로써

    ＊식당 restaurant

---

15 적절한 인터넷 보안이 없으면, / 한 사람의 개인 정보는 도용될 수 있다

    ＊적절한 proper   ＊도용하다 steal

정답 p.309

주제별 필수 표현 익히기   **3rd Week**   **5일**   Hackers IELTS Writing Basic

1. 보어 자리에 형용사 대신 부사를 잘못 쓰지 않았는지 확인하세요.

> 너는 나를 항상 행복하게 해준다.
>
> You always make me **happily**. (×)
>
> → You always make me **happy**. (○)

be동사, appear, remain, seem, become, prove, 감각동사(look, feel, taste, smell)와 같은 불완전동사들은 보어를 필요로 합니다. 이 보어 자리에는 형용사와 명사만 올 수 있으며, 부사가 오면 틀린 문장이 됩니다. 특히 동사 make를 '목적어를 ~하게 하다'라는 의미로 쓴 5형식 문장에서 목적어 다음에 목적격보어를 취할 때, 보어 자리에 부사가 아닌 형용사를 쓰는 것에 주의해야 합니다.

2. 의미에 맞는 부사를 썼는지 확인하세요.

> 그녀는 중간고사를 위해 열심히 공부했다.
>
> She studied **hardly** for the midterm exams. (×)
>
> → She studied **hard** for the midterm exams. (○)

형용사와 부사의 형태가 같은 단어 중 '-ly'가 붙어 다른 의미의 부사를 만드는 경우가 있습니다. 이처럼 형태에 따라 의미가 달라지는 부사들을 잘 알아두고 활용할 수 있도록 합니다.

hard 열심히 – **hardly** 거의 ~ 않다	**late** 늦게 – **lately** 최근에
high 높이 – **highly** 상당히, 대단히	**great** 잘 – **greatly** 매우
near 가까이에 – **nearly** 거의	**right** 바로 – **rightly** 마땅히

주제별 필수 표현 익히기

3rd Week

5일

Hackers IELTS Writing Basic

다음 문장에서 틀린 부분을 찾아 고쳐 보세요.

01 나의 계획이 성공적이었음이 마침내 드러났다.

My plan proved ~~successfully~~ at last.
                  successful

02 많은 한국인들은 처음 낯선 사람들을 만났을 때 불안해 보인다.

Many Koreans seem nervously when they first meet strangers.

03 그녀는 그녀의 이전 고용주로부터 대단히 추천받았다.

She was high recommended by her previous employer.

04 컴퓨터는 우리의 삶을 더 편리하게 만들었다.

Computers have made our lives more conveniently.

05 기계는 대량 생산을 가능하게 만들었다.

Machines make mass production possibly.

06 거의 모든 학생들이 한국에서 왔다.

Near all of the students came from Korea.

07 그들은 이야기하느라 너무 바빠서 시간가는 줄도 거의 몰랐다.

They were so busy talking that they hard noticed the time.

08 허리케인 동안에 나무들과 전봇대들이 바로 내 눈 앞에서 쓰러졌다.

During the hurricane, trees and electric posts fell rightly before my eyes.

01 successfully → successful   **02** nervously → nervous   **03** high → highly
04 conveniently → convenient   **05** possibly → possible   **06** Near → Nearly
07 hard → hardly   **08** rightly → right

6일 여행, 세계에 관한 표현

'요즘에 사람들이 왜 해외여행을 더 많이 가는가?'라는 질문에 대한 이유를 묻는 문제에 대해 '많은 청년들이 경험을 쌓기 위해 해외여행을 간다.'라는 문장을 쓰려고 합니다. 이때 '**해외여행을 가다**'라는 표현은 '**travel abroad**'로 쓸 수 있습니다. 따라서 완성된 문장은 'Many young people travel abroad to gain experience.'가 됩니다. 이처럼 Task 2에서는 여행에 관한 의견이나 세계적으로 논의되는 이슈 등 여행, 세계 관련 주제에 대해 자주 출제되므로, 관련 표현들을 미리 익혀두면 유용하게 사용할 수 있습니다.

1 해외여행을 하다
travel abroad

많은 고등학교 졸업생들은 대학에 가기 전 해외여행을 한다.
Many high school graduates **travel abroad** before going to college.

2 관광 명소
tourist attractions

예를 들어, 파리는 다양한 관광 명소를 가진 것으로 유명하다.
For instance, Paris is famous for having a wide range of **tourist attractions**.
＊~로 유명한 famous for ~　＊다양한 a wide range of

3 유적지
historical sites

유적지는 종종 많은 수의 관광객들로 인해 손상된다.
Historical sites often get damaged due to high numbers of tourists.

4 문화유산
cultural heritage

더 많은 사람들이 이제 언어를 문화유산의 중요한 측면으로 인정한다.
More people now recognize language as an important aspect of **cultural heritage**.
＊인정하다 recognize　＊측면 aspect

(5) 현지 요리
local cuisine

여행의 가장 좋은 점은 다양한 지역에서 현지 요리를 맛보는 것이다.
The best thing about traveling is trying the **local cuisine** in various locations.

(6) 저가 항공사
budget airlines

저가 항공사의 성공은 관광 산업의 호황을 이끌었다.
The rise of **budget airlines** has led to a tourism boom.

(7) 숙박 시설
accommodation

여행객들은 이제 다양한 온라인 서비스를 통해 숙박 시설을 찾을 수 있다.
Tourists can now find **accommodation** through a variety of online services.

(8) 여행사
travel agency

여행사를 통해 휴가를 예약하는 것은 저렴하고 편리하다.
Booking a holiday via a **travel agency** is cheap and convenient.

(9) 사고방식을 넓히다
broaden the mind

해외여행의 주요 목적은 사고방식을 넓히는 것이다.
The main purpose of overseas trips is to **broaden the mind**.

(10) 외국 문화에 대해 배우다
learn about a foreign culture

단순히 책을 읽음으로써 외국 문화에 대해 배우는 것은 어렵다.
It is difficult to **learn about a foreign culture** simply by reading books.

(11) 현지 관습을 따르다
follow local customs

새로운 나라를 방문할 때 현지 관습을 따르는 것은 중요하다.
It is important to **follow local customs** when you are visiting a new country.

⑫ 모국어
mother tongue

유아들은 그들 주위 사람들의 목소리를 들음으로써 모국어를 배운다.

Infants learn their **mother tongue** by listening to the voices of people around them.

⑬ 언어 장벽
language barrier

기술은 전 세계에서 언어 장벽을 허무는 데 도움을 주고 있다.

Technology is helping to break down **language barriers** across the globe.

⑭ 문화 다양성
cultural diversity

문화 다양성은 세계화 때문에 사라지게 될 수도 있다.

Cultural diversity could be disappearing due to globalization.

⑮ 소수 민족 집단
ethnic groups

중국에는 자신의 문화적 전통을 갖고 있는 많은 소수 민족 집단이 있다.

There are many **ethnic groups** with their own cultural traditions in China.

⑯ 인권
human rights

기본적인 인권이 없는 곳들이 여전히 많이 있다.

There are still many places that do not have basic **human rights**.

⑰ 국산품
domestic product

법은 국산품들을 보호하기 위해 시행되어야 한다.

Laws should be put in place to protect **domestic products**.

⑱ 국제 스포츠 행사를 개최하다
host an international sporting event

많은 국가들에게 국제 스포츠 행사를 개최하는 것은 좋은 기회이다.

For many countries, **hosting an international sporting event** is a great opportunity.

19 식량 부족
food shortage

일부 동아프리카 지역의 식량 부족이 심각해지고 있다.

The **food shortage** in some East African regions is becoming severe.

20 개체/인구 수 과잉
overpopulation

특정 동물 종의 개체 수 과잉은 지역 환경에 부정적인 영향을 미칠 수 있다.

Overpopulation of certain animal species can negatively affect the local environment.

21 재정 지원
financial aid

재정 지원이 소외 계층에게 정부로부터 제공되어야 한다.

Financial aid should be provided to the disadvantaged by the government.

*소외 계층 the disadvantaged

22 국제 위기
international crisis

국제 위기는 세계 정부들의 협력을 필요로 한다.

An **international crisis** calls for the collaboration of world governments.

23 갈등을 해소하다
resolve conflicts

국가 간 갈등을 해소하기 위해 외교적인 전략들이 사용되어야 한다.

Diplomatic strategies should be used to **resolve conflicts** between countries.

24 자선 단체
charitable organizations

많은 사람들이 그들의 여가 시간에 자선 단체를 위해 자원봉사를 한다.

A lot of people volunteer for **charitable organizations** in their spare time.

25 민족 정체성
national identity

많은 국가의 민족 정체성은 이민의 증가로 인해 변해왔다.

The **national identity** of many countries has changed due to an increase in immigration.

DAILY CHECK-UP

🌐 파란색으로 주어진 우리말 표현을 영어로 바꾸어 문장을 완성하세요.

01 의사소통은 갈등을 해소하는 열쇠이다.

Communication is the key to _____.

02 여행이 사고방식을 넓힌다고 한다.

It is said that travel _____.

03 다른 나라로 여행하는 것은 외국 문화들에 대해 배우는 가장 완벽한 방법이다.

Traveling to other countries is the perfect way to _____.

04 관광 명소를 짓는 것은 지역 정부에게 가치 있는 투자일 수 있다.

Building _____ can be a worthwhile investment for local governments.

＊가치 있는 worthwhile   ＊투자 investment

05 인권을 보호하는 것은 정부의 책임이다.

Protecting _____ is the responsibility of governments.

＊책임 responsibility

06 현지 요리를 먹는 것은 새로운 문화를 경험하는 가장 좋은 방법들 중 하나이다.

Eating the _____ is one of the best ways to experience a new culture.

＊경험하다 experience

07 유학 프로그램은 학생들이 문화 다양성을 배우는 데 도움을 준다.

Study abroad programs help students learn about _____.

08 유적지들은 문화적 중요성 때문에 보존되어야 한다.

_____ should be preserved due to their cultural importance.

09 숙박 시설의 가격은 과거보다 더 높다.

The cost of _____ is higher than in the past.

10 민족 정체성은 구체적으로 정의하기 어려울 수 있다.

_____ can be difficult to define in a concrete way.

＊구체적으로 in a concrete way　＊정의하다 define

11 요즘 많은 사람들이 빠듯한 예산을 가지고 해외여행을 한다.

Nowadays, many people _____ on a tight budget.

＊빠듯한 tight　＊예산 budget

12 예를 들어, 여행사들은 일반적으로 그들의 서비스에 몇백 달러를 청구한다.

For example, _____ typically charge several hundred dollars for their services.

＊일반적으로 typically　＊청구하다 charge

13 낮은 유아 사망률과 의학의 진보는 인구 수 과잉을 가져왔다.

Low child mortality rates and improvements in medicine have led to _____.

＊사망률 mortality rate　＊의학 medicine　＊진보 improvement

14 다음 국제 위기는 어디에서 발생할지 예측하기 어렵다.

It is difficult to predict where the next _____ will arise.

＊발생하다 arise　＊예측하다 predict

15 소수 민족 집단 사이의 구분은 때때로 갈등을 야기할 수 있다.

Divisions between _____ can sometimes cause conflict.

＊구분 division　＊갈등 conflict

정답 p.310

DAILY TEST

끊어 해석한 부분에 유의하여 다음의 우리말 문장을 영어로 바꾸어 쓰세요.

01 어린이들은 배운다 / 다른 소수 민족 집단에 대해 / TV와 인터넷을 통해서
  * ~을 통해서 through

---

02 저가 항공사들은 / 일반 항공사들만큼 안전하다
  * 일반 항공사 regular airlines

---

03 통조림 제품은 가장 좋은 물건이다 / 기부하기에 / 식량 부족이 있는 곳들로
  * 통조림 제품 canned goods   * 기부하다 donate

---

04 정부는 지원해야 한다 / 국산품들의 생산을
  * 생산, 제조 manufacturing

---

05 학생들은 참여해야 한다 / 문화 교환 프로그램에 / 외국 문화에 대해 배우기 위해
  * ~에 참여하다 take part in ~   * 문화 교환 프로그램 cultural exchange program

---

06 증가하는 약물 남용은 / 국제 위기이다
  * 약물 남용 drug abuse

---

07 배우는 것은 도움이 된다 / 그 지역 언어의 일부를 / 당신이 해외여행을 할 때
  * 지역 언어 local language

---

08 진정한 현지 요리는 보통 발견될 수 있다 / 더 작은 지방들에서 / 관광지에서보다
  * 진정한 authentic   * 지방, 지역 neighborhood   * 관광지 tourist spots

---

09 긍정적인 요소들이 / 국제 스포츠 행사를 개최하는 것의 / 부정적인 것들보다 크다

    ＊요소 element   ＊~보다 더 크다 outweigh

---

10 일부 지역들에서는, / 사람들이 가지고 있다 / 하나 이상의 모국어를

    ＊지역, 지방 region

---

11 엄격한 법들은 수출을 막는다 / 문화유산의 중요한 작품들의

    ＊엄격한 strict   ＊수출 export   ＊작품 piece

---

12 부유한 나라들은 / 종종 제공한다 / 재정 지원을 / 개발 도상국들에게

    ＊부유한 wealthy

---

13 관광객들은 무례하다고 여겨질 수 있다 / 만일 그들이 현지 관습을 따르지 않는다면

    ＊무례한 rude   ＊~하지 않다 fail to 부정사

---

14 유적지를 보존하는 것은 / 중대한 책임이다 / 지역 정부의

    ＊보존하다 preserve   ＊중대한 vital   ＊책임 responsibility

---

15 자선 단체는 / 때때로 더 많은 지원을 제공할 수 있다 / 정부보다

    ＊지원, 도움 assistance

정답 p.311

주제별 필수 표현 익히기 **3**rd Week **6**일 Hackers IELTS Writing Basic

1. 간접의문문을 올바른 어순으로 썼는지 확인하세요.

> 나는 그가 누구인지 모른다.
>
> I do not know **who is he**. (×)
>
> → I do not know **who he is**. (○)

간접의문문은 when, where, why, who, what, how 등의 의문사가 이끄는 명사절이 문장 속에 포함된 문장을 말합니다. 간접 의문문은 '의문사 + 주어 + 동사'의 어순으로 쓴다는 것에 주의하도록 합니다.

2. 부사를 올바른 위치에 썼는지 확인하세요.

> 그들은 항상 버스로 학교에 온다.
>
> They **come always** to school by bus. (×)
>
> → They **always come** to school by bus. (○)

ever, never, always, often, seldom, sometimes와 같이 빈도를 나타내는 부사와 almost, scarcely, hardly, nearly, even 과 같은 부사들은 be동사 뒤, 일반 동사 앞에 씁니다.

3. such와 enough를 올바른 어순으로 썼는지 확인하세요.

> 나는 이전에 그렇게 좋은 사람을 만나본 적이 없었다.
>
> I had never met **a such** good man before. (×)
>
> → I had never met **such a** good man before. (○)
>
> 나는 말 한 마리를 먹을 수 있을 정도로 배가 고프다.
>
> I am **enough hungry** to eat a horse. (×)
>
> → I am **hungry enough** to eat a horse. (○)

such와 enough의 올바른 어순은 다음과 같으니, 주의해서 사용하도록 합니다.

- such + a(n) + 형용사 + 명사: 그렇게/매우 ~한 [명사]
- 형용사/부사 + enough + to 부정사: ~할 정도로 [형용사/부사]하다

다음 문장에서 틀린 부분을 찾아 고쳐 보세요.

01 우리는 해변에서 매우 좋은 시간을 보냈다.

We had ~~a good such~~ time at the seaside.
　　　　 such a good

02 우리는 그녀를 믿을 정도로 어리석었다.

We were enough foolish to believe her.

03 그 선생님은 나에게 어떤 게임들을 했는지 물어보셨다.

The teacher asked me what games did I play.

04 사막에서는 좀처럼 비가 오지 않는다.

It rains seldom in the desert.

05 그들은 주로 차보다 커피를 더 선호한다.

They prefer usually coffee to tea.

06 한국 사람들은 항상 시간을 잘 지킨다.

Koreans always are on time.

07 그는 일식과 같이 그렇게 놀라운 현상을 전혀 본 적이 없었다.

He had never seen an amazing such phenomenon as a solar eclipse.

08 농구 경기에서 이긴 것은 학생들이 춤을 출 정도로 기쁘게 만들었다.

Winning the basketball game made the students enough happy to dance.

01 a good such → such a good	**02** enough foolish → foolish enough	**03** did I play → I played
04 rains seldom → seldom rains	**05** prefer usually → usually prefer	**06** always are → are always
07 an amazing such → such an amazing	**08** enough happy → happy enough	

HACKERS
IELTS
WRITING BASIC

goHackers.com

학습자료 제공·유학정보 공유

HACKERS IELTS WRITING BASIC

4th Week

4주에서는 앞서 공부한 내용을 토대로 IELTS 라이팅 답변을 작성해보겠습니다.
Task 1과 Task 2의 답변을 체계적으로 작성해보면서 실전 감각을 익히게 됩니다.

라이팅 실전 대비하기

INTRO

INTRO

IELTS 라이팅 시험은 약 60분간 진행되며, Task 1과 Task 2가 각각 한 문제씩 출제됩니다. Task 1에서는 주어진 시각자료를 분석하여 요약문을 적는 과제가 주어집니다. 그리고 Task 2에서는 제시된 주제에 대한 자신의 의견이나 과제를 에세이로 적는 과제가 주어집니다.

TASK 1

Task 1에서는 문제에 제시된 주제에 대한 그래프, 표, 지도, 다이어그램 등과 같은 시각자료를 분석해 150단어 이상의 요약문을 적는 과제가 주어집니다. 이러한 Task 1의 답변을 잘 작성하기 위해서는 시각자료를 분석하는 능력과 그 내용을 효과적으로 정리하는 능력이 필요합니다.

문제 유형 소개

출제되는 문제 유형은 크게 아래 여섯 가지로 분류할 수 있습니다. 대부분 한 가지 유형의 시각자료가 문제에 출제되지만, 간혹 두 가지 이상 유형의 시각자료들이 함께 출제되기도 합니다.

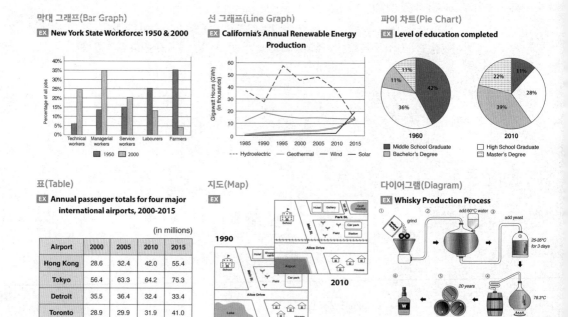

Task 1 문제풀이 전략

Step 1   **시각자료 분석메모 작성하기**
시각자료를 분석하여 주제, 전체 특징과 세부 특징을 요약문의 구조에 맞추어 분석메모에 정리합니다.

Step 2   **분석메모 연계해서 요약문 쓰기**
작성한 분석메모를 토대로 <주제, 전체 특징, 세부 특징> 단락의 역할이 잘 드러나는 핵심 문장을 작성하고, 구체적인 내용을 덧붙여 요약문을 작성합니다.

Step 3   **요약문 검토 및 수정하기**
작성한 요약문을 검토하며, 이때 요약문의 내용보다는 문법, 철자, 문장 구조 등을 중심으로 실수를 바로잡습니다.

TASK 2

Task 2에서는 문제에 제시된 주제에 대한 자신의 의견이나 과제를 250단어 이상의 에세이로 적는 과제가 주어집니다. 이러한 Task 2의 답변을 잘 작성하기 위해서는 적절한 아이디어와 구체적인 근거를 논리적으로 서술하는 능력이 필요합니다.

▌문제 유형 소개

출제되는 문제 유형은 크게 아래 다섯 가지로 분류할 수 있습니다.

찬성 또는 반대 (Agree/Disagree)	주제에 대해 어느 정도까지 찬성 또는 반대하는지에 대한 나의 의견을 서술하는 유형 **EX To what extent do you agree or disagree?** 어느 정도까지 동의 또는 동의하지 않는가?
두 가지 견해 (Both Views)	주제에 대한 두 가지 견해를 논하고 이에 대한 나의 의견을 서술하는 유형 **EX Discuss both these views and give your own opinion.** 이러한 양쪽의 관점에 대해 논하고 자신의 의견을 제시하시오.
장점과 단점 (Advantage & Disadvantage)	주제의 장·단점을 논하거나 비교하고 이에 대한 나의 의견을 서술하는 유형 **EX Do the advantages of this outweigh the disadvantages?** 이것의 장점이 단점보다 더 큰가?
원인/문제점과 해결책 (Cause/Problem & Solution)	주제에 대한 원인 또는 문제점을 서술하고, 이에 대한 해결책을 서술하는 유형 **EX What do you think are the causes of this?** **How can we tackle this issue?** 이것의 원인은 무엇이라고 생각하는가? 우리가 이 문제를 어떻게 다룰 수 있는가?
두 가지 과제 (Two-part Question)	주제에 대한 두 가지 과제가 제시되고, 각 과제에 대한 답변을 서술하는 유형 **EX Why do you think this is happening?** **Is this a positive or negative development?** 왜 이러한 일이 발생한다고 생각하는가? 이것은 긍정적인 또는 부정적인 발전인가?

▌Task 2 문제풀이 전략

Step 1 아웃라인 잡기
주어진 문제에 대한 나의 의견과 그에 대한 구체적인 내용을 에세이의 구조에 맞추어 아웃라인에 정리합니다.

Step 2 아웃라인 참고해서 에세이 쓰기
작성한 아웃라인을 토대로 <서론, 본론 1, 본론 2, 결론>의 4단락 구조의 에세이를 작성합니다. 이때, 핵심 문장에 나의 의견과 본론의 주제가 잘 드러나도록 쓰고, 구체적인 내용을 덧붙여 에세이를 작성합니다.

Step 3 에세이 검토 및 수정하기
작성한 에세이를 검토하며, 이때 에세이의 내용보다는 문법, 철자, 문장 구조 등을 중심으로 실수를 바로잡습니다.

* IELTS 라이팅 시험은 Task 1과 Task 2 문제를 한꺼번에 수령한 후, Task간의 시간 구분 없이 진행됩니다. 이때, 배점과 써야 할 분량이 더 많은 Task 2의 에세이를 먼저 완성하고 그 다음에 Task 1의 요약문을 쓰는 것이 효율적입니다. 따라서 본 책에서는 실제 시험에서 답변을 작성하는 순서에 따라 Task 2 → Task 1 순서로 학습을 진행합니다.

Task 2에서는 문제에 제시된 주제에 대한 자신의 의견을 에세이로 적는 과제가 주어집니다. 1일에서는 논리적인 에세이를 작성하기 위해 먼저 에세이의 구조에 맞게 아웃라인을 잡는 방법을 학습합니다. 에세이의 구조에 따라 아웃라인에 아이디어를 정리하는 방법을 익히면 에세이의 큰 틀을 쉽게 잡을 수 있습니다.

 문제 파악하기

좋은 에세이를 작성하기 위해서는 가장 먼저 문제의 주제와 지시사항을 정확하게 파악해야 합니다.

1. 문제의 주제를 파악합니다. 주제를 명확하게 파악해야 그에 맞는 답변을 작성할 수 있습니다.

2. 문제의 지시사항을 보고 주어진 과제를 확인합니다.

문제 파악하기의 예

> *Students should be encouraged to take part in exchange programmes in today's globalised world.*
>
> *To what extent do you agree or disagree with this opinion?*
>
> 학생들은 오늘날의 국제화된 세계에서 교환 학생 프로그램에 참여하도록 장려되어야 한다.
>
> 이 의견에 어느 정도까지 동의 또는 동의하지 않는가?

● 문제의 주제
학생들이 교환 학생 프로그램에 참여하도록 장려되어야 한다는 주제를 파악합니다.

● 문제의 지시사항
주어진 주제에 대해 찬성 또는 반대하는지를 묻는 찬성 또는 반대(Agree/Disagree) 유형의 문제임을 확인합니다.

⊘ TIP

문제를 파악할 때 문제의 주제와 지시사항의 핵심 단어에 밑줄을 긋거나 표시해 두면, 주제에서 벗어난 내용에 대해 논하거나 꼭 필요한 요소를 빠뜨리고 답변을 작성하는 일을 방지할 수 있습니다.

② 아웃라인 구조 잡기

아웃라인의 구조를 잡습니다. 아웃라인은 에세이의 구조를 간략히 정리한 것으로, 앞으로 쓸 에세이의 큰 틀이 됩니다.

에세이는 <서론 – 본론 – 결론>의 구조로 쓰는 것이 효과적입니다. 서론에서는 에세이의 주제를 소개하고 그에 대한 나의 의견을 밝히면서 글을 시작합니다. 본론에서는 문제에서 주어진 과제에 따라 각 단락의 주제를 서술하고, 구체적인 근거를 들어 단락의 중심 내용을 논리적으로 뒷받침합니다. 본론은 보통 2단락으로 구성하는 것이 좋습니다. 결론에서는 본론의 내용을 요약하고 다시 한번 나의 의견을 강조하며 끝맺습니다.

이렇게 에세이의 구조인 <서론 – 본론 – 결론>으로 아웃라인의 구조를 잡은 다음 이를 머릿속에 그려두고 시작하면 답변을 좀 더 쉽게 구성할 수 있습니다.

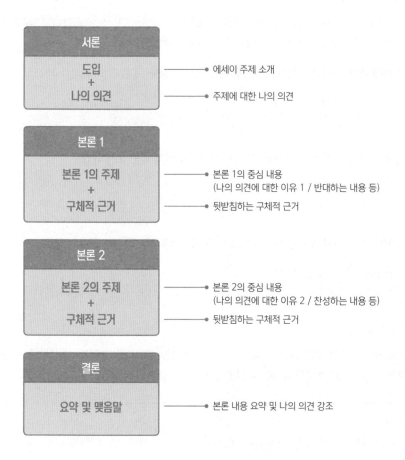

아웃라인 잡기

아웃라인의 구조에 맞춰 답변할 내용을 간단히 정리합니다. 아웃라인의 서론에는 문제에서 제시된 주제에 대한 자신의 의견을 적습니다. 아웃라인의 본론에는 본론의 중심 내용을 간략하게 정리하고, 이에 대한 구체적인 근거를 메모합니다. 참고로, 결론은 서론과 본론의 내용을 바탕으로 작성하기 때문에 아웃라인에 따로 적지 않습니다. 이와 같이 아웃라인을 논리적으로 작성해 놓으면 이를 바탕으로 에세이를 쉽게 완성할 수 있습니다.

1. 나의 의견 정하기

주제에 대한 나의 의견을 정합니다. 나의 의견은 에세이의 전반적인 방향을 이끌어주는 중요한 내용으로, 에세이의 서론에서 밝힙니다.

2. 본론의 중심 내용 정리하기

주제에 대한 나의 의견을 바탕으로, 본론의 중심 내용을 단락별로 하나씩 정리합니다. 이때, 주어진 문제의 과제에 따라 본론의 각 단락을 다음과 같이 구성할 수 있습니다.

① 주제에 대해 찬성 또는 반대하는지를 묻는 문제의 경우

┌ 본론 1	이유 1
└ 본론 2	이유 2

② 주제에 대한 상반된 두 가지 관점이나 장·단점에 대해 묻는 문제의 경우

┌ 본론 1	반대 내용
└ 본론 2	찬성 내용

③ 주제에 대한 원인 또는 문제점과 이에 대한 해결책을 제시하라는 문제의 경우

┌ 본론 1	원인 또는 문제점
└ 본론 2	해결책

3. 구체적 근거 정리하기

각 본론의 중심 내용을 뒷받침하는 구체적인 근거를 정리합니다. 나중에 에세이를 작성할 때 본론의 내용을 충분히 발전시킬 수 있도록 일반적 진술과 예시를 포함하여 작성하면 좋습니다.

> ☑ **TIP 1**
> 나의 의견을 정할 때 개인적인 의견과 다르더라도 답변할 내용이 더 많이 생각나거나 설득력이 더 커 보이는 의견을 선택하는 것이 좋습니다.

> ☑ **TIP 2**
> 문제에 두 가지 과제가 주어지는 경우, 본론에서 각각의 과제에 대한 답변을 한 단락씩 구성합니다. 문제에서 과제가 제시된 순서대로 본론 1과 본론 2로 구성하면 됩니다.

아웃라인 잡기의 예

① 주제에 대해 찬성 또는 반대하는지를 묻는 문제의 경우

주제에 대한 나의 의견을 바탕으로 두 가지 이유를 각각 본론 1과 본론 2에 적습니다.

> *Students should be encouraged to take part in exchange programmes in today's globalised world.*
>
> *To what extent do you agree or disagree with this opinion?*
>
> 학생들은 오늘날의 국제화된 세계에서 교환 학생 프로그램에 참여하도록 장려되어야 한다.
>
> 이 의견에 어느 정도까지 동의 또는 동의하지 않는가?

📋 아웃라인

서론	나의 의견	**Agree** 찬성
본론 1	이유 1	**rapidly learn another language** 또 다른 언어를 빨리 배울 수 있음
	구체적 근거	- **have to use this language every day** 그 언어를 매일 사용해야만 함
		- **ex) survey: students become competent in 2nd language in a short time period** 예시) 설문조사: 학생들은 짧은 기간 안에 제2 언어에 능숙해짐
본론 2	이유 2	**have better job opportunities** 더 나은 취업 기회를 가짐
	구체적 근거	- **learn skills beneficial in a global business environment** 국제 비즈니스 환경에서 유용한 기술을 배움
		- **ex) multinational companies prefer applicants with experience of studying overseas** 예시) 다국적 기업들은 해외에서 공부한 경험이 있는 지원자들을 선호함

1. 나의 의견 정하기

'학생들은 오늘날의 국제화된 세계에서 교환 학생 프로그램에 참여하도록 장려되어야 한다'는 주제에 대해 찬성하는 것으로 나의 의견을 정합니다.

2. 본론의 중심 내용 정리하기

교환 학생 프로그램 장려를 찬성하는 이유로 '1. 또 다른 언어를 빨리 배울 수 있다'는 것과 '2. 더 나은 취업 기회를 가진다'는 것으로 정해 간단히 정리합니다.

3. 구체적 근거 정리하기

본론의 중심 내용인 나의 의견에 대한 이유 1과 이유 2를 뒷받침하는 구체적인 근거를 일반적 진술과 예시를 포함하여 정리합니다.

② 주제에 대한 상반된 두 가지 관점이나 장·단점에 대해 묻는 문제의 경우

두 가지 관점 중 나의 의견과 반대되는 내용을 본론 1에 먼저 적고, 찬성하는 내용을 본론 2에 적습니다.

> ***Some people think that schools should require students to participate in extracurricular sports programmes. Others, however, think that students should be able to choose activities that they want to do.***
>
> ***Discuss both these views and give your own opinion.***
>
> *일부 사람들은 학교가 학생들에게 학과 외 스포츠 프로그램에 참여하도록 요구해야 한다고 생각한다. 하지만, 다른 사람들은 학생들이 하고 싶은 활동을 선택할 수 있어야 한다고 생각한다.*
>
> *이러한 양쪽의 관점에 대해 논하고 자신의 의견을 제시하시오.*

📋 아웃라인

서론	나의 의견	should be required to take part in sports programs in school 학교에서 스포츠 프로그램에 참여하도록 요구되어야 함
본론 1	반대 내용	students pick their own activities: explore their interests 학생들이 자신들의 활동을 선택하는 것은 그들의 관심사를 탐색하게 함
	구체적 근거	- develop their talents in various programs 　다양한 프로그램에서 그들의 재능을 발전시킬 수 있음 - ex) some artists found their abilities while doing club activities 　예시) 몇몇의 예술가들은 동아리 활동을 하면서 그들의 능력을 발견함
본론 2	찬성 내용	mandatory sports programs: help students develop teamwork skills 의무적인 스포츠 프로그램은 학생들이 협동하는 기술을 발전시키는 데 도움이 됨
	구체적 근거	- learn how to achieve something with their peers when doing sports 　스포츠를 할 때 또래들과 함께 무언가를 성취하는 방법을 배움 - ex) research: children who join sports clubs have better social skills 　예시) 연구: 스포츠 동아리에 가입한 아이들이 더 나은 사회성을 가짐

1. 나의 의견 정하기

   '학교에서 학과 외 스포츠 프로그램 참여'에 대한 두 가지 상반된 관점 중 '학교에서 스포츠 프로그램에 참여하도록 요구되어야 한다'는 것을 나의 의견으로 정합니다.

2. 본론의 중심 내용 정리하기

   먼저, 나의 의견과 반대되는 '학생들이 하고 싶은 활동을 선택할 수 있어야 한다'는 관점에 대해 '학생들이 자신들의 활동을 선택하는 것은 그들의 관심사를 탐색하게 한다'는 반대 내용을 본론 1에 적습니다. 이어서, 나의 의견과 일치하는 '학교가 학과 외 스포츠 프로그램에 참여하도록 요구해야 한다'는 관점에 대해 '의무적인 스포츠 프로그램은 학생들이 협동하는 기술을 발전시키는 데 도움이 된다'는 찬성 내용을 본론 2에 적습니다.

3. 구체적 근거 정리하기

   반대 내용과 찬성 내용에 대한 구체적인 근거를 일반적 진술과 예시를 포함하여 정리합니다.

③ 주제에 대한 원인 또는 문제점과 이에 대한 해결책을 제시하라는 문제의 경우
　　원인 또는 문제점과 그 해결책을 각각 본론 1과 본론 2에 적습니다.

Wild forestland is being destroyed at an alarming rate these days.

What do you think are the causes of this?

What are some ways to solve this problem?

요즘 야생 삼림이 급속도로 파괴되고 있다.

이것의 원인은 무엇이라고 생각하는가?

이러한 문제를 해결할 수 있는 방법은 무엇인가?

📋 아웃라인

서론	나의 의견	can be solved by implementing strong regulations 강력한 규제를 시행함으로써 해결될 수 있음
본론 1	원인	cause: large-scale agricultural activity 원인: 대규모의 농업 활동
	구체적 근거	- forestland is cut down to plant crops and raise livestock 삼림지는 작물을 심고 가축을 기르기 위해 벌목됨
		- ex) the Amazon loses large areas annually for land to feed cattle 예시) 아마존은 소를 키우기 위해 매년 거대한 지역을 잃음
본론 2	해결책	solution: impose strict rules on farmers 해결책: 농부들에게 엄격한 규칙을 부과함
	구체적 근거	- government policies force farmers to protect forests 정부 정책은 농부들이 삼림을 보호하게 만듦
		- ex) Malaysia: the number of trees cut down is decreasing after imposing penalty 예시) 말레이시아: 벌금을 부과한 후 벌목되는 나무의 수가 줄어들었음

---

1. 나의 의견 정하기
　　'요즘 야생 삼림이 급속도로 파괴되고 있다'는 문제 상황에 대해 '강력한 규제를 시행함으로써 해결될 수 있다'는 것을 나의 의견으로 정합니다.

2. 본론의 중심 내용 정리하기
　　먼저, 첫 번째 과제인 문제가 나타난 원인을 '대규모의 농업 활동'으로 정하고 이를 본론 1에 적습니다. 이어서, 두 번째 과제인 문제에 대한 해결책으로 '농부들에게 엄격한 규칙을 부과함'으로 정하고 이를 본론 2에 적습니다.

3. 구체적 근거 정리하기
　　원인과 해결책에 대한 구체적인 근거를 일반적 진술과 예시를 포함하여 정리합니다.

🌐 다음 주어진 질문에 대한 에세이의 아웃라인을 작성하세요.

01

> ***Nutrition education should be taught in primary schools.***
>
> ***To what extent do you agree or disagree with this opinion?***

Give reasons for your answer and include any relevant examples from your own knowledge or experience.

⚡ 문제 파악 및 힌트

'영양 교육은 초등학교에서 가르쳐져야 한다'는 주제에 찬성하는지 또는 반대하는지를 묻는 문제입니다. 이 주제에 대해 찬성하는 것으로 나의 의견을 정하고 그에 대한 두 가지 이유를 생각해봅시다.

📋 아웃라인

서론	나의 의견	Agree
본론 1	이유 1	_____
본론 2	이유 2	_____

02

> *Nowadays, people expect that smart devices will rapidly take over the role of personal assistants.*
>
> *Why do people think this?*
>
> *Is this a positive or negative development?*

Give reasons for your answer and include any relevant examples from your own knowledge or experience.

💡 문제 파악 및 힌트

'사람들은 스마트 기기가 개인 비서의 역할을 빠르게 대체할 것이라고 예상한다'라는 주제에 대해 사람들이 그렇게 생각하는 원인(과제 1)과 이것이 긍정적인 또는 부정적인 발전인지에 대한 나의 의견(과제 2)을 묻는 문제입니다. 이 주제에 대해 부정적인 발전으로 나의 의견을 정하고, 과제 1과 과제 2를 뒷받침하는 각각의 근거에 대해 생각해봅시다.

참고로, 위와 같이 positive or negative development가 질문에 나온 경우, development를 빼고 단순하게 긍정적인지 부정적인지를 묻는 질문으로 이해하면 더 쉽게 접근할 수 있습니다.

📋 아웃라인

서론	나의 의견	the replacement of human assistants is a negative change
본론 1	과제 1: 원인	cause: _____
본론 2	과제 2: 장단점	negative development: _____

모범답변 및 해석 p.312

라이팅 실전 대비하기　4th Week　1일　Hackers IELTS Writing Basic

🌐 다음 주어진 질문에 대한 에세이의 아웃라인을 작성하세요.

01

> *Some people think that governments should provide Internet access at no charge. Others, however, argue that people should pay for this service.*
>
> *Discuss both these views and give your own opinion.*

Give reasons for your answer and include any relevant examples from your own knowledge or experience.

📝 아웃라인

서론	나의 의견	people should pay for access to the Internet
본론 1	반대 내용	providing free Internet service: _____
	구체적 근거	- 일반적 진술: _____
		- 예시: _____
본론 2	찬성 내용	citizens should pay: _____
	구체적 근거	- 일반적 진술: _____
		- 예시: _____

02

> *In most countries, alcohol consumption is declining.*
>
> *Do the advantages of this trend outweigh the disadvantages?*

Give reasons for your answer and include any relevant examples from your own knowledge or experience.

📋 아웃라인

서론	나의 의견	Advantage > Disadvantage
본론 1	반대 내용	disadvantage: _____
	구체적 근거	- 일반적 진술: _____
		- 예시: _____
본론 2	찬성 내용	advantage: _____
	구체적 근거	- 일반적 진술: _____
		- 예시: _____

모범답변 및 해석 p.312

Task 2 에세이 쓰기(1) 핵심 문장 쓰기

앞서 에세이의 구조에 맞추어 아이디어들을 아웃라인에 정리하는 방법을 배웠습니다. 이를 바탕으로 2일에서는 본격적으로 단락을 써보기 전에 에세이의 핵심 문장들을 써보는 연습을 하겠습니다.

서론	도입 + **나의 의견** 〔핵심 문장〕
본론 1	**본론 1의 주제** 〔핵심 문장〕 + 구체적 근거
본론 2	**본론 2의 주제** 〔핵심 문장〕 + 구체적 근거
결론	요약 및 맺음말

 나의 의견 문장 쓰기 〔핵심 문장〕

Task 2에서는 주제에 대한 자신의 의견을 중심으로 에세이를 작성해야 합니다. 따라서, 아웃라인 작성 시 정한 나의 의견을 서론에서 명확한 문장으로 제시하는 것이 중요합니다. 이때, 문제의 내용을 활용하여 나의 의견 문장을 쓸 수 있습니다.

1. 나의 의견 표현 쓰기

아웃라인에서 정한 나의 의견을 바탕으로, 아래의 표현을 이용하여 주제에 대한 나의 의견을 밝힙니다.

I firmly believe that ~	나는 ~라고 굳게 믿는다
There is a more persuasive argument that ~	~라는 것에 대한 더 설득력 있는 주장이 있다
While this is a serious problem, it can be solved by ~	이는 심각한 문제지만, ~로써 해결될 수 있다

2. 나의 의견 쓰기

문제의 내용을 활용하여 나의 의견을 문장으로 담아냅니다. 이때, 주어진 문제를 그대로 쓰지 않고 약간 다른 표현으로 바꾸어 표현하는 것이 좋습니다.

나의 의견 문장 쓰기의 예

> ***Students should be encouraged to take part in exchange programmes in today's globalised world.***
>
> ***To what extent do you agree or disagree with this opinion?***
>
> 학생들은 오늘날의 국제화된 세계에서 교환 학생 프로그램에 참여하도록 장려되어야 한다.
>
> 이 의견에 어느 정도까지 동의 또는 동의하지 않는가?

📋 아웃라인

서론	나의 의견
	Agree 찬성
본론 1	이유 1
	rapidly learn another language
	또 다른 언어를 빨리 배울 수 있음
본론 2	이유 2
	have better job opportunities
	더 나은 취업 기회를 가짐

나의 의견 문장 쓰기

1. 나의 의견 표현 쓰기

> **I firmly believe that**

+

2. 나의 의견 쓰기

> [exchange programs should be encouraged in today's interconnected world]

나의 의견 문장

I firmly believe that [exchange programs should be encouraged in today's interconnected world.]

나는 오늘날의 상호 연결된 세계에서 교환 학생 프로그램이 장려되어야 한다고 굳게 믿는다.

1. 나의 의견 표현 쓰기

   '나는 ~라고 굳게 믿는다'라는 의미의 'I firmly believe that ~' 표현을 이용하여 나의 의견 문장을 시작합니다.

2. 나의 의견 쓰기

   앞서 나의 의견을 '찬성'으로 정한 아웃라인을 바탕으로 나의 의견 문장을 작성합니다. 이때, 문제의 내용 'Students should be encouraged to take part in exchange programmes in today's globalised world.'를 참고하되 약간 다른 표현을 사용하여 씁니다.

② 본론의 주제 문장 쓰기 [핵심 문장]

본론의 주제 문장은 서론에서 밝힌 나의 의견을 뒷받침하는 핵심 문장입니다. 주어진 문제의 과제에 따라 적절한 연결어를 사용하여 각 단락의 중심 내용을 문장으로 작성합니다. 미리 작성한 아웃라인을 바탕으로 본론의 주제 문장을 하나씩 작성해봅니다.

1. 연결어 쓰기

주어진 문제의 과제에 따라 다음의 표현을 활용하여 본론의 주제 문장을 이끄는 연결어를 씁니다.

① 주제에 대해 찬성 또는 반대하는지를 묻는 문제의 경우

주제에 대한 나의 의견을 뒷받침하는 두 가지 이유를 아래 연결어를 사용하여 차례대로 제시합니다.

본론 1 - 이유 1	To begin with,	우선,
본론 2 - 이유 2	On top of that,	게다가,

② 주제에 대한 상반된 두 가지 관점이나 장·단점에 대해 묻는 문제의 경우

나의 의견과 반대되는 내용과 찬성하는 내용을 아래 연결어를 사용하여 차례대로 제시합니다.

본론 1 - 반대 내용	On the one hand,	한편으로는,
본론 2 - 찬성 내용	Nevertheless,	그럼에도 불구하고,

③ 주제에 대한 원인 또는 문제점과 이에 대한 해결책을 제시하라는 문제의 경우

원인 또는 문제점과 해결책을 아래 연결어를 사용하여 차례대로 제시합니다.

본론 1 - 원인	The main cause of + [주제] + is ~	[주제]의 주된 원인은 ~이다
or 문제점	The main issue with + [주제] + is ~	[주제]의 주된 문제점은 ~이다
본론 2 - 해결책	One of the ways to ~ is + [해결책]	~하는 방법 중 하나는 [해결책]이다

2. 본론의 중심 내용 밝히기

아웃라인에서 정리한 본론의 중심 내용을 각각의 문장으로 풀어서 씁니다.

⊘ TIP

여러 유형이 결합되어 나오는 문제의 에세이를 쓸 때에는 주어진 과제에 따라 적절한 연결어를 섞어서 각 핵심 문장에 사용할 수 있습니다.

본론의 주제 문장 쓰기의 예

> **Students should be encouraged to take part in exchange programmes in today's globalised world.**
>
> **To what extent do you agree or disagree with this opinion?**
>
> 학생들은 오늘날의 국제화된 세계에서 교환 학생 프로그램에 참여하도록 장려되어야 한다.
>
> 이 의견에 어느 정도까지 동의 또는 동의하지 않는가?

📝 아웃라인

서론	**나의 의견**
	Agree 찬성
본론 1	**이유 1**
	rapidly learn another language
	또 다른 언어를 빨리 배울 수 있음
본론 2	**이유 2**
	have better job opportunities
	더 나은 취업 기회를 가짐

본론의 주제 문장 쓰기

본론 1의 주제 문장: 이유 1 쓰기

1. 연결어 쓰기

> **To begin with,**

＋

2. 본론 1의 중심 내용**(이유 1)** 밝히기

> ⌈rapidly learn another language⌋

본론 2의 주제 문장: 이유 2 쓰기

1. 연결어 쓰기

> **On top of that,**

＋

2. 본론 2의 중심 내용**(이유 2)** 밝히기

> ⌈have better job opportunities⌋

본론의 주제 문장

본론 1의 주제 문장: 이유 1

To begin with, students can ⌈rapidly learn another language⌋ through an exchange program.

우선, 학생들은 교환 학생 프로그램을 통해 또 다른 언어를 빨리 배울 수 있다.

본론 2의 주제 문장: 이유 2

On top of that, exchange students ⌈have better job opportunities⌋ after graduation.

게다가, 교환 학생들은 졸업 이후에 더 나은 취업 기회를 가진다.

---

1. **연결어 쓰기**

   주제에 대해 찬성 또는 반대하는지 묻는 문제이므로, '우선'과 '게다가'에 해당하는 연결어인 'To begin with'와 'On top of that'을 써서 본론 1의 주제 문장과 본론 2의 주제 문장을 시작합니다.

2. **본론의 중심 내용 밝히기**

   아웃라인에서 정리한 두 가지 이유 1. rapidly learn another language, 2. have better job opportunities를 문장으로 풀어 이유 1, 2 문장에 담아냅니다.

🌳 문제를 읽고 주어진 아웃라인을 참고하여 에세이의 핵심 문장을 작성하세요.

01

> *Nutrition education should be taught in primary schools.*
> *To what extent do you agree or disagree with this opinion?*

Give reasons for your answer and include any relevant examples from your own knowledge or experience.

⚡ 문제 파악 및 힌트

'영양 교육은 초등학교에서 가르쳐져야 한다'는 주제에 찬성하는지 또는 반대하는지를 묻는 문제입니다. 찬성하는 것으로 나의 의견을 정하고, 주어진 아웃라인을 참고하여 에세이의 핵심 문장인 나의 의견 문장을 써봅시다.

📋 아웃라인

서론	나의 의견	**Agree** 찬성
본론 1	이유 1	precise knowledge about nutrition is essential for children 영양에 대한 정확한 지식은 아이들에게 필수적임
본론 2	이유 2	learning about healthy eating habits in school can be effective 학교에서 건강한 식습관에 대해 배우는 것은 효과적일 수 있음

📑 에세이의 핵심 문장

나의 의견 문장

_____ .

나는 굳게 믿는다 / 초등학교에서 가르쳐야 한다고 / 영양 교육을 / 그들의 학생들에게

본론 1의 주제 문장: 이유 1

To begin with, precise knowledge about nutrition is essential for children.

우선, / 정확한 지식은 / 영양에 대한 / 필수적이다 / 아이들에게

본론 2의 주제 문장: 이유 2

On top of that, learning about healthy eating habits in school can be very effective.

게다가, / 건강한 식습관에 대해 배우는 것은 / 학교에서 / 매우 효과적일 수 있다

02

> *Some people think that schools should require students to participate in extracurricular sports programmes. Others, however, think that students should be able to choose activities that they want to do.*
>
> *Discuss both these views and give your own opinion.*

Give reasons for your answer and include any relevant examples from your own knowledge or experience.

💡 문제 파악 및 힌트

'학교에서의 학과 외 스포츠 프로그램 참여'에 대한 두 가지 상반된 관점에 대해 묻는 문제입니다. 첫 번째 관점으로 나의 의견을 정하고, 주어진 아웃라인을 참고하여 에세이의 핵심 문장인 본론의 주제 문장들을 써봅시다.

📋 아웃라인

서론	나의 의견	should be required to take part in sports programs in school 학교에서 스포츠 프로그램에 참여하도록 요구되어야 함
본론 1	반대 내용	students pick their own activities: explore their interests 학생들이 자신들의 활동을 선택하는 것은 그들의 관심사를 탐색하게 함
본론 2	찬성 내용	mandatory sports programs: help students develop teamwork skills 의무적인 스포츠 프로그램은 학생들이 협동하는 기술을 발전시키는 데 도움이 됨

📑 에세이의 핵심 문장

나의 의견 문장

There is a more persuasive argument that students should be required to take part in sports programs in school.

더 설득력 있는 주장이 있다 / 학생들이 요구되어야 한다는 것에 대한 / 스포츠 프로그램에 참여하도록 / 학교에서

본론 1의 주제 문장: 반대 내용

_____.

한편으로는, / 학생들이 선택할 수 있을 때 / 자신들의 활동을 / 그들은 탐색할 수 있다 / 그들의 관심사를

본론 2의 주제 문장: 찬성 내용

_____.

그럼에도 불구하고, / 의무적인 스포츠 프로그램은 도움이 된다 / 학생들이 협동하는 기술을 발전시키는 데

모범답변 및 해석 p.313

DAILY **TEST**

🌳 문제를 읽고 주어진 아웃라인을 참고하여 에세이의 핵심 문장을 작성하세요.

01

> *Some people think that governments should provide Internet access at no charge. Others, however, argue that people should pay for this service.*
>
> *Discuss both these views and give your own opinion.*

Give reasons for your answer and include any relevant examples from your own knowledge or experience.

📋 아웃라인

서론	나의 의견	people should pay for access to the Internet 사람들은 인터넷에 접속하기 위해 비용을 지불해야 함
본론 1	반대 내용	providing free Internet service: benefits citizens financially 시민들에게 재정적으로 이롭기 때문에 무료 인터넷 서비스를 제공해야 함
본론 2	찬성 내용	citizens should pay: governments must deal with more urgent issues 정부는 더 시급한 문제들을 처리해야 하기 때문에 시민들이 비용을 지불해야 함

📑 에세이의 핵심 문장

나의 의견 문장

_____.

사람들이 인터넷에 접속하기 위해 직접 비용을 지불해야 한다는 것에 대한 더 설득력 있는 주장이 있다.

본론 1의 주제 문장: 반대 내용

_____.

한편으로는, 무료 인터넷 서비스를 제공하는 것이 시민들에게 재정적으로 이로울 것이다.

본론 2의 주제 문장: 찬성 내용

_____.

그럼에도 불구하고, 시민들은 인터넷 서비스에 비용을 지불해야 하는데, 이는 정부가 더 시급한 문제들을 처리해야만 하기 때문이다.

02

> **Wild forestland is being destroyed at an alarming rate these days.**
>
> **What do you think are the causes of this?**
>
> **What are some ways to solve this problem?**

Give reasons for your answer and include any relevant examples from your own knowledge or experience.

📋 아웃라인

서론	나의 의견	can be solved by implementing strong regulations 강력한 규제를 시행함으로써 해결될 수 있음
본론 1	원인	cause: large-scale agricultural activity 원인: 대규모의 농업 활동
본론 2	해결책	solution: impose strict rules on farmers 해결책: 농부들에게 엄격한 규칙을 부과함

📑 에세이의 핵심 문장

나의 의견 문장

_____.

이는 심각한 문제이지만, 야생 삼림지를 보호하기 위한 강력한 규제를 시행함으로써 해결될 수 있다.

본론 1의 주제 문장: 원인

_____.

천연 삼림지의 급속한 소실의 주된 원인은 대규모의 농업 활동이다.

본론 2의 주제 문장: 해결책

_____.

하지만, 이 문제에 대한 해결책이 있다.

_____.

삼림 파괴율을 줄이는 방법 중 하나는 농부들에게 엄격한 규칙을 부과하는 것이다.

모범답변 및 해석 p.314

라이팅 실전 대비하기 **4th Week** **2일** Hackers IELTS Writing Basic

앞서 에세이의 핵심 문장을 작성하는 연습을 했습니다. 이를 바탕으로 3일에서는 핵심 문장을 포함해 에세이의 각 단락 전체를 완성해봅시다.

서론	도입 + 나의 의견 〔핵심 문장〕
본론 1	본론 1의 주제 〔핵심 문장〕 + 구체적 근거
본론 2	본론 2의 주제 〔핵심 문장〕 + 구체적 근거
결론	요약 및 맺음말

 서론 단락 완성하기

서론은 문제의 주제를 소개하고 그에 대한 자신의 의견을 밝혀 에세이가 전개되는 방향을 보여주는 단락입니다. 서론은 도입과 나의 의견 문장으로 구성됩니다.

1. 도입 쓰기

도입 문장은 서론 단락을 시작하는 문장으로, 문제의 주제를 소개하는 문장입니다. 이때, 뒤에 나오는 나의 의견을 더 부각시키기 위해 자신의 의견과 반대되는 의견을 제시할 수도 있습니다. 다음의 표현들을 활용하여 서론의 도입 문장을 작성합니다.

It is a common belief that ~	~는 일반적인 생각이다
It is true that ~	~임은 사실이다
Some people believe that ~	일부 사람들은 ~라고 생각한다
It is commonly known that ~	~이라고 흔히 알려져 있다
~ is a growing problem	~은 증가하고 있는 문제이다

2. 나의 의견 쓰기 〔핵심 문장〕

나의 의견 문장은 서론의 핵심 문장으로, 주어진 문제에 대한 자신의 의견을 제시하는 문장입니다. 핵심 문장인 나의 의견 문장에 이어서 분석메모에서 정리한 나의 의견에 대한 이유를 간략하게 소개하며 서론 단락을 완성합니다.

서론 단락 완성하기의 예

> **Students should be encouraged to take part in exchange programmes in today's globalised world.**
>
> **To what extent do you agree or disagree with this opinion?**
>
> 학생들은 오늘날의 국제화된 세계에서 교환 학생 프로그램에 참여하도록 장려되어야 한다.
>
> 이 의견에 어느 정도까지 동의 또는 동의하지 않는가?

📋 아웃라인

서론	나의 의견 Agree 찬성
본론 1	이유 1 rapidly learn another language 또 다른 언어를 빨리 배울 수 있음
본론 2	이유 2 have better job opportunities 더 나은 취업 기회를 가짐

서론 단락 완성하기

도입

It is a common belief that [studying abroad may not be helpful to students.]

해외에서 공부하는 것이 학생들에게 도움이 되지 않을 수도 있다는 것은 일반적인 생각이다.

나의 의견

However, I firmly believe that exchange programs should be encouraged in today's interconnected world. This is because they allow students to [develop their foreign language skills quickly] and [improve their career prospects.]

하지만, 나는 오늘날의 상호 연결된 세계에서 교환 학생 프로그램이 장려되어야 한다고 굳게 믿는다. 이는 그것들이 학생들에게 외국어 능력을 빠르게 발달시키고 직업 전망을 향상시키도록 하기 때문이다.

1. **도입 쓰기**

   '~는 일반적인 생각이다'라는 표현인 'It is a common belief that ~'을 이용해 도입 문장을 작성합니다. 뒤에 나오는 나의 의견을 더 부각시키기 위해 자신의 의견과 반대되는 의견인 '해외에서 공부하는 것이 요즘 학생들에게 도움이 되지 않을 수도 있다'는 내용을 언급하면서 서론을 시작합니다.

2. **나의 의견 쓰기** 〔핵심 문장〕

   '찬성'으로 정한 아웃라인을 바탕으로 'However, I firmly believe that ~' 표현을 이용해 나의 의견 문장을 씁니다. 이때, 문제의 내용을 참고하되 약간 다른 표현을 사용하여 작성합니다.

   나의 의견에 대한 두 가지 이유 1. rapidly learn another language, 2. have better job opportunities를 약간 다른 표현으로 간략하게 한 문장으로 소개하면서 본론에서 이어질 내용을 미리 밝힙니다.

본론 단락 완성하기

본론은 문제에서 주어진 과제를 수행하고, 서론에서 제시한 나의 의견을 뒷받침하는 설명으로 이루어진 단락입니다. 본론은 두 개의 단락으로 작성하며, 각 단락은 주제 문장과 이에 대한 구체적 근거들로 구성됩니다.

1. 본론의 주제 문장 쓰기 〔핵심 문장〕

본론의 주제 문장은 본론의 핵심 문장으로, 아웃라인에서 정한 본론의 중심 내용으로 작성합니다.

2. 구체적 근거 쓰기

구체적 근거는 각 본론의 주제 문장을 뒷받침하여 설명해주는 상세한 내용들입니다. 구체적 근거는 일반적 진술과 예시로 구성하면 효과적입니다.

우선, 일반적 진술에서 본론의 주제에 대해 부가적으로 설명합니다. 그런 다음, 구체적인 예시를 덧붙여 주제 문장에 설득력을 보충합니다. 예시로는 연구, 설문조사 결과 등의 통계 자료나 기사의 내용 등을 소개하면 좋습니다.

다음의 표현을 활용하여 구체적 근거 중 예시 문장을 작성합니다.

For example,	예를 들어,
For instance,	예를 들어,
In fact,	사실,
To illustrate,	예를 들어 설명하자면,
A recent survey has shown that ~	최근의 설문조사 결과는 ~을 보여준다

본론 단락 완성하기의 예

> **Students should be encouraged to take part in exchange programmes in today's globalised world.**
>
> **To what extent do you agree or disagree with this opinion?**
>
> 학생들은 오늘날의 국제화된 세계에서 교환 학생 프로그램에 참여하도록 장려되어야 한다.
>
> 이 의견에 어느 정도까지 동의 또는 동의하지 않는가?

📋 아웃라인

```
본론 1   이유 1
         rapidly learn another language
         또 다른 언어를 빨리 배울 수 있음

         구체적 근거
         - have to use this language
           every day
           그 언어를 매일 사용해야만 함

         - ex) survey: students
               become competent in
               2nd language in a short
               time period
           예시) 설문조사: 학생들은 짧은 기간 안에
           제2 언어에 능숙해짐
```

본론 1 단락 완성하기

본론 1의 주제 문장: 이유 1

To begin with, students can rapidly learn another language through an exchange program.

우선, 학생들은 교환 학생 프로그램을 통해 또 다른 언어를 빨리 배울 수 있다.

구체적 근거: 일반적 진술

When students take part in academic programs abroad, [they have to use this language every day.] In this situation, they can become fluent very quickly.

학생들이 해외에서 학술 프로그램에 참여할 때, 그들은 그 언어를 매일 사용해야만 한다. 이 경우에, 학생들은 매우 빨리 유창해질 수 있다.

구체적 근거: 예시

In fact, [a recent survey has shown that students who study internationally can become competent in a second language in a short time period.] Meanwhile, students who do not participate in exchange programs may take several years to reach the same level.

사실, 최근의 설문조사 결과는 국제적으로 공부한 학생들이 짧은 기간 안에 제2 언어에 능숙해질 수 있음을 보여준다. 한편, 교환 학생 프로그램에 참여하지 않은 학생들이 같은 수준에 도달하기 위해서는 몇 년이 걸릴 수도 있다.

1. **본론의 주제 문장 쓰기** ─핵심문장─

   연결어 'To begin with'를 이용해 아웃라인에서 정리한 첫 번째 이유 1. rapidly learn another language를 문장으로 작성합니다.

2. **구체적 근거 쓰기**

   구체적 근거는 일반적 진술과 예시로 구성합니다. 먼저, 일반적 진술로 연결어 'In fact'를 이용하여 '학생들이 해외에서 학술 프로그램에 참여할 때, 그 언어를 매일 사용해야만 한다'는 내용을 제시합니다. 그에 대한 예시로 '국제적으로 공부한 학생들은 짧은 기간 안에 제2 언어에 능숙해진다'는 설문조사 내용을 작성합니다.

결론 단락 완성하기

결론은 에세이 전체를 마무리하는 단락으로, 요약 및 맺음말로 구성됩니다. 본론에서 설명한 내용을 마지막으로 요약한 다음, 서론에서 언급한 나의 의견을 한 번 더 강조하면서 글을 끝맺습니다.

1. 요약 쓰기

요약 문장은 결론 단락을 시작하는 문장으로, 본론에서 다루었던 내용을 다른 표현을 사용해 다시 한번 정리합니다. 다음의 연결어들을 활용하여 요약 문장을 작성합니다.

To sum up,	요약하자면,
In summary,	요약하자면,
In conclusion,	결론적으로,
Overall,	전반적으로,
In short,	요컨대,

2. 맺음말 쓰기

맺음말 문장에서는 서론에서 언급한 나의 의견을 한 번 더 강조해 작성하면서 에세이를 명확하게 끝맺습니다. 다음의 연결어들을 사용하여 맺음말 문장을 작성합니다.

For these reasons,	이러한 이유로,
In this regard,	이러한 점에서,
In this sense,	이러한 점에서,
Because of this,	이러한 이유로,
Therefore,	그러므로,

✅ **TIP**

주어진 문제의 과제에 따라, 다음과 같은 표현을 사용하여 요약과 맺음말을 따로 작성하지 않고, 한 문장으로 작성할 수도 있습니다.

- To sum up, while it is apparent that ~, it is undeniable that ….
  요약하자면, ~은 분명하지만, …을 부인할 수 없다.

  EX To sum up, while it is apparent that driving a car makes life more convenient, it is undeniable that it pollutes the air.
  요약하자면, 차를 운전하는 것은 삶을 더 편리하게 만드는 것이 분명하지만, 그것이 공기를 오염시키는 것임을 부인할 수 없다.

- To sum up, while there are some (dis)advantages to ~, it is evident that ….
  요약하자면, ~에 장(단)점이 있지만, …은 분명하다.

  EX To sum up, while there are some disadvantages to constructing more railways, it is evident that the advantages outweigh the drawbacks.
  요약하자면, 더 많은 철도를 건설하는 것에 몇몇 단점들이 있지만, 장점이 단점보다 더 크다는 것은 분명하다.

결론 단락 완성하기의 예

> **Students should be encouraged to take part in exchange programmes in today's globalised world.**
>
> **To what extent do you agree or disagree with this opinion?**
>
> 학생들은 오늘날의 국제화된 세계에서 교환 학생 프로그램에 참여하도록 장려되어야 한다.
>
> 이 의견에 어느 정도까지 동의 또는 동의하지 않는가?

📋 아웃라인

서론	**나의 의견** **Agree** 찬성
본론 1	**이유 1** rapidly learn another language 또 다른 언어를 빨리 배울 수 있음
본론 2	**이유 2** have better job opportunities 더 나은 취업 기회를 가짐

결론 단락 완성하기

요약

To sum up, studying abroad can [rapidly improve students' abilities in a foreign language] and [enhance their job prospects.]

요약하자면, 해외에서 공부하는 것은 학생들의 외국어 능력을 빨리 향상시킬 수 있고 그들의 취업 가능성을 높일 수 있다.

맺음말

For these reasons, [I think that we should promote exchange programs.]

이러한 이유로, 나는 우리가 교환 학생 프로그램을 장려해야 한다고 생각한다.

1. **요약 쓰기**

   '요약하자면'이라는 의미의 연결어 'To sum up'을 이용해 본론에서 다루었던 나의 의견에 대한 두 가지 이유를 간단히 요약합니다. 이때, 본론에서 사용한 표현과 약간 다른 표현을 사용해서 작성합니다.

2. **맺음말 쓰기**

   '이러한 이유로'라는 의미의 연결어 'For these reasons'를 이용해 서론에서 언급한 나의 의견을 다시 한번 강조하며 에세이를 마무리합니다.

완성된 전체 에세이는 **p.232** <에세이 쓰기 단계 예시>에서 확인하세요.

지금까지 Task 2 에세이 쓰기의 각 단계에 따라 에세이를 작성하는 방법에 대해 학습했습니다. 아래 예시를 보며 에세이 쓰기 단계를 실제로 따라가봅시다.

Students should be encouraged to take part in exchange programmes in today's globalised world.
To what extent do you agree or disagree with this opinion?

학생들은 오늘날의 국제화된 세계에서 교환 학생 프로그램에 참여하도록 장려되어야 한다.
이 의견에 어느 정도까지 동의 또는 동의하지 않는가?

---

1. 아웃라인 잡기

서론	나의 의견	**Agree** 찬성
본론 1	이유 1	rapidly learn another language 또 다른 언어를 빨리 배울 수 있음
	구체적 근거	- have to use this language every day 그 언어를 매일 사용해야만 함
		- ex) survey: students become competent in 2nd language in a short time period 예시) 설문조사: 학생들은 짧은 기간 안에 제2 언어에 능숙해짐
본론 2	이유 2	have better job opportunities 더 나은 취업 기회를 가짐
	구체적 근거	- learn skills beneficial in a global business environment 국제 비즈니스 환경에서 유용한 기술을 배움
		- ex) multinational companies prefer applicants with experience of studying overseas 예시) 다국적 기업들은 해외에서 공부한 경험이 있는 지원자들을 선호함

2. 에세이 쓰기

서론

핵심 문장

도입 **It is a common belief that** studying abroad may not be helpful to students. 나의 의견 **[However, I firmly believe that** exchange programs should be encouraged in today's interconnected world.**]** This is because they allow students to develop their foreign language skills quickly and improve their career prospects.

본론 1

이유 1 핵심문장 **[To begin with**, students can rapidly learn another language through an exchange program.**]** 구체적 근거: 일반적 진술 When students take part in academic programs abroad, they have to use this language every day. In this situation, they can become fluent very quickly. 구체적 근거: 예시 In fact, a recent survey has shown that students who study internationally can become competent in a second language in a short time period. Meanwhile, students who do not participate in exchange programs may take several years to reach the same level.

본론 2

이유 2 핵심문장 **[On top of that**, exchange students have better job opportunities after graduation.**]** 구체적 근거: 일반적 진술 When students study in another country, they are able to learn skills that would be beneficial in a global business environment. These skills make them highly desirable candidates for many jobs. 구체적 근거: 예시 For example, in an international business setting, employees should have both an understanding of other cultures and good foreign language skills. Since students who study abroad develop those abilities, they are considered to be more qualified than others. Therefore, many multinational companies prefer applicants who have experience of studying overseas.

결론

요약 **To sum up**, studying abroad can rapidly improve students' abilities in a foreign language and enhance their job prospects. 맺음말 **For these reasons**, I think that we should promote exchange programs.

해석

서론 **도입** 해외에서 공부하는 것이 학생들에게 도움이 되지 않을 수도 있다는 것은 일반적인 생각이다. **나의 의견** 하지만, 나는 오늘날의 상호 연결된 세계에서 교환 학생 프로그램이 장려되어야 한다고 굳게 믿는다. 이는 그것들이 학생들에게 외국어 능력을 빠르게 발달시키고 직업 전망을 향상시키도록 하기 때문이다.

본론 1 **이유 1** 우선, 학생들은 교환 학생 프로그램을 통해 또 다른 언어를 빨리 배울 수 있다. **구체적 근거: 일반적 진술** 학생들이 해외에서 학술 프로그램에 참여할 때, 그들은 그 언어를 매일 사용해야만 한다. 이 경우에, 학생들은 매우 빨리 유창해질 수 있다. **구체적 근거: 예시** 사실, 최근의 설문조사 결과는 국제적으로 공부한 학생들이 짧은 기간 안에 제2 언어에 능숙해질 수 있음을 보여준다. 한편, 교환 학생 프로그램에 참여하지 않은 학생들이 같은 수준에 도달하기 위해서는 몇 년이 걸릴 수도 있다.

본론 2 **이유 2** 게다가, 교환 학생들은 졸업 이후에 더 나은 취업 기회를 가진다. **구체적 근거: 일반적 진술** 학생들이 다른 나라에서 공부할 때, 그들은 국제 비즈니스 환경에서 유용한 기술을 배울 수 있다. 이러한 기술들은 많은 일자리에서 그들을 매우 매력적인 지원자로 만든다. **구체적 근거: 예시** 예를 들어, 국제적인 비즈니스 환경에서 직원들은 다른 문화에 대한 이해력과 훌륭한 외국어 기술 모두를 가져야 한다. 해외에서 공부한 학생들은 이러한 능력들을 발달시켰기 때문에, 그들은 다른 사람들보다 더 자격이 있다고 여겨진다. 그러므로, 많은 다국적 기업들은 해외에서 공부한 경험이 있는 지원자들을 선호한다.

결론 **요약** 요약하자면, 해외에서 공부하는 것은 학생들의 외국어 능력을 빨리 향상시킬 수 있고 그들의 취업 가능성을 높일 수 있다. **맺음말** 이러한 이유로, 나는 우리가 교환 학생 프로그램을 장려해야 한다고 생각한다.

리얼터 실전 대비하기

4th Week

3일

Hackers IELTS Writing Basic

문제를 읽고 주어진 아웃라인을 참고하여 에세이의 단락을 완성하세요.

01

> **Nutrition education should be taught in primary schools.**
> **To what extent do you agree or disagree with this opinion?**

Give reasons for your answer and include any relevant examples from your own knowledge or experience.

Write at least 250 words.

문제 파악 및 힌트

'영양 교육은 초등학교에서 가르쳐져야 한다'는 주제에 찬성하는지 또는 반대하는지를 묻는 문제입니다. 찬성하는 것으로 나의 의견을 정하고, 주어진 아웃라인을 바탕으로 에세이의 각 단락을 완성해봅시다.

아웃라인

서론	나의 의견	**Agree** 찬성
본론 1	이유 1	precise knowledge about nutrition is essential for children 영양에 대한 정확한 지식은 아이들에게 필수적임
	구체적 근거	- by learning from nutritionists, students access correct information 영양사들에게 배움으로써, 학생들은 올바른 정보에 접근함 - ex) survey: people follow false health tips from the Internet 예시) 설문조사: 사람들이 인터넷상의 잘못된 건강 정보를 따름
본론 2	이유 2	learning about healthy eating habits in school can be effective 학교에서 건강한 식습관에 대해 배우는 것은 효과적일 수 있음
	구체적 근거	- students are easily influenced by their classmates 학생들은 급우들에게 쉽게 영향을 받음 - ex) if a child eats vegetables at school, others are more likely to try them 예시) 한 아이가 학교에서 채소를 먹을 때, 다른 아이들도 채소를 먹으려고 시도해 볼 가능성이 더 높음

📑 에세이 쓰기

서론 쓰기

도입

① _____

_____.

초등학교 어린이들은 영양에 대해 배우기에는 너무 어리다는 것이 일반적인 생각이다.

나의 의견

However, I firmly believe that primary schools should teach nutrition education to their

students. ② _____

_____.

하지만, 나는 초등학교에서 그들의 학생들에게 영양 교육을 가르쳐야 한다고 굳게 믿는다. 이는 올바른 영양에 대해 배우는 것이 아이들에게 중요하고, 이것을 실행할 가장 효과적인 장소는 학교이기 때문이다.

본론 1 쓰기

이유 1

To begin with, precise knowledge about nutrition is essential for children.

우선, 영양에 대한 정확한 지식은 아이들에게 필수적이다.

구체적 근거: 일반적 진술

③ _____

_____.

Gaining accurate knowledge about these topics early on is important because it can

influence students' lifelong wellbeing.

학교의 영양사들에게 이 주제에 대해 배움으로써, 학생들은 건강한 식품 선택에 대한 올바른 정보에 접근할 수 있다. 이러한 내용들에 대해 어릴 때 정확한 정보를 얻는 것은 중요한데, 이것이 학생들의 평생 건강에 영향을 줄 수 있기 때문이다.

---

④ _____

_____.

People who do this tend to develop unhealthy habits based on these inaccurate sources of information. Expanding nutrition education will ensure that younger generations do not rely on incorrect information.

실제로, 최근의 설문조사 결과는 많은 사람들이 인터넷상의 잘못된 건강 정보를 따른다고 밝혔다. 이렇게 하는 사람들은 이러한 부정확한 정보의 출처를 바탕으로 건강하지 않은 습관을 기르는 경향이 있다. 영양 교육을 확대하는 것은 젊은 세대가 틀린 정보에 의존하지 않도록 할 것이다.

본론 2 쓰기

이유 2

On top of that, learning about healthy eating habits in school can be very effective.

게다가, 학교에서 건강한 식습관에 대해 배우는 것은 매우 효과적일 수 있다.

구체적 근거: 일반적 진술

⑤ _____.

They generally look at members of their peer group and follow their lead. With regard to nutrition, seeing what their friends eat can motivate students to establish healthy eating habits.

학생들은 그들의 급우들에 의해 쉽게 영향을 받는다. 그들은 일반적으로 또래 집단의 구성원들을 보고 따라 한다. 영양에 관해서, 그들의 친구들이 무엇을 먹는지 보는 것은 학생들이 건강한 식습관을 확립하도록 동기를 부여할 수 있다.

구체적 근거: 예시

⑥ _____

_____.

These students may give them a chance even if they normally dislike vegetables.

예를 들어, 학교에서 한 아이가 채소를 먹을 때, 그 아이의 학급에 있는 다른 아이들이 채소를 먹으려고 시도해볼 가능성이 더 높다. 이 학생들은 그들이 보통 때는 채소를 싫어할지라도 그것들을 시도해볼지도 모른다.

결론 쓰기

요약

⑦ _____

_____.

요약하자면, 아이들에게는 어릴 때부터 적절한 영양 교육이 필요하고, 건강하게 먹는 것을 알게 될 최고의 장소는 학교이다.

맺음말

⑧ _____

_____.

이러한 이유로, 나는 초등학교에서 그들의 학생들에게 영양에 대해 가르쳐야 한다고 믿는다.

모범답변 및 해석 p.316

🌐 문제를 읽고 주어진 아웃라인을 참고하여 에세이의 단락을 완성하세요.

01

> *Some people think that governments should provide Internet access at no charge. Others, however, argue that people should pay for this service.*
>
> *Discuss both these views and give your own opinion.*

Give reasons for your answer and include any relevant examples from your own knowledge or experience.

Write at least 250 words.

📋 아웃라인

서론	나의 의견	people should pay for access to the Internet 사람들은 인터넷에 접속하기 위해 비용을 지불해야 함
본론 1	반대 내용	providing free Internet service: benefits citizens financially 시민들에게 재정적으로 이롭기 때문에 무료 인터넷 서비스를 제공해야 함
	구체적 근거	- everyone needs access to the Internet, but it can be expensive 모든 사람들은 인터넷 접속이 필요하지만, 비쌀 수 있음 - ex) Korea: Internet services cost households about $100 per month 예시) 한국: 인터넷 서비스는 가구당 월 100달러 정도의 비용을 지불함
본론 2	찬성 내용	citizens should pay: governments must deal with more urgent issues 정부는 더 시급한 문제들을 처리해야 하기 때문에 시민들이 비용을 지불해야 함
	구체적 근거	- still major problems with people living in poverty 빈곤하게 사는 사람들에 대한 중요한 문제들이 여전히 있음 - ex) US: some people not being able to pay for basic needs 예시) 미국: 일부 사람들은 기초 생활에 필요한 돈을 지불할 수 없음

📑 에세이 쓰기

서론 쓰기

도입

① _____

_____ .

정부가 시민들에게 인터넷 접속을 무료로 제공해야 한다는 것은 일반적인 생각이다.

나의 의견

② _____

_____ .

③ _____

_____ .

하지만, 사람들이 인터넷에 접속하기 위해 직접 비용을 지불해야 한다는 것에 대한 더 설득력 있는 주장이 있다. 이는 정부가 그들의 자금을 써야 하는 더 중요한 분야들이 있기 때문이다.

본론 1 쓰기

반대 내용

④ _____

_____ .

한편으로는, 무료 인터넷 서비스를 제공하는 것이 시민들에게 재정적으로 이로울 것이다.

구체적 근거: 일반적 진술

⑤ _____

_____ .

⑥ _____

_____ .

인터넷은 우리 일상 생활에서 매우 중요하기 때문에, 모든 사람들이 접속을 필요로 한다. 하지만, 인터넷 연결에 매달 요금을 지불하는 것은 꽤 비쌀 수 있다.

⑦ _____

_____ .

This amount of money accounts for almost 10 percent of monthly living expenses. If the government offered free Internet, citizens would be able to save the money that they normally have to spend on Internet access.

예를 들어, 한국에서는 인터넷에 연결하는데 가구당 월 100달러 정도의 비용을 지불한다. 이 금액은 한 달 생활비의 거의 10퍼센트 정도를 차지한다. 만일 정부가 무료 인터넷을 제공한다면, 시민들은 보통 때에 인터넷 접속에 써야 하는 돈을 절약할 수 있을 것이다.

본론 2 쓰기

찬성 내용

⑧ _____

_____ .

그럼에도 불구하고, 시민들은 인터넷 서비스에 비용을 지불해야 하는데, 이는 정부가 더 시급한 문제들을 처리해야만 하기 때문이다.

구체적 근거: 일반적 진술

⑨ _____

_____ .

They need financial assistance from their governments, but governmental budgets are limited.

오늘날, 빈곤하게 사는 사람들에 관한 중요한 문제들이 여전히 있다. 그들은 정부로부터의 재정적인 도움이 필요하지만, 정부 예산은 제한적이다.

구체적 근거: 예시

For example, in the United States, some people are not able to pay for their basic needs, such as food and shelter, on their own. These people need financial aid for their living expenses. In this situation, providing them with the funds for essential needs is more important than supplying free Internet.

예를 들어, 미국에서는 일부 사람들은 음식과 주거지 같은, 기초 생활에 필요한 돈을 스스로 지불할 수 없다. 이러한 사람들은 그들의 생활비를 위한 재정적 도움이 필요하다. 이러한 상황에서, 그들에게 필수적인 것들을 위한 자금을 제공하는 것은 무료 인터넷을 공급하는 것보다 더 중요하다.

결론 쓰기

맺음말

⑩ _____

_____

_____.

요약하자면, 무료 인터넷 접속을 제공하는 것이 시민들에게 재정적으로 이로울 것임은 분명하지만, 정부 자금에 대해서는 더 시급한 용도가 있다는 것을 부인할 수 없다.

모범답변 및 해석 p.317

4일 Task 1 분석메모 작성하기

Task 1에서는 문제에 제시된 시각자료를 분석하여 요약문을 작성하는 과제가 주어집니다. 4일에서는 논리적인 요약문을 작성하기 위해 먼저 요약문의 구조에 맞게 분석메모를 작성하는 방법을 학습합니다. 시각자료를 분석하고, 분석 내용을 요약문의 구조에 따라 정리하는 방법을 익히면 요약문의 큰 틀을 쉽게 잡을 수 있습니다.

 문제 파악하기

좋은 요약문을 작성하기 위해서는 문제와 시각자료를 충분히 파악하여 주어진 과제를 정확하게 이해해야 합니다. 이를 위해 가장 먼저 문제와 시각자료에서 나타나는 기본 정보를 파악합니다.

1. 시각자료의 유형을 확인합니다. 참고로, 시각자료의 유형들은 4주 Intro에서 확인할 수 있습니다.

2. 시각자료의 주제를 파악하고 문제의 지시사항을 확인합니다. 시각자료의 주제는 문제와 시각자료의 제목을 통해 파악할 수 있습니다.

3. 시각자료의 유형에 따라 x축과 y축, 항목이나 단계별 과정을 파악합니다. 이때, 시각자료에 나타나는 정보의 변화나 단계별 특징을 분석할 준비를 하면 좋습니다.

문제 파악하기의 예

시각자료의 주제
'1950년과 2000년에 5가지 주요 직군에 종사하는 뉴욕주 주민의 비율'임을 확인합니다.

문제의 지시사항
그래프의 주요 특징을 서술하고, 요약 및 비교하라는 문제의 지시사항을 확인합니다.

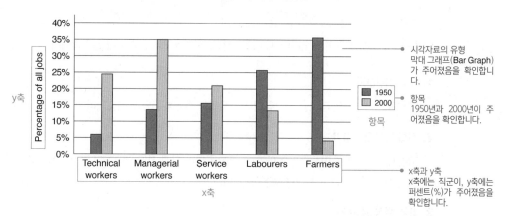

New York State Workforce: 1950 & 2000

시각자료의 유형
막대 그래프(Bar Graph)가 주어졌음을 확인합니다.

항목
1950년과 2000년이 주어졌음을 확인합니다.

x축과 y축
x축에는 직군이, y축에는 퍼센트(%)가 주어졌음을 확인합니다.

② 분석메모 작성하기

시각자료의 주제와 특징, 변화 양상을 분석한 내용을 분석메모에 간단히 정리해두면 요약문을 효과적으로 구성하고 분석 내용들을 긴밀하게 연결하는 데 도움이 됩니다.

분석메모는 요약문의 구조에 따라 작성합니다. 요약문은 <주제, 전체 특징, 세부 특징>의 구조로 쓰는 것이 효과적입니다.

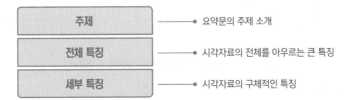

요약문의 구조에 맞추어 각 단락에서 다룰 내용을 분석메모에 간략하게 정리합니다.

1. 주제 메모하기

문제와 시각자료의 제목을 참고하여 시각자료의 주제를 간단히 적습니다.

2. 전체 특징 메모하기

시각자료의 전체를 아우르는 눈에 띄는 특징을 한두 가지 정도 분석하여 간략하게 적습니다. 이때, 특징이 크게 두드러지는 순서대로 작성하면 좋습니다.

3. 세부 특징 메모하기

각 항목들의 특징과 시간에 따른 변화 등 구체적인 내용을 적습니다. 시각자료에 나온 수치나 연도 등을 함께 메모합니다. 이때, 시각자료 특징을 단순히 나열하지 않고 항목들을 서로 비교하거나 대조해 분석메모에 정리해두면 더 풍부한 내용의 요약문을 작성할 수 있습니다.

✅ TIP 1

어떤 과정이나 단계를 보여주는 다이어그램에 대한 분석메모를 작성할 때에는 "전체 특징"에 다이어그램의 전체 단계에 대한 간략한 설명을 적고, "세부 특징"에는 각 단계별 특징을 재료의 양, 비율 등 구체적인 내용을 포함하여 적을 수 있습니다.

✅ TIP 2

분석메모는 빠른 시간 안에 요약문을 쓰기 위한 재료를 정리하는 과정이므로, 반드시 영어로 작성할 필요는 없습니다. 한글과 영어 중 편한 쪽을 선택해 쓰거나, 두 언어를 함께 사용해도 좋습니다. 또한 기호나 약어를 함께 사용하면 간단히 작성할 수 있습니다.

✅ TIP 3

간혹, 여러 시각자료가 동시에 제시된 문제가 출제되기도 합니다. 이 경우에는 각각의 시각자료에 대한 분석메모를 나누어 작성하고, 시각자료당 한 단락씩 구성하면 균형 있는 요약문을 작성할 수 있습니다.

분석메모 작성하기의 예

> **The chart below gives information on the percentage of New York State residents working in each of the five main job categories in 1950 and 2000.**
>
> **Summarise the information by selecting and reporting the main features, and make comparisons where relevant.**
>
> 아래 차트는 1950년과 2000년에 5가지 주요 직군에 종사하는 뉴욕주 주민의 비율에 대한 정보를 보여준다.
>
> 주요 특징들을 선택하고 서술함으로써 정보를 요약하고, 관련 있는 것들을 비교하시오.

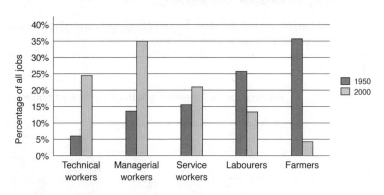

New York State Workforce: 1950 & 2000

📝 분석메모

주제	New York State workforce in 1950 & 2000 1950년과 2000년에 뉴욕주의 노동인구
전체 특징	- changed greatly between 2 years 두 연도 사이에 크게 변했음
	- 1950: labourers & farmers made up the majority 1950년에는 노동자와 농부가 대다수를 차지함
	- 2000: managerial & technical workers dominate 2000년에는 관리직과 기술직 근로자가 우위를 차지함
세부 특징	- 1950: farmers- the largest, at more than 35% 1950년에 농부가 35퍼센트 이상으로 가장 큰 것이 됨
	: followed by labourers & service workers 노동자와 서비스직 근로자가 그 뒤를 이음
	: technical workers- the smallest 기술직 근로자는 가장 적은 부분임
	- 2000: managerial & technical workers were larger 2000년에 관리직 근로자와 기술직 근로자 부분이 커짐
	: relatively little change in service workers 서비스직 근로자는 비교적 적은 변화가 있음
	: farmers declined the most 농부는 가장 많이 감소함
	: labourers fell by half 노동자는 절반으로 감소함

1. 주제 메모하기

   '1950년과 2000년에 뉴욕주의 노동인구'를 주제로 적습니다.

2. 전체 특징 메모하기

   '두 연도 사이에 큰 변화가 있었다'는 것과 '1950년에는 노동자와 농부가 대다수를 차지했다'는 내용, 그리고 '2000년에는 관리직과 기술직 근로자가 우위를 차지했다'는 내용을 전체 특징으로 적습니다.

3. 세부 특징 메모하기

   1950년과 2000년의 각 항목별 특징들을 구체적인 수치를 포함하거나 비교하여 세부 특징으로 적습니다.

🌐 다음 시각자료를 분석하고 요약문의 분석메모를 완성하세요.

01

> *The chart below shows the rate of obesity in American children and teenagers between 1970 and 2010.*
>
> *Summarise the information by selecting and reporting the main features, and make comparisons where relevant.*

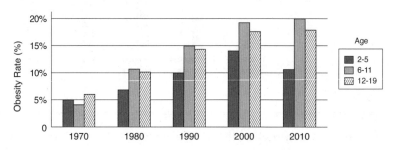

Percentage of American youth classified as obese

💡 문제 파악 및 힌트

1970년과 2010년 사이에 미국 어린이와 십 대의 비만율 변화를 막대 그래프(**Bar Graph**)로 표현한 문제입니다. 항목(연령대), x축(5개 연도), y축(비만율)을 확인하고, 시각자료의 주제와 전체 특징을 분석메모에 정리해봅시다.

📝 분석메모

주제	_____
전체 특징	- _____
	- _____
세부 특징	- 6–11: grew by 16%p over the 40-year period
	: in 1970, had the lowest rate at 4%, however, 20% by 2010
	- 12–19: tripled, rising from 6% in 1970 to 18% in 2010
	- 2–5: despite doubling, only group to show any decline during the given period
	: in 2010, fell to 11% from 14% in 2000

02

> **The maps below show the changes that took place around Alice Drive between 1990 and 2010.**
>
> **Summarise the information by selecting and reporting the main features, and make comparisons where relevant.**

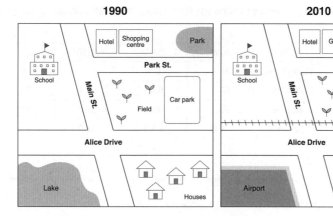

💡 문제 파악 및 힌트

1990년과 2010년 사이에 **Alice Drive** 주변에서 일어난 변화를 지도(**Map**)로 표현한 문제입니다. 지도에 나타난 도로, 건물 등의 요소와 그 변화를 확인하고, 시각자료의 주제와 전체 특징을 분석메모에 정리해봅시다.

📝 분석메모

주제	_____
전체 특징	- _____
	- _____
세부 특징	- railway: parallel to Alice Dr.
	- 1st St.: added north of Park St.
	- shopping centre: a gallery took its place
	- car park: halved in size & the station was built next to it

모범답변 및 해석 p.319

🌐 다음 시각자료를 분석하고 요약문의 분석메모를 완성하세요.

01

> The table below gives information on passenger numbers at four airports over a 15-year period.
>
> Summarise the information by selecting and reporting the main features, and make comparisons where relevant.

Annual passenger totals for four major international airports, 2000-2015

(in millions)

Airport	2000	2005	2010	2015
Hong Kong	28.6	32.4	42.0	55.4
Tokyo	56.4	63.3	64.2	75.3
Detroit	35.5	36.4	32.4	33.4
Toronto	28.9	29.9	31.9	41.0

📋 분석메모

주제	passenger numbers at 4 airports in 2000-2015
전체 특징	- _____
	- _____
세부 특징	- Tokyo: _____
	- Hong Kong: _____
	- Toronto: experienced a relatively small increase
	: 12.1 mil. more passengers traveling in 2015 than in 2000
	- Detroit: rose in 2005, then fell by 4 mil. in 2010
	: increased again in 2015, but served fewer than in 2000

02

> *The chart below shows the rate of renewable energy production in California from 1985 to 2015.*
>
> *Summarise the information by selecting and reporting the main features, and make comparisons where relevant.*

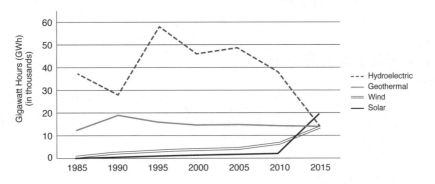

California's Annual Renewable Energy Production

📋 분석메모

주제	the rate of renewable energy production in California, 1985-2015

전체 특징
- hydroelectric: _____
- geothermal: _____
- wind, solar: _____

세부 특징
- hydroelectric: _____
- geothermal: _____
- wind: _____
- solar: _____

모범답변 및 해석 p.320

라이팅 실전 대비하기 **4th Week**

4일

Hackers IELTS Writing Basic

앞서 시각자료를 분석한 내용을 요약문의 구조에 맞게 분석메모로 작성하는 방법을 배웠습니다. 이를 바탕으로 5일에서는 본격적으로 단락을 써보기 전에 요약문의 핵심 문장들을 써보는 연습을 하겠습니다.

주제	주제 문장
전체 특징	전체 특징의 도입 문장 ᴴᴬᴺ + 전체 특징 추가 내용
세부 특징	세부 특징의 도입 문장 ᴴᴬᴺ + 세부 특징 추가 내용

 주제 문장 쓰기 _핵심 문장_

주제 문장은 요약문을 시작하는 문장으로, 시각자료가 어떤 주제의 정보를 담고 있는지 설명해주는 핵심 문장입니다. 주제 문장은 한 문장으로 간결하게 작성하며, 이 문장으로 요약문의 주제 단락을 완성할 수 있습니다.

1. 주제 표현 쓰기

시각자료와 문제에서 파악한 내용을 바탕으로 아래의 표현을 활용하여 시각자료의 주제 문장을 시작합니다. 시각자료의 유형에 따라 적절한 표현을 사용하면 됩니다.

The bar graph shows ~	막대 그래프는 ~을 보여준다
The line graph demonstrates ~	선 그래프는 ~을 설명한다
The pie chart contains data about ~	파이 차트는 ~에 대한 데이터를 포함한다
The table gives information about ~	표는 ~에 대한 정보를 제공한다
The map illustrates ~	지도는 ~를 설명한다
The diagram visualizes ~	다이어그램은 ~을 시각화한다

2. 주제 내용 쓰기

주어진 문제와 시각자료의 제목을 참고하여 요약문의 주제를 한 문장으로 씁니다. 이때, 문제에 주어진 문장을 그대로 쓰지 않고 약간 다른 표현으로 바꾸어 표현합니다.

주제 문장 쓰기의 예

> **The chart below gives information on the percentage of New York State residents working in each of the five main job categories in 1950 and 2000.**
>
> **Summarise the information by selecting and reporting the main features, and make comparisons where relevant.**
>
> 아래 차트는 1950년과 2000년에 5가지 주요 직군에 종사하는 뉴욕주 주민의 비율에 대한 정보를 보여준다.
>
> 주요 특징들을 선택하고 서술함으로써 정보를 요약하고, 관련 있는 것들을 비교하시오.

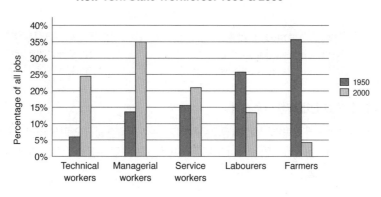

New York State Workforce: 1950 & 2000

📋 분석메모

> **주제**
> New York State workforce
> in 1950 & 2000
> 1950년과 2000년에 뉴욕주의 노동인구

주제 문장 쓰기

1. 주제 표현 쓰기

The bar graph shows

+

2. 주제 내용 쓰기

[the percentage of New York State workers who were employed in the state's five main occupation categories in 1950 and 2000]

주제 문장

The bar graph shows [the percentage of New York State workers who were employed in the state's five main occupation categories in 1950 and 2000.]

막대 그래프는 1950년과 2000년에 주의 5개 주요 직군에 고용된 뉴욕주 근로자의 비율을 보여준다.

1. 주제 표현 쓰기

'막대 그래프는 ~을 보여준다'라는 의미의 'The bar graph shows ~' 표현을 이용하여 주제 문장을 시작합니다.

2. 주제 내용 쓰기

주어진 문제와 시각자료의 제목을 참고하되 약간 다른 표현으로 바꾸어 주제 문장을 작성합니다.

전체 특징의 도입 문장 쓰기 핵심 문장

전체 특징의 도입 문장은 전체 특징 단락을 시작하는 문장으로, 이 단락에서 시각자료의 전체 특징을 다룰 것임을 명확히 해주는 핵심 문장입니다. 전체 특징의 도입 문장에서는 분석메모에서 정리한 첫 번째 전체 특징의 내용을 설명합니다.

1. 전체 특징의 도입 표현 쓰기

다음의 표현을 활용하여 '전반적으로, ~임이 명확하다'라는 내용으로 전체 특징의 도입 문장을 시작합니다.

Overall, it is clear that ~	전반적으로, ~임이 명확하다
Overall, it is apparent that ~	전반적으로, ~임이 분명하다
On the whole, it is evident that ~	전체적으로, ~임이 분명하다

2. 첫 번째 전체 특징 내용 쓰기

분석메모에 첫 번째 전체 특징으로 정리한 분석 내용을 문장으로 작성합니다. 이때, 시각자료에서 가장 두드러지는 전체적인 변화나 차이를 전체 특징의 도입 문장으로 적는 것이 좋습니다.

전체 특징의 도입 문장 쓰기의 예

> The chart below gives information on the percentage of New York State residents working in each of the five main job categories in 1950 and 2000.
>
> Summarise the information by selecting and reporting the main features, and make comparisons where relevant.
>
> 아래 차트는 1950년과 2000년에 5가지 주요 직군에 종사하는 뉴욕주 주민의 비율에 대한 정보를 보여준다.
>
> 주요 특징들을 선택하고 서술함으로써 정보를 요약하고, 관련 있는 것들을 비교하시오.

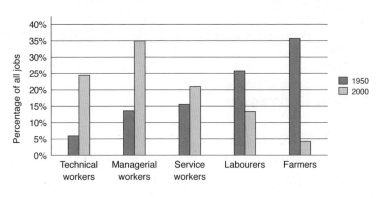

New York State Workforce: 1950 & 2000

📋 분석메모

전체 특징

- changed greatly between 2 years
  두 연도 사이에 크게 변했음
- 1950: labourers & farmers made up the majority
  1950년에는 노동자와 농부가 대다수를 차지함
- 2000: managerial & technical workers dominate
  2000년에는 관리직과 기술직 근로자가 우위를 차지함

전체 특징의 도입 문장 쓰기

1. 전체 특징의 도입 표현 쓰기

> **Overall, it is clear that**

+

2. 첫 번째 전체 특징 내용 쓰기

> [the percentage of workers in each category changed greatly between the two years]

전체 특징의 도입 문장

Overall, it is clear that [the percentage of workers in each category changed greatly between the two years.]

전반적으로, 각 범주에 속하는 근로자들의 비율은 두 연도 사이에 크게 변했음이 명확하다.

1. 전체 특징의 도입 표현 쓰기
   '전반적으로, ~임이 명확하다'라는 의미의 'Overall, it is clear that ~' 표현을 이용해 전체 특징의 도입 문장을 시작합니다.

2. 첫 번째 전체 특징 내용 쓰기
   분석메모에서 첫 번째 전체 특징으로 적은 '각 범주에 속하는 근로자들의 비율은 두 연도 사이에 크게 변했다'는 내용을 문장으로 작성합니다.

세부 특징의 도입 문장 쓰기 핵심 문장

세부 특징의 도입 문장은 세부 특징 단락을 시작하는 문장으로, 이 단락에서 시각자료의 세부 특징을 다룰 것임을 명확히 해주는 핵심 문장입니다. 세부 특징의 도입 문장에서는 분석메모에서 정리한 첫 번째 세부 특징의 내용을 설명합니다.

1. 세부 특징의 도입 표현 쓰기

다음의 표현을 활용하여 '그래프를 더 자세히 살펴보면, ~임을 알 수 있다'라는 내용으로 세부 특징의 도입 문장을 시작합니다.

Looking at the graph more closely, one can see that ~	그래프를 더 자세히 살펴보면, ~임을 알 수 있다
According to the data,	자료에 따르면,
Based on this information,	이 정보에 근거하면,
As seen from the graph,	그래프에서 보여지는 것 같이,

2. 첫 번째 세부 특징 내용 쓰기

분석메모에 첫 번째 세부 특징으로 정리한 분석 내용을 문장으로 작성합니다. 이때, 시각자료에 포함된 수치, 항목의 구성 요소 등을 포함하여 구체적으로 작성합니다.

♥ TIP

어떤 과정이나 단계를 보여주는 다이어그램의 경우에는 첫 번째 과정 또는 단계의 내용으로 세부 특징의 도입 문장을 작성합니다.

세부 특징의 도입 문장 쓰기의 예

> *The chart below gives information on the percentage of New York State residents working in each of the five main job categories in 1950 and 2000.*
>
> *Summarise the information by selecting and reporting the main features, and make comparisons where relevant.*
>
> 아래 차트는 1950년과 2000년에 5가지 주요 직군에 종사하는 뉴욕주 주민의 비율에 대한 정보를 보여준다.
>
> 주요 특징들을 선택하고 서술함으로써 정보를 요약하고, 관련 있는 것들을 비교하시오.

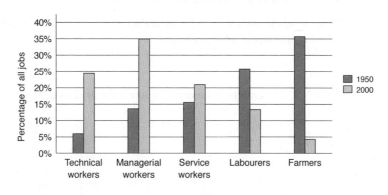

New York State Workforce: 1950 & 2000

📋 분석메모

세부 특징
- 1950: farmers- the largest, at more than 35%
1950년에 농부가 35% 이상으로 가장 큰 것이 됨
: followed by labourers & service workers
노동자와 서비스직 근로자가 그 뒤를 이음
: technical workers - the smallest
기술직 근로자는 가장 적은 부분임
⋮

세부 특징의 도입 문장 쓰기

1. 세부 특징의 도입 표현 쓰기

> **Looking at the graph more closely, one can see that**

➕

2. 첫 번째 세부 특징 내용 쓰기

> [the proportion of farmers was the largest in 1950, at more than 35 percent]

세부 특징의 도입 문장

Looking at the graph more closely, one can see that [the proportion of farmers was the largest in 1950, at more than 35 percent.]

그래프를 더 자세히 살펴보면, 1950년에 농부의 비율이 35퍼센트 이상으로 가장 컸음을 알 수 있다.

1. 세부 특징의 도입 표현 쓰기

   '그래프를 더 자세히 살펴보면, ~임을 알 수 있다'라는 의미의 'Looking at the graph more closely, one can see that ~' 표현을 이용하여 세부 특징의 도입 문장을 시작합니다.

2. 첫 번째 세부 특징 내용 쓰기

   분석메모에서 첫 번째 세부 특징으로 적은 '1950년에 농부의 비율이 35퍼센트 이상으로 가장 컸다'는 내용을 문장으로 작성합니다.

🌐 다음 시각자료를 분석하고 주어진 분석메모를 참고하여 요약문의 핵심 문장을 완성하세요.

01

> *The chart below shows the rate of obesity in American children and teenagers between 1970 and 2010.*
>
> *Summarise the information by selecting and reporting the main features, and make comparisons where relevant.*

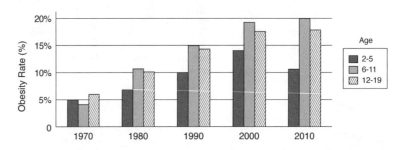

Percentage of American youth classified as obese

💡 문제 파악 및 힌트

1970년과 2010년 사이에 미국 어린이와 십 대의 비만율 변화를 막대 그래프(Bar graph)로 표현한 문제입니다. 주어진 분석메모의 내용을 바탕으로 적절한 표현을 활용하여 요약문의 핵심 문장인 주제 문장을 써봅시다.

📋 분석메모

주제	the rate of obesity in American children and teenagers between 1970 & 2010 1970년과 2010년 사이에 미국 어린이와 십 대의 비만율

전체 특징	- the obesity rate rose for children & teenagers
	  어린이와 십 대의 비만율이 증가함
	- the obesity rate of all age groups more than doubled
	  모든 연령대의 비만율이 두 배 이상이 됨

세부 특징	- 6-11: grew by 16%p over the 40-year period 6-11세는 40년의 기간 동안 16%p가 증가함
	      : in 1970, had the lowest rate at 4%, however, 20% by 2010
	        1970년에 4%로 가장 낮은 비율이었으나, 2010년까지 20%가 됨
	- 12-19: tripled, rising from 6% in 1970 to 18% in 2010
	  12-19세는 세 배가 됨, 1970년에 6%에서 2010년에 18%까지 증가함
	- 2-5: despite doubling, only group to show any decline during the given period
	  2-5세는 두 배가 되었지만, 주어진 기간 동안 어떤 감소를 보인 유일한 집단임
	      : in 2010, fell to 11% from 14% in 2000 2000년의 14%에서 2010년에 11%로 떨어짐

📑 요약문의 핵심 문장

주제 문장

_____

_____.

막대 그래프는 보여준다 / 비만율을 / 미국 청소년기의 세 연령대에서의 / 1970년과 2010년 사이에

전체 특징의 도입 문장

Overall, it is clear that the obesity rate rose for children and teenagers in America.

전반적으로, / 명확하다 / 비만율이 증가했음은 / 어린이와 십 대의 / 미국에서

세부 특징의 도입 문장

Looking at the graph more closely, one can see that the obesity rate for 6-11 year olds

grew by approximately 16 percentage points over the 40-year period.

그래프를 더 자세히 살펴보면, / 알 수 있다 / 6-11세의 비만율은 증가했음을 / 거의 16퍼센트포인트가 / 40년의 기간 동안

모범답변 및 해석 p.321

라이팅 실전 대비하기 4th Week

5일

Hackers IELTS Writing Basic

02

The diagram below shows the various stages in the production of whisky.

Summarise the information by selecting and reporting the main features, and make comparisons where relevant.

Whisky Production Process

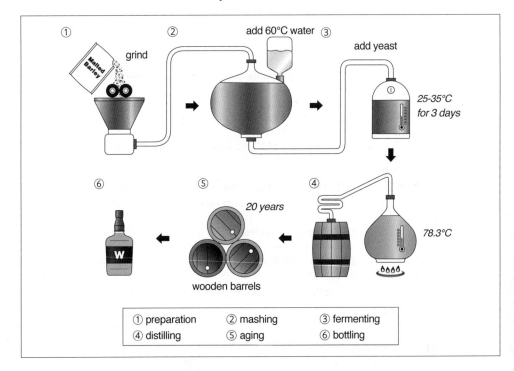

① preparation   ② mashing   ③ fermenting
④ distilling   ⑤ aging   ⑥ bottling

💡 문제 파악 및 힌트

위스키 제조 과정의 여러 단계들을 다이어그램(Diagram)으로 표현한 문제입니다. 주어진 분석메모의 내용을 바탕으로 적절한 표현을 활용하여 요약문의 핵심 문장인 전체 특징 도입 문장과 세부 특징 도입 문장을 써봅시다.

주제	the various stages in the production of whisky
	위스키 제조의 여러 단계들
전체 특징	- made through 6-stage process
	6단계 과정을 통해 만들어짐
	- grains are exposed to various temperatures and transformed into liquor
	곡물은 여러 온도에 노출되어 술로 변형됨
세부 특징	- ①: malted barley is ground in the preparation stage
	①단계에서는 준비 단계로 맥아 보리가 갈아짐
	- ②: 60°C water is added in mashing stage
	②단계에서는 담금 과정으로 60℃의 물이 추가됨
	- ③: yeast is added and fermented at 25~35°C for 3 days
	③단계에서는 효모가 추가되고 25~35℃ 사이에서 3일 동안 발효됨
	- ④: heated to 78.3°C to distill it
	④단계에서는 증류하기 위해 78.3℃에서 가열됨
	- ⑤: aged in wooden barrels for 20 years
	⑤단계에서는 20년 동안 나무통에서 숙성됨
	- ⑥: final product is bottled
	⑥단계에서는 완제품이 병에 담아짐

📑 요약문의 핵심 문장

주제 문장

The diagram shows the multiple steps involved in the whisky-making process.

다이어그램은 보여준다 / 여러 단계들을 / 위스키 제조 과정에 포함되는

전체 특징의 도입 문장

_____

_____ .

전반적으로, / 명확하다 / 위스키가 만들어진다는 것은 / 6단계 과정을 통해

세부 특징의 도입 문장

_____

_____ .

다이어그램을 더 자세히 살펴보면, / 알 수 있다 / 그 과정이 시작된다는 것을 / 맥아 보리가 갈아질 때 / 준비 단계에서

모범답변 및 해석 p.321

다음 시각자료를 분석하고 주어진 분석메모를 참고하여 요약문의 핵심 문장을 완성하세요.

01

> *The table below gives information on passenger numbers at four airports over a 15-year period.*
>
> *Summarise the information by selecting and reporting the main features, and make comparisons where relevant.*

Annual passenger totals for four major international airports, 2000-2015

(in millions)

Airport	2000	2005	2010	2015
Hong Kong	28.6	32.4	42.0	55.4
Tokyo	56.4	63.3	64.2	75.3
Detroit	35.5	36.4	32.4	33.4
Toronto	28.9	29.9	31.9	41.0

📋 분석메모

<table>
<tr><td>주제</td><td>passenger numbers at 4 airports in 2000-2015
2000년부터 2015년까지 4개 공항에서의 승객 수</td></tr>
<tr><td>전체 특징</td><td>- nearly all the airports saw increases in passenger numbers
거의 모든 공항의 승객 수가 증가함
- exception: Detroit
디트로이트는 예외임</td></tr>
<tr><td>세부 특징</td><td>- Tokyo: increased from 56.4 mil. in 2000 to 75.3 mil. in 2015
도쿄는 2000년에 5640만 명에서 2015년에 7530만 명으로 증가함
- Hong Kong: started with only 28.6 mil., but nearly doubled by 2015
홍콩은 겨우 2860만 명으로 시작했지만, 2015년까지 거의 두 배가 됨
- Toronto: experienced a relatively small increase
토론토는 비교적 적은 증가를 겪음
: 12.1 mil. more passengers traveling in 2015 than in 2000
2000년보다 2015년에 1210만 명 더 많은 승객들이 여행함
- Detroit: rose in 2005, then fell by 4 mil. in 2010
디트로이트는 2005년에 증가했고, 2010년에 400만 명 정도 떨어짐
: increased again in 2015, but served fewer than in 2000
2015년에 다시 증가했지만, 2000년보다 더 적게 응대함</td></tr>
</table>

📋 요약문의 핵심 문장

주제 문장

표는 2000년과 2015년 사이 4개년의 홍콩, 도쿄, 디트로이트, 그리고 토론토 공항을 이용했던 승객 수를 보여준다.

전체 특징의 도입 문장

전반적으로, 거의 모든 공항이 주어진 기간에 승객 수의 증가를 보였음이 명확하다.

세부 특징의 도입 문장

표를 더 자세히 살펴보면, 도쿄의 승객 수치는 2000년에 5640만 명에서 2015년에 7530만 명으로 증가했음을 알 수 있다.

모범답변 및 해석 p.322

> *The charts below compare the level of education earned by Canadians in 1960 and 2010.*
>
> *Summarise the information by selecting and reporting the main features, and make comparisons where relevant.*

Level of education completed

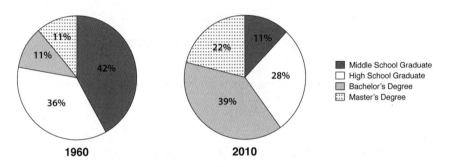

주제	the level of education earned by Canadians, 1960 & 2010
	1960년과 2010년의 캐나다인들에 의해 취득된 교육 수준

전체 특징	- more Canadians achieved a higher degree in 2010 than in 1960
	1960년보다 2010년에 더 고학력이 됨
	- most people were middle school graduates in 1960
	1960년에는 대부분의 사람들이 중학교 졸업생들임
	- bachelor's degree holders are most common in 2010
	2010년에는 학사 학위 소지자가 가장 흔함

세부 특징	- middle school graduate: dropped from 42% in 1960 to 11% in 2010
	중학교 졸업생은 1960년에 42%에서 2010년에 11%로 하락함
	- high school graduate: declined from 36% in 1960 to 28% in 2010
	고등학교 졸업생은 1960년에 36%에서 2010년에 28%로 감소함
	- bachelor's degree: more than tripled
	학사 학위는 세 배 이상이 됨
	- master's degree: doubled to 22% by 2010, from 11% in 1960
	석사 학위는 1960년에 11%에서 2010년에 22%로 두 배가 됨

📋 요약문의 핵심 문장

주제 문장

_____

_____.

파이 차트들은 1960년과 2010년에 캐나다 시민들에 의해 취득된 최종 학력 수준을 보여준다.

전체 특징의 도입 문장

_____

_____.

전반적으로, 더 많은 캐나다인들이 1960년보다 2010년에 더 고학력을 취득했음이 명확하다.

세부 특징의 도입 문장

_____

_____.

파이 차트들을 더 자세히 살펴보면, 중학교 교육만을 받은 사람들의 비율이 1960년에 42퍼센트에서 2010년에 11퍼센트로 하락했음을 알 수 있다.

모범답변 및 해석 p.322

Task 1 요약문 쓰기(2) 단락 완성하기

앞서 요약문의 핵심 문장을 작성하는 연습을 했습니다. 이를 바탕으로 6일에서는 핵심 문장을 포함해 요약문의 각 단락 전체를 완성해봅시다.

주제	주제 문장 [핵심 문장]
전체 특징	전체 특징의 도입 문장 [핵심 문장] + 전체 특징 추가 내용
세부 특징	세부 특징의 도입 문장 [핵심 문장] + 세부 특징 추가 내용

① 주제 문장 완성하기

주제 문장은 시각자료의 주제를 소개하는 핵심 문장입니다.

1. 주제 문장 쓰기 ◁ [핵심 문장]

주제 문장은 주어진 문제와 시각자료의 제목을 약간 다른 표현으로 바꾸어 작성합니다.

② 전체 특징 단락 완성하기

전체 특징 단락은 시각자료에서 전반적으로 두드러지는 변화나 차이를 설명하는 단락으로, 전체 특징의 도입 문장과 전체 특징 추가 내용으로 구성됩니다.

1. 전체 특징의 도입 문장 쓰기 ◁ [핵심 문장]

전체 특징의 도입 문장은 전체 특징 단락의 핵심 문장으로, 분석메모에 첫 번째 전체 특징으로 정리한 분석 내용을 문장으로 작성합니다.

2. 전체 특징 추가 내용 쓰기

분석메모에 정리한 나머지 전체 특징 내용을 추가로 작성해 전체 특징 단락을 완성합니다. 주어진 기간에 나타나는 전반적인 변화나 항목간 큰 특징들을 비교하는 내용으로 작성합니다. 어떤 과정이나 단계를 보여주는 다이어그램의 경우, 각 단계가 진행되는 대략적인 흐름에 대해 작성하는 것도 좋습니다. 시각자료에 따라 특별히 추가할 내용이 없다면 전체 특징 단락을 한 문장으로 작성할 수도 있습니다.

주제 문장과 전체 특징 단락 완성하기의 예

> **The chart below gives information on the percentage of New York State residents working in each of the five main job categories in 1950 and 2000.**
>
> **Summarise the information by selecting and reporting the main features, and make comparisons where relevant.**
>
> 아래 차트는 1950년과 2000년에 5가지 주요 직군에 종사하는 뉴욕주 주민의 비율에 대한 정보를 보여준다.
>
> 주요 특징들을 선택하고 서술함으로써 정보를 요약하고, 관련 있는 것들을 비교하시오.

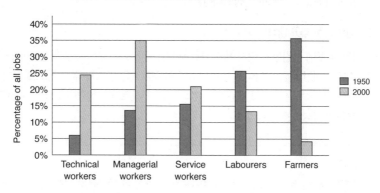

New York State Workforce: 1950 & 2000

📋 **분석메모**

주제
New York State workforce
in 1950 & 2000
1950년과 2000년에 뉴욕주의 노동인구

전체 특징
- changed greatly between 2 years
  두 연도 사이에 크게 변했음
- 1950: labourers & farmers made
  up the majority
  1950년에는 노동자와 농부가 대다수를 차지함
- 2000: managerial & technical
  workers dominate
  2000년에는 관리직과 기술직 근로자가 우위를 차지함

주제 문장과 전체 특징 단락 완성하기

주제 문장

The bar graph shows the percentage of New York state workers who were employed in the state's five main occupation categories in 1950 and 2000.

막대 그래프는 1950년과 2000년에 주의 5개 주요 직군에 고용된 뉴욕주 근로자의 비율을 보여준다.

전체 특징

Overall, it is clear that the percentage of workers in each category changed greatly between the two years. [Labourers and farmers made up the majority of working people in 1950.] By 2000, however, [managerial and technical workers dominated the workforce.]

전반적으로, 각 범주에 속하는 근로자들의 비율은 두 연도 사이에 크게 변했음이 명확하다. 1950년에는 노동자와 농부가 근로자의 대다수를 차지했다. 하지만, 2000년에는 관리직과 기술직 근로자가 노동인구의 우위를 차지했다.

---

1. **주제 문장 쓰기** ◁핵심문장▷
   '막대 그래프는 ~을 보여준다'라는 표현인 'The bar graph shows ~'를 이용해 주제 문장을 작성합니다.

2. **전체 특징의 도입 문장 쓰기** ◁핵심문장▷
   '전반적으로, ~임이 명확하다'라는 표현인 'Overall, it is clear that ~'을 이용해 전체 특징의 도입 문장을 작성합니다.

3. **전체 특징 추가 내용 쓰기**
   분석메모에 정리한 나머지 전체 특징 내용인 '1950년에는 노동자와 농부가 대다수를 차지했다'와 '2000년에는 관리직과 기술직 근로자가 우위를 차지했다'는 내용을 전체 특징의 도입 문장에 이어 추가로 작성합니다.

세부 특징 단락 완성하기

세부 특징 단락은 시각자료의 항목별 또는 단계별 특징을 설명하는 단락으로, 세부 특징의 도입 문장과 세부 특징 추가 내용으로 구성됩니다.

1. 세부 특징의 도입 문장 쓰기 〔핵심 문장〕

세부 특징의 도입 문장은 세부 특징 단락의 핵심 문장으로, 분석메모에 첫 번째 세부 특징으로 정리한 분석 내용을 문장으로 작성합니다.

2. 세부 특징 추가 내용 쓰기

분석메모에 정리한 나머지 세부 특징 내용을 추가로 작성해 세부 특징 단락을 완성합니다. 각 항목별로 주어진 기간 동안 나타나는 변화의 모습을 구체적인 연도와 수치 등으로 짚어가며 설명하면 좋습니다. 또한, 각 항목별 특징을 단순히 나열하지 않고 서로 비교하거나 대조하는 것도 요약문의 내용을 더 풍부하게 작성하는 방법입니다.

✅ **TIP 1**

그래프의 항목이 많을 때에는 함께 증가하거나 하락하는 등 비슷한 특징을 보여주는 항목들을 같이 묶어서 세부 특징 내용으로 서술할 수 있습니다.

✅ **TIP 2**

어떤 과정이나 단계를 보여주는 다이어그램의 경우, 단계별 세부 특징을 시각자료에 진행되는 순서대로 작성합니다.

세부 특징 단락 완성하기의 예

> **The chart below gives information on the percentage of New York State residents working in each of the five main job categories in 1950 and 2000.**
>
> **Summarise the information by selecting and reporting the main features, and make comparisons where relevant.**
>
> 아래 차트는 1950년과 2000년에 5가지 주요 직군에 종사하는 뉴욕주 주민의 비율에 대한 정보를 보여준다.
>
> 주요 특징들을 선택하고 서술함으로써 정보를 요약하고, 관련 있는 것들을 비교하시오.

New York State Workforce: 1950 & 2000

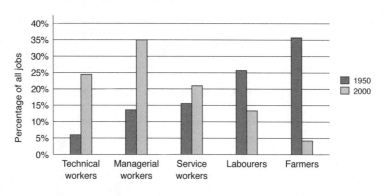

📑 **분석메모**

세부 특징 단락 완성하기

세부 특징

- 1950: farmers- the largest,
  at more than 35%

  1950년에 농부가 35% 이상으로 가장 큰 것이 됨

  : followed by labourers &
    service workers

  노동자와 서비스직 근로자가 그 뒤를 이음

  : technical workers
    - the smallest

  기술직 근로자는 가장 적은 부분임

  ⋮

세부 특징

Looking at the graph more closely, one can see that the proportion of farmers was the largest in 1950, at more than 35 percent. [This was followed by labourers at around 26 percent and service workers at just over 15 percent.] [At about six percent, the percentage of technical workers was the smallest.]

그래프를 더 자세히 살펴보면, 1950년에 농부의 비율이 35퍼센트 이상으로 가장 컸음을 알 수 있다. 약 26퍼센트의 노동자와 15퍼센트가 조금 넘는 서비스직 근로자가 그 뒤를 이었다. 6퍼센트 정도로, 기술직 근로자의 비율은 가장 적었다.

1. 세부 특징의 도입 문장 쓰기 [핵심문장]

   '그래프를 더 자세히 살펴보면, ~임을 알 수 있다'라는 표현인 'Looking at the graph more closely, one can see that ~'을 이용해 세부 특징의 도입 문장을 작성합니다.

2. 세부 특징 추가 내용 쓰기

   분석메모에 정리한 첫 번째 항목(1950년)의 세부 특징 중 나머지 내용인 '노동자와 서비스직 근로자가 그 뒤를 이었다'는 것과 '기술직 근로자는 가장 적은 부분이다'라는 내용을 세부 특징의 도입 문장에 이어서 추가로 작성합니다.

   이와 같이, 나머지 항목별 세부 특징들도 모두 적절한 문장으로 작성하여 세부 특징 단락을 완성합니다.

완성된 전체 요약문은 p.268 <요약문 쓰기 단계 예시>에서 확인하세요.

요약문 쓰기 단계 예시

지금까지 Task 1 요약문 쓰기의 각 단계에 따라 요약문을 작성하는 방법을 학습했습니다. 아래 예시를 보며 요약문 쓰기 단계를 실제로 따라가 봅시다.

The chart below gives information on the percentage of New York State residents working in each of the five main job categories in 1950 and 2000.

Summarise the information by selecting and reporting the main features, and make comparisons where relevant.

아래 차트는 1950년과 2000년에 5가지 주요 직군에 종사하는 뉴욕주 주민의 비율에 대한 정보를 보여준다.

주요 특징들을 선택하고 서술함으로써 정보를 요약하고, 관련 있는 것들을 비교하시오.

New York State Workforce: 1950 & 2000

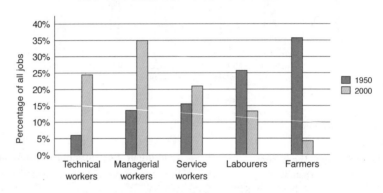

1. 분석메모 작성하기

주제	New York State workforce in 1950 & 2000 1950년과 2000년에 뉴욕주의 노동인구

전체 특징	- changed greatly between 2 years 두 연도 사이에 크게 변했음
	- 1950: labourers & farmers made up the majority
	  1950년에는 노동자와 농부가 대다수를 차지함
	- 2000: managerial & technical workers dominate
	  2000년에는 관리직과 기술직 근로자가 우위를 차지함

세부 특징	- 1950: farmers- the largest, at more than 35%
	  1950년에 농부가 35퍼센트 이상으로 가장 큰 것이 됨
	    : followed by labourers & service workers 노동자와 서비스직 근로자가 그 뒤를 이음
	    : technical workers- the smallest 기술직 근로자는 가장 적은 부분임
	- 2000: managerial & technical workers were larger
	  2000년에 관리직 근로자와 기술직 근로자 부분이 더 커짐
	    : relatively little change in service workers 서비스직 근로자는 비교적 적은 변화가 있음
	    : farmers declined the most 농부는 가장 많이 감소함
	    : labourers fell by half 노동자는 절반으로 감소함

2. 요약문 쓰기

주제 [핵심 문장]
[The bar graph shows the percentage of New York State workers who were employed in the state's five main occupation categories in 1950 and 2000.**]**

전체 특징 [핵심 문장]
[Overall, it is clear that the percentage of workers in each category changed greatly between the two years.**]** Labourers and farmers made up the majority of working people in 1950. By 2000, however, managerial and technical workers dominated the workforce.

세부 특징 [핵심 문장]
[Looking at the graph more closely, one can see that the proportion of farmers was the largest in 1950, at more than 35 percent.**]** This was followed by labourers at around 26 percent and service workers at just over 15 percent. At about six percent, the percentage of technical workers was the smallest. In 2000, on the other hand, the proportions of managerial and technical workers were much larger. Notably, the category of managerial workers was the biggest, at 35 percent. Meanwhile, there was relatively little change in the proportion of service workers. In contrast, the share of farmers declined the most, falling by around 30 percentage points. Similarly, the percentage of labourers fell by approximately half.

해석

주제
막대 그래프는 1950년과 2000년에 주의 5개 주요 직군에 고용된 뉴욕주 근로자의 비율을 보여준다.

전체 특징
전반적으로, 각 범주에 속하는 근로자들의 비율은 두 연도 사이에 크게 변했음이 명확하다. 1950년에는 노동자와 농부가 근로자의 대다수를 차지했다. 하지만, 2000년에는 관리직과 기술직 근로자가 노동인구의 우위를 차지했다.

세부 특징
그래프를 더 자세히 살펴보면, 1950년에 농부의 비율이 35퍼센트 이상으로 가장 컸음을 알 수 있다. 약 26퍼센트의 노동자와 15퍼센트가 조금 넘는 서비스직 근로자가 그 뒤를 이었다. 6센트 정도로, 기술직 근로자의 비율은 가장 적었다. 한편으로는, 2000년에 관리직과 기술직 근로자의 비율이 훨씬 더 커졌다. 특히, 관리직 근로자의 범주는 35퍼센트로 가장 큰 것이 되었다. 한편, 서비스직 근로자의 비율에는 비교적 적은 변화가 있었다. 그에 반해, 농부는 가장 많이 감소한 부분으로, 약 30퍼센트포인트까지 떨어졌다. 그와 비슷하게, 노동자의 비율은 거의 절반으로 감소했다.

다음 시각자료를 분석하고 주어진 분석메모를 참고하여 요약문의 단락을 완성하세요.

01

> The chart below shows the rate of obesity in American children and teenagers between 1970 and 2010.
>
> Summarise the information by selecting and reporting the main features, and make comparisons where relevant.

Write at least 150 words.

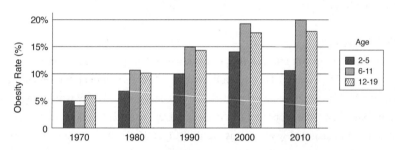

Percentage of American youth classified as obese

💡 문제 파악 및 힌트

1970년과 2010년 사이에 미국 어린이와 십 대의 비만율 변화를 막대 그래프(Bar graph)로 표현한 문제입니다. 주어진 분석메모를 바탕으로 요약문의 각 단락을 완성해봅시다.

📋 분석메모

주제	the rate of obesity in American children and teenagers between 1970 & 2010 1970년과 2010년 사이에 미국 어린이와 십 대의 비만율
전체 특징	- the obesity rate rose for children & teenagers 어린이와 십 대의 비만율이 증가함 - the obesity rate of all age groups more than doubled 모든 연령대의 비만율이 두 배 이상이 됨

세부 특징	- 6-11: grew by 16%p over the 40-year period 6-11세는 40년의 기간 동안 16%p가 증가함
	  : in 1970, had the lowest rate at 4%, however, 20% by 2010
	    1970년에 4%로 가장 낮은 비율이었으나, 2010년까지 20%가 됨
	- 12-19: tripled, rising from 6% in 1970 to 18% in 2010
	  12-19세는 세 배가 됨, 1970년에 6%에서 2010년에 18%까지 증가함
	- 2-5: despite doubling, only group to show any decline during the given period
	  2-5세는 두 배가 되었지만, 주어진 기간 동안 어떤 감소를 보인 유일한 집단임
	  : in 2010, fell to 11% from 14% in 2000 2000년의 14%에서 2010년에 11%로 떨어짐

📑 요약문 쓰기

주제 쓰기

The bar graph shows the obesity rate for three age ranges of American youth between 1970 and 2010.

막대 그래프는 1970년과 2010년 사이에 미국 청소년기의 세 연령대에서의 비만율을 보여준다.

전체 특징 쓰기

Overall, it is clear that the obesity rate rose for children and teenagers in America.

① _____

_____ .

전반적으로, 미국에서 어린이와 십 대의 비만율이 증가했음은 명확하다. 1970년과 2010년 사이에, 모든 연령대의 비만율은 두 배 이상이 되었다.

세부 특징 쓰기

Looking at the graph more closely, one can see that the obesity rate for 6-11 year olds grew by approximately 16 percentage points over the 40-year period. In 1970, ② _____

_____ .

However, ③ _____

_____ .

Meanwhile, ④ _____ .

The rate of obesity in this group rose from about 6 percent in 1970 to around 18 percent in 2010. Finally, despite more than doubling its obesity rate, ⑤ _____

_____ .

⑥ _____

_____ .

그래프를 더 자세히 살펴보면, 6-11세의 비만율은 40년의 기간 동안 거의 16퍼센트포인트가 증가했음을 알 수 있다. 1970년에 이 연령대는 4퍼센트 정도로 가장 낮은 비율을 가졌다. 하지만, 2010년에 이 연령대의 비만율은 거의 20퍼센트로 가장 높았다. 한편, 12-19세의 비만율은 세 배가 되었다. 이 집단의 비만율은 1970년에 거의 6퍼센트에서 2010년에 약 18퍼센트 정도까지 증가했다. 마지막으로, 비만율이 두 배 이상이 되었음에도 불구하고, 2-5세 범주는 주어진 기간 동안 어떤 감소를 보인 유일한 집단이었다. 2010년에 이 연령대의 비만율은 2000년의 14퍼센트 정도에서 약 11퍼센트까지 떨어졌다.

모범답변 및 해석 p.323

🎙 다음 시각자료를 분석하고 주어진 분석메모를 참고하여 요약문의 단락을 완성하세요.

01

> *The table below gives information on passenger numbers at four airports over a 15-year period.*
>
> *Summarise the information by selecting and reporting the main features, and make comparisons where relevant.*

Write at least 150 words.

Annual passenger totals for four major international airports, 2000-2015

(in millions)

Airport	2000	2005	2010	2015
Hong Kong	28.6	32.4	42.0	55.4
Tokyo	56.4	63.3	64.2	75.3
Detroit	35.5	36.4	32.4	33.4
Toronto	28.9	29.9	31.9	41.0

📋 분석메모

주제	passenger numbers at 4 airports in 2000-2015 2000년부터 2015년까지 4개 공항에서의 승객 수
전체 특징	- nearly all the airports saw increases in passenger numbers 　거의 모든 공항의 승객 수가 증가함 - exception: Detroit 　디트로이트는 예외임
세부 특징	- Tokyo: increased from 56.4 mil. in 2000 to 75.3 mil. in 2015 　도쿄는 2000년에 5640만 명에서 2015년에 7530만 명으로 증가함 - Hong Kong: started with only 28.6 mil., but nearly doubled by 2015 　홍콩은 겨우 2860만 명으로 시작했지만, 2015년까지 거의 두 배가 됨 - Toronto: experienced a relatively small increase 　토론토는 비교적 적은 증가를 겪음 　　: 12.1 mil. more passengers traveling in 2015 than in 2000 　　　2000년보다 2015년에 1210만 명 더 많은 승객들이 여행함 - Detroit: rose in 2005, then fell by 4 mil. in 2010 　디트로이트는 2005년에 증가했고, 2010년에 400만 명 정도 떨어짐 　　: increased again in 2015, but served fewer than in 2000 　　　2015년에 다시 증가했지만, 2000년보다 더 적게 응대함

📋 요약문 쓰기

주제 쓰기

① _____

_____.

표는 2000년과 2015년 사이 4개년의 홍콩, 도쿄, 디트로이트, 그리고 토론토 공항을 이용했던 승객 수를 보여준다.

전체 특징 쓰기

② _____

_____.

③ _____

전반적으로, 거의 모든 공항이 주어진 기간에 승객 수의 증가를 보였음이 명확하다. 유일한 예외는 디트로이트였다.

세부 특징 쓰기

Looking at the table more closely, one can see that Tokyo's passenger figures increased from 56.4 million in 2000 to 75.3 million in 2015. ④ _____

_____.

Meanwhile, ⑤ _____

_____.

Finally, ⑥ _____

_____.

⑦ _____

_____.

표를 더 자세히 살펴보면, 도쿄의 승객 수치는 2000년에 5640만 명에서 2015년에 7530만 명으로 증가했음을 알 수 있다. 한편으로는, 홍콩의 공항은 겨우 2860만 명의 승객으로 시작했지만 2015년까지 그 수의 거의 두 배가 되었다. 한편, 토론토의 공항은 그 기간 동안 비교적 적은 승객의 증가를 겪었는데, 2000년보다 2015년에 겨우 1210만 명 더 많은 승객들이 여행했다. 마지막으로, 디트로이트 공항의 수치는 2005년에 증가했고 그 후 2010년에 400만 명 정도 떨어졌다. 2015년에 디트로이트의 승객 수가 다시 증가했지만, 그 공항은 2000년에 그랬던 것보다 더 적은 승객을 응대했다.

모범답변 및 해석 p.324

HACKERS
IELTS
WRITING BASIC

goHackers.com
학습자료 제공·유학정보 공유

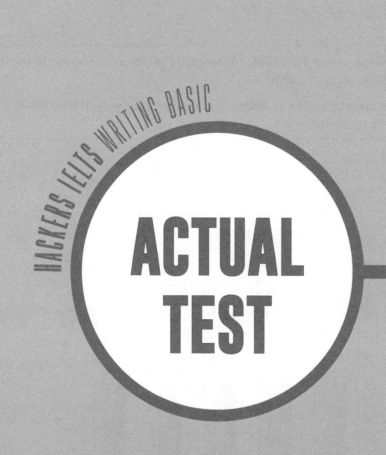

ACTUAL TEST

HACKERS IELTS WRITING BASIC

WRITING TASK 1

You should spend about 20 minutes on this task.

> **The chart below shows the annual consumption of rice per person in three Asian countries between 1995 and 2015.**
>
> **Summarise the information by selecting and reporting the main features, and make comparisons where relevant.**

Write at least 150 words.

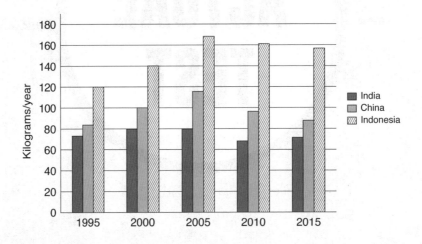

IELTS WRITING ANSWER SHEET - TASK 1

모범답변 및 해석 p.325

WRITING TASK 2

You should spend about 40 minutes on this task.

Write about the following topic:

The most effective way to make crime rates go down is by giving the police more power.

To what extent do you agree or disagree with this opinion?

Give reasons for your answer and include any relevant examples from your own knowledge or experience.

Write at least 250 words.

모범답변 및 해석 p.326

HACKERS
IELTS
WRITING BASIC

goHackers.com
학습자료 제공·유학정보 공유

HACKERS IELTS WRITING BASIC

부록

구두점 활용하기
답변 셀프 체크 포인트

구두점 활용하기

구두점 활용하기에서는 올바른 구두점 사용방법을 학습해보겠습니다.
각 구두점의 차이를 명확히 인지하여
IELTS 라이팅 답변 작성 시 활용합니다.

답변 셀프 체크 포인트

답변 셀프 체크 포인트에서는 작성한 답변을 스스로 점검해봅니다.
IELTS 라이팅 평가 요소에 따라 답변을 검토하면서 라이팅 실력 향상을 위해
개선해야 할 점을 파악하고 보완합니다.

구두점 활용하기

Comma (,) 활용하기

1. 제시하기

단어를 문장의 맨 앞에 제시할 때
Usually, I eat three meals a day. 보통, 나는 하루에 세 끼를 먹는다.

구를 문장의 맨 앞에 제시할 때
Despite the bad weather, we decided to go camping. 궂은 날씨에도 불구하고, 우리는 캠핑을 가기로 결정했다.

종속절을 문장의 맨 앞에 제시할 때
Since he started his new job, he hasn't had any free time. 그는 새로운 일을 시작했기 때문에, 여유 시간이 전혀 없었다.

2. 연결하기

세 개 이상의 항목을 연결할 때
They had a choice of hotdogs, hamburgers, or pizza for lunch.
그들은 점심으로 핫도그나 햄버거, 또는 피자 중에 고를 수 있었다.

3. 삽입하기

단어를 문장 중간에 삽입할 때
Her actions, however, have proved to be different than her words.
그러나, 그녀의 행동은 그녀의 말과 다른 것으로 드러났다.

구를 문장 중간에 삽입할 때
The plan, in other words, was a complete failure. 다시 말해, 그 계획은 완전한 실패였다.

동격의 명사구를 문장 중간에 삽입할 때
Jason Kennedy, a popular American singer, will perform in China next month.
인기 있는 미국 가수인 Jason Kennedy는 다음 달에 중국에서 공연할 것이다.

계속적 용법의 구나 절을 문장 중간에 삽입할 때
Her plan, to become a doctor, meant she had to get accepted into medical school.
의사가 되고자 하는 그녀의 계획은 그녀가 의대에 합격해야만 했다는 것을 의미했다.

4. 덧붙이기

단어를 문장 끝에 덧붙일 때
I think she is coming along with us, too. 나는 그녀 역시 우리와 함께 갈 거라고 생각한다.

구를 문장 끝에 덧붙일 때
The movie was too long, running over three hours from start to finish.
그 영화는 처음부터 끝까지 3시간 넘게 상영되면서 지나치게 길었다.

Semicolon (;) 활용하기

접속사 대신 두 문장을 이어줄 때 (문장 ; 문장)
Football is a very popular worldwide sport; basketball is another sport with a large following.
축구는 아주 인기 있는 세계적인 스포츠다. 농구는 많은 팬을 갖고 있는 또 다른 스포츠다.

부연 설명하는 문장을 덧붙일 때 (문장 ; 접속부사, 문장)
Twenty people interviewed for the job; however, only two were hired.
20명의 사람들이 취업 면접을 봤다. 그러나 단 두 명만이 고용되었다.

길이가 긴 항목들을 나열할 때
The company was divided into a marketing division, which included a design team; a computer programming division, based in Wales; and a sales division, based in London.
그 회사는 디자인 팀을 포함한 마케팅 부서; 웨일스에 기반을 둔 컴퓨터 프로그래밍 부서; 그리고 런던에 기반을 둔 영업 부서로 나뉘어졌다.

Colon (:) 활용하기

항목을 나열할 때
The cities we visited on our vacation were as follows: Seattle, Los Angeles and Las Vegas.
우리가 휴가 때 방문한 도시들은 다음과 같았다: 시애틀, 로스앤젤레스, 그리고 라스베이거스.

부제목을 표시할 때
The book, *George Washington: The First American President*, details his achievement.
*George Washington: 미국의 초대 대통령*이라는 책은 그의 업적을 상세히 서술한다.

Hyphen (-) 활용하기

단어와 단어를 결합할 때
Sit-ups and push-ups are basic exercises that one can do to stay in shape.
윗몸 일으키기와 팔 굽혀 펴기는 건강을 유지하기 위해 할 수 있는 기본적인 운동들이다.

I bought a hand-made sweater for my wife. 나는 아내를 위해 수제 스웨터를 샀다.

전치사 to를 대신할 때
Her working hours are 9:00 am-6:00 pm every day. 그녀의 근무 시간은 매일 오전 9시에서 오후 6시까지이다.

21에서 99 사이의 수를 나타낼 때
My father is fifty-six years old. 나의 아버지는 56세이시다.

답변 셀프 체크 포인트

Task 1

Task 1에서는 문제에 제시된 시각자료에서 적절한 정보를 선택하여 요약문을 작성하는 과제가 주어집니다. 직접 작성한 Task 1 요약문에 대해 다음 사항을 확인하고, 실력 향상을 위해 개선해야 할 점을 체크해 보세요.

과제 수행

1	문제의 지시사항에서 주어진 과제를 모두 수행하였다.	☐ Yes	☐ No
2	주어진 시간 내에 요약문을 150단어 이상 작성하였다.	☐ Yes	☐ No
3	시각자료에서 두드러지는 특징을 비교 및 분석하여 답변에 충분히 설명하였다.	☐ Yes	☐ No
4	주제를 벗어난 문장이나 내용을 포함하지 않았다.	☐ Yes	☐ No

일관성과 결합성

1	다양한 연결어를 사용하여 자연스러운 흐름의 답변을 작성하였다.	☐ Yes	☐ No
2	<주제 문장 – 전체 특징 단락 – 세부 특징 단락>의 구조가 명확히 드러나도록 답변을 구성하였다.	☐ Yes	☐ No
3	시각자료의 전체를 아우르는 눈에 띄는 특징을 포함하여 요약문을 작성하였다.	☐ Yes	☐ No
4	시각자료에서 제시된 구체적인 정보를 포함하여 요약문을 작성하였다.	☐ Yes	☐ No

어휘 사용

1	상황과 주제에 어울리는 적절한 어휘 및 표현을 사용하였다.	☐ Yes	☐ No
2	동일한 어휘 또는 표현을 반복적으로 사용하지 않았다.	☐ Yes	☐ No
3	문제에서 제시된 문장을 답변에 그대로 다시 사용하지 않았다.	☐ Yes	☐ No
4	문법 및 철자의 오류가 없었다.	☐ Yes	☐ No

문법의 다양성과 정확성

1	다양한 문장 구조를 사용하였다.	☐ Yes	☐ No
2	알맞은 문장 부호를 사용하였다.	☐ Yes	☐ No
3	답변을 모두 작성한 후, 문법적 오류가 없는지 다시 한번 확인하였다.	☐ Yes	☐ No

Task 2

Task 2에서는 문제의 지시사항을 확인하고 그에 대한 에세이를 작성하는 과제가 주어집니다. 직접 작성한 Task 2 에세이에 대해 다음 사항을 확인하고, 실력 향상을 위해 개선해야 할 점을 체크해 보세요.

과제 수행

1	문제의 지시사항에서 주어진 과제를 모두 수행하였다.	☐ Yes	☐ No
2	주어진 시간 내에 에세이를 250단어 이상 작성하였다.	☐ Yes	☐ No
3	구체적인 근거를 포함하여 나의 의견을 명확하게 제시하였다.	☐ Yes	☐ No
4	주제를 벗어난 문장이나 내용을 포함하지 않았다.	☐ Yes	☐ No

일관성과 결합성

1	다양한 연결어를 사용하여 자연스러운 흐름의 답변을 작성하였다.	☐ Yes	☐ No
2	<서론 – 본론 1 – 본론 2 – 결론>의 구조가 명확히 드러나도록 답변을 구성하였다.	☐ Yes	☐ No
3	각 단락의 첫 문장에 단락의 핵심 문장을 서술하여 중심 내용이 명확하게 드러나도록 작성하였다.	☐ Yes	☐ No
4	본론의 내용이 서론에 제시된 나의 의견과 긴밀하게 연결되도록 작성하였다.	☐ Yes	☐ No

어휘 사용

1	상황과 주제에 어울리는 적절한 어휘 및 표현을 사용하였다.	☐ Yes	☐ No
2	동일한 어휘 또는 표현을 반복적으로 사용하지 않았다.	☐ Yes	☐ No
3	문제에서 제시된 문장을 답변에 그대로 다시 사용하지 않았다.	☐ Yes	☐ No
4	문법 및 철자의 오류가 없었다.	☐ Yes	☐ No

문법의 다양성과 정확성

1	알맞은 문장 부호를 사용하였다.	☐ Yes	☐ No
2	다양한 문장 구조를 사용하였다.	☐ Yes	☐ No
3	답변을 모두 작성한 후, 문법적 오류가 없는지 다시 한번 확인하였다.	☐ Yes	☐ No

아이엘츠 입문자를 위한 맞춤 기본서

HACKERS
IELTS
Writing
BASIC

초판 14쇄 발행 2024년 12월 2일
초판 1쇄 발행 2018년 1월 2일

지은이	해커스 어학연구소
펴낸곳	(주)해커스 어학연구소
펴낸이	해커스 어학연구소 출판팀

주소	서울특별시 서초구 강남대로61길 23 (주)해커스 어학연구소
고객센터	02-537-5000
교재 관련 문의	publishing@hackers.com
동영상강의	HackersIngang.com

ISBN	978-89-6542-244-0 (13740)
Serial Number	01-14-01

외국어인강 1위,
해커스인강(HackersIngang.com)

해커스인강

1. 내 답안을 고득점 에세이로 만드는 **IELTS 라이팅 1:1 첨삭**
2. 해커스 스타강사의 **IELTS 인강**

전세계 유학정보의 중심,
고우해커스(goHackers.com)

고우해커스

1. **IELTS 라이팅/스피킹 무료 첨삭 게시판**
2. **IELTS 리딩/리스닝 실전문제** 등 다양한 IELTS 무료 학습 콘텐츠
3. **IELTS Q&A 게시판** 및 **영국유학 Q&A 게시판**

헤럴드 선정 2018 대학생 선호브랜드 대상 '대학생이 선정한 외국어인강' 부문 1위

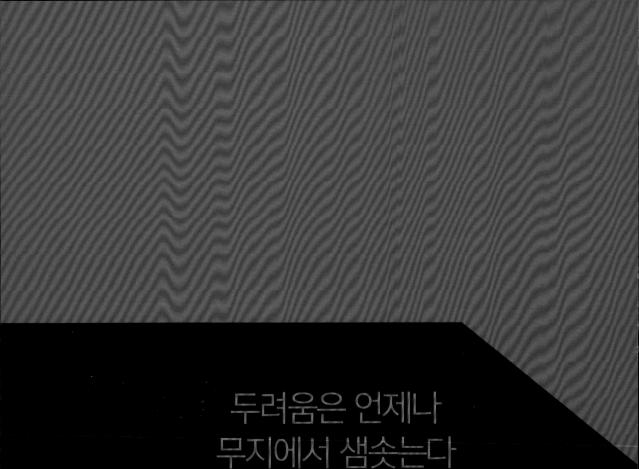

두려움은 언제나
무지에서 샘솟는다

HACKERS IELTS Writing

BASIC

모범답변 · 해석 · 어휘

해커스 어학연구소

아이엘츠 입문자를 위한 맞춤 기본서

HACKERS
IELTS
Writing
BASIC

모범답변 · 해석 · 어휘

해커스 어학연구소

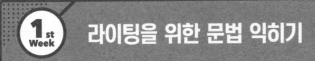

라이팅을 위한 문법 익히기

1일 동명사와 to 부정사

DAILY CHECK-UP
p.30

01 **Taking too much medicine** may be harmful to your health.

02 His only hobby is **collecting coins**.
또는 His only hobby is **to collect coins**.

03 The girl suddenly **stopped crying**.

04 I am used to **searching for information** on the Internet.

05 I decided **to start working out**.

06 You have enough time **to solve the problem**.

07 We found a study group **to join**.

08 They advised me **to be on time**.

09 He took his wallet out **to show us a picture of his family**.

10 It rained too much **to go fishing**.

11 I did not have a chance **to visit my parents** last week.

12 I agreed **to clean the kitchen**.

13 She denied **cheating on the test**.

14 I object to **rescheduling the meeting**.

15 Some people travel **(in order) to learn about other cultures**.
또는 Some people travel **(so as) to learn about other cultures**.

DAILY TEST
p.32

01 **Watching** too much television is bad for children.

02 The best way **to relieve** stress is running.

03 Above all, teenagers enjoy **spending** time with their friends.

04 Through practice, anyone can become skilled at **playing** an instrument.

05 Most people prefer **working** during the day.
또는 Most people prefer **to work** during the day.

06 **Not smoking** is one of the easiest ways **to avoid** lung cancer.

07 Older people should learn **to keep** an open mind.

08 Leaders find ways **to motivate** others.

09 People watch movies **to take** a break from reality.

10 This helps students with low grades **to improve** their academic performance.

11 A long summer vacation allows students **to study** abroad.

12 Most children learn **how to swim** at a young age.

13 Some tasks are **too difficult to handle** alone.

14 Parents are good at **giving** advice to their children.

15 Many companies plan **to make** their products environmentally friendly.

 2일 **분사**

DAILY CHECK-UP

p.38

01 The girl **coming toward us** is Jessica.

02 He enjoys reading novels **written in English**.

03 There were many people **waiting for the bus**.

04 I saw you **studying in the library**.

05 You should be careful when you are holding a **burning candle**.

06 She **had the printer fixed** in an hour.

07 **Walking down the street**, I ran into Ben.

08 **(Being) Followed by a man**, the thief ran around the corner.

09 **Not knowing his email address**, she could not contact him.

10 **(Being) Bored at the party**, I left the room giving an excuse.

11 **Turning left**, you will find the convenience store.

12 **Walking along the beach**, we caught a crab.

13 **Not having any money**, I was unable to buy a gift for my friend.

14 Jane was sitting in a chair **with her legs crossed**.

15 **Not knowing it was another student's fault**, the teacher scolded me.

DAILY TEST
p.40

01 The air pollution problem in big cities is related to the **growing** number of cars.

02 People do not want to live near factories **emitting** chemical waste.

03 Some TV programs **watched** by children are fun and educational.

04 You can find practical advice **written** in books.

05 There are many students **not paying attention** in class.

06 **Traveling** in a group, tourists can save money.

07 **(If) Given** the chance to meet a historical figure, most scientists would meet Einstein.

08 **(When) Encountering** poor service at a restaurant, some customers express their dissatisfaction.

09 **(If) Asked** to pick one thing to represent their country, most Koreans would choose kimchi.

10 **Growing** up in the information age, children today are good at using electronics.

11 Lessons **learned** through personal experience are more meaningful than advice.

12 **(Being) Afraid** of increasing violence, people want stricter laws on guns.

13 **Well-planned** activities make your free time more enjoyable.

14 **(While) Helping** their parents with household chores, children can learn responsibility.

15 Cars **passing** through the neighborhood cause noise pollution.

(3일) 명사절과 부사절

DAILY CHECK-UP
p.46

01 She could not accept **the fact that her design was rejected**.

02 They pointed out **that drinking too much coffee is unhealthy**.

03 He did not know **whether there was a post office nearby (or not)**.

04 I wrote about **what I experienced on the trip**.

05 She was pleased **(that) she received a good grade**.

06 **When the fire alarm rings**, everyone must exit the building.

07 I wonder **where Terry went**.

08 It is hard to explain **why I like rainy days**.

09 Tell me **how the accident happened**.

10 He stopped by **when you were in class**.

11 **If you do not finish the project**, you will not pass the course.

12 **As we need to research more**, we should go to the library.

13 She became a vegetarian **in order that she could be healthier**.

14 **Although I am living in New York**, I grew up in California.

15 You may keep the books **as long as you need them**.

DAILY TEST

p.48

01 I agree **that parents are the best teachers**.

02 I believe **that television has reduced communication among family members**.

03 I doubt **if doing homework every day would help students (to) learn better**.

04 **The fact that someone is rich** does not make them successful.

05 **The idea that people learn in different ways** is generally accepted.

06 We need to know **how the new movie theater will affect the local economy**.

07 **What is important** is that the same opportunities are given to everyone.

08 The problem is **that people are becoming addicted to social media**.

09 **While many people study history**, only a few recognize its value.

10 It is important to save money **in case something unexpected happens**.

11 **Although computers have made our lives easier**, there are some drawbacks as well.

12 Superhero movies are **so popular that they make millions of dollars**.

13 **While living in the city can be stressful**, there are also many benefits.

14 Scientists are trying to determine **what could help people (to) live longer**.

15 Wearing different clothes sometimes influences **how people behave**.

DAILY CHECK-UP

p.54

01 The man **(whom) you met yesterday** is my high school friend.

02 This is the town **where I was born**.

03 She is a co-worker **who is helping me with the design**.

04 A teacher **who taught one of my classes** won the Teacher of the Year award.

05 The painting **(that) he purchased last year** hangs in his living room.

06 I lent him the camera **(that) I received for my birthday**.

07 The machine **that is broken** will be fixed tomorrow.

08 He recommended the book **that he likes best**.

09 My grades fell, **which worried my parents**.

10 My favorite childhood memories are of the times **when I played baseball with my father**.

11 Candidates **whose scores are high** will be selected.

12 I do not understand **the way she thinks**.
또는 I do not understand **how she thinks**.

13 There is no reason **why you cannot go**.

14 The department store **where we shopped** was packed with people.

15 Students **who/that prepare in advance** usually do well on tests.

DAILY TEST

p.56

01 Colleagues **who are willing to help out at work** are appreciated.

02 Instant food, **which contains many preservatives**, is unhealthy.

03 Employees want to work for a company **where they can advance quickly**.

04 Memories, **which can last a lifetime**, are the most valuable aspects of a trip.

05 Children **who start their education at an early age** often have more academic success later.

06 These are some of the reasons **why it is better to save your money for the future**.

07 People have friends **with whom they have something in common**.

08 We live in a society **where people are considered equal under the law**.

09 People sometimes feel (that) there is no one **that understands them**.

10 Items **that are made by hand** usually have the highest quality.

11 Parents **that push their children too hard** may cause them to rebel.

12 Good workers are hard to find, **which is why the company has not hired anyone yet**.

13 One of the happiest times of my life was the night **when my sister was born**.

14 The best kind of friend is someone **who is loyal and honest**.

15 Children **who read many books** are often more imaginative.

 5일 It과 There

DAILY CHECK-UP

p.62

01 It is impossible **to predict the future**.

02 It is hard **for me to make new friends**.

03 It is true **that some video games are educational**.

04 It turned out **that he was in Paris**.

05 Her height made it easier **for her to become a famous model**.

06 **It snowed** steadily through the night.

07 It was in the bookstore **that/where I first saw you**.

08 It was yesterday **that/when I lost the book**.

09 **It is my family** that makes me happy.

10 **It took 10 years** to finish writing this book.

11 **It cost me a week's salary** to buy the coat.

12 **There are two contrasting views** on the matter.

13 **There is no food** in the fridge.

14 **There are some people** that have no sense of humor.

15 **There will be no forest left** after the land is developed.

DAILY TEST

p.64

01 **It** is necessary **to reduce the number of cars in Seoul**.

02 It is true **that** advertising encourages people to buy unnecessary things.

03 It is important **that** teenagers get work experience from an early age.

04 It is a person's dedication **that** makes the difference between failure and success.

05 It costs a large amount of tax money **to improve** roads and highways.

06 It is success **that** people strive for in their daily lives.

07 There are dormitories that offer high-speed Internet access.

08 There are few benefits to playing video games.

09 There will be little use for post offices in the future due to email.

10 Due to the widespread use of the Internet, **there will be more online university courses**.

11 It is unlikely **that people will ever be satisfied with what they have**.

12 There are certain experiences that shape a person's life.

13 Email has made it easy **for people to keep in touch**.

14 It is hard **for older people to understand the younger generation**.

15 There is a time when teenagers must start making their own decisions.

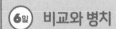 **6일 비교와 병치**

DAILY CHECK-UP
p.72

01 I am **as busy as** I was yesterday.

02 The test was **much easier than** the last one.

03 He is **not as handsome as** his brother.

04 She spent **as much time as she could** with her child.
또는 She spent **as much time as possible** with her child.

05 Ron is **the fastest runner** on the team.

06 She works **harder than** her co-workers.

07 Japan's GDP is **three times as big as** South Korea's.
또는 Japan's GDP is **three times bigger than** South Korea's.

08 **The more** people have, **the more** they want.

09 My favorite types of exercise are **running and swimming**.

10 Taking a foreign language class is **not mandatory but recommended**.

11 **The most effective way** to prevent jaywalking is by increasing fines.

12 **Both learning and teaching** are rewarding processes.

13 She is **not only smart but also very kind**.

14 His bike is **as expensive as** mine.

15 It is more important to do a thorough job **than to finish quickly**.

DAILY TEST

p.74

01 Spending time alone is **not as pleasant as** being with friends.

02 Many people think that their college days were **the most enjoyable** time in their lives.

03 The students who **most frequently** ask questions tend to do well in exams.

04 Young workers have **neither the time nor the energy** to exercise nowadays.

05 Earning high salaries allows people to **either invest or save for the future**.

06 A four-day workweek will benefit **both employers and employees**.

07 Attending physical education classes is **not essential but recommended**.

08 Strong communication skills are important **not only in business but (also) in personal matters**.
또는 Strong communication skills are important **in personal matters as well as in business**.

09 Working in a small company can be **as rewarding as** working for a large corporation.

10 Teenagers should focus **more** on studying **than** on earning money.

11 It is important to check your work **as thoroughly as possible**.
또는 It is important to check your work **as thoroughly as you can**.

12 Literature classes are **not as useful as** science classes.

13 To some people, pets are **as close as** family members.

14 Usually, young people are **more open-minded than** older people.

15 Sometimes, your failures are **more valuable than** your successes.

2nd Week 상황별 필수 표현 익히기

 1일 증가, 하락, 변동 표현

DAILY CHECK-UP
p.84

01 The value of the British pound **fell considerably** over the given period.

02 Obesity rates in Canada **increased gradually** throughout the period.

03 **There were some slight shifts** in the volume of migration between 1990 and 2010.

04 Subway ticket prices **were reduced from three dollars to one dollar** during this time.

05 Tram usage in the UK **hit a low of** 200,000 passengers per day in 1994.

06 The proportion of managerial workers **approximately doubled** in the next year.

07 The worldwide oil price **dipped notably** at the beginning of the period.

08 The price of bitcoin **soared sharply** to over 3,000 pounds in 2016.

09 On the other hand, **there was a rise in** the unemployment rate in London.

10 The figure for passengers using Narita Airport **peaked at** 50,000 in the following year.

11 Smartphone sales **experienced the fastest growth** of all consumer electronics in 2015.

12 The number of immigrants **went up and down several times**.

13 Interest rates in the United States **fluctuated over the 10-year period**.

14 Australian smoking rates **were roughly halved** over the following three years.

15 **There were significant changes in** the amount of CO_2 released by countries after 2000.

DAILY TEST
p.86

01 Profits **dipped notably** across the hospitality industry in Europe.

02 Oil prices **went up and down several times** over the decade.

03 The college graduation rate **declined slowly** each year.

04 Consumer expenditure on housing **rose rapidly**, although it dipped in 2002.

05 **There was a rise in** the proportion of applicants at the end of the given period.

06 The number of cars manufactured in Japan **peaked at** 60 million in 2010.

07 Teachers' salaries **varied continuously** across the southern states in 2015.

08 Consumer dissatisfaction **grew significantly** as time passed, regardless of age.

09 The percentage of men working in education **fell considerably** after 2004.

10 Meat consumption **soared sharply** compared to the previous year.

11 The graph **shows an upward trend** in the number of executives changing jobs.

12 Hotel rooms **are reduced from** 200 pounds **to** 75 pounds per night during the low season.

13 The passenger figures taking the bus **dropped rapidly**.

14 Literacy rates in India **went up continually** between 1950 and 1980.

15 The number of museum visitors **decreased substantially** between the two years.

---

②일 비교, 비율, 안정 표현

DAILY CHECK-UP
p.94

01 **There was nearly no change** in the number of factories between 1850 and 1890.

02 Hamburger sales **made up approximately** 60 percent of the restaurant's revenue.

03 **The majority of** managerial positions were held by men over 40.

04 Spain's unemployment rate **was nearly equal to** France's.

05 Despite many ups and downs, fossil fuels **were the dominant** energy source.

06 **The gap** between solar energy and wind power production **widened** from 1970 to 2010.

07 **In contrast**, the national trade deficit increased in 2015.

08 *USA Today* **was the most popular** newspaper in the United States during the 1990s.

09 Profits in the service sector **were nearly flat** in the last quarter.

10 The number of Internet users in Greece **was lower than** the world average.

11 French trucks **stood out** among the other automobile categories.

12 **A similar trend was seen** in the cancer rate for former smokers.

13 **The portion of** tax revenues used for education rose in 2005.

14 Labor costs in Korea **remained almost stable** for the four decades.

15 Rainfall in Korea **was relatively evenly distributed** across the year.

DAILY TEST
p.96

01 Indian customers **accounted for almost** 30 percent of all new subscribers.

02 Unemployment rates **remained relatively stable** throughout the period.

03 Brazil consumes **more** meat **than** all other countries **combined**.

04 **The portion of** executive jobs held by women grew in 2011.

05 Data shows that 67 percent of British adults **fell into** the overweight category.

06 **Whereas** rail travel was the most popular in 1950, it was replaced by air travel in 1970.

07 **There was nearly no change** in the life expectancy of men over the period.

08 University students **made up approximately** 20 percent of the city's population.

09 Steel manufacturing **was the dominant** industry for the first two years.

10 Japan **stands out** as the only country with more than 10 percent growth.

11 In 2000, 50 percent of the nation's imports **were composed of** steel and coal.

12 Greece's national debt **was nearly equal to** India's.

13 China has the world's highest population, **followed by** India.

14 The diagram **consists of** the sales figures for five computer manufacturers in Europe.

15 **In contrast**, the renewable energy sector grew rapidly in 2012.

3일 과정, 전환, 위치 표현

DAILY CHECK-UP
p.104

01 Most of the trees and forests **were replaced with** walkways.

02 Regent Street **was extended to** the end of the beach.

03 The swimming pool **is situated near** the football pitch.

04 **There are** three major **stages** in the life cycle of a butterfly.

05 **In the last stage of this process**, the finished product is packaged into containers.

06 The theatre **is next to** the hospital.

07 The shopping mall expanded further with **the addition of** a car park in 2005.

08 **After** the grapes are crushed, the juice is left to ferment.

09 The road **was parallel to** the beach.

10 The city **was split into** separate areas for residential and commercial buildings.

11 **The process begins when** the water goes through a filter.

12 **No changes were made to** the size of the gallery during the renovations.

13 **One of the biggest changes to** the national park **was** the expansion of the botanical garden.

14 An electrical power plant **was constructed near** the harbour.

15 There are several study tables **in the middle of** the library.

DAILY TEST

p.106

01 The most recognizable change was **the removal of** the dock.

02 The shopping centre **is connected to** the underground station.

03 **The life cycle begins when** the tadpoles hatch from their eggs.

04 The dining room **was moved to** the building's top floor.

05 The hotel **was replaced with** a petrol station in 2010.

06 The restaurant **is located near** the church on Park Avenue.

07 **Then**, it is placed in the oven and baked for 12 minutes.

08 **The main change for** the city **involves** the construction of a new bridge.

09 The clothing store **is across from** the new school on Thompson Avenue.

10 **The first step is** responding to feedback from customers.

11 City Hall Square **was transformed into** an ice skating rink in 2016.

12 The conference room **was split into** several meeting rooms.

13 **The addition of** a new road connected the airport to the train station.

14 The path to the school **is parallel to** the train tracks.

15 **There are** six **stages** in the whisky-making process.

DAILY CHECK-UP p.114

01 **There is a more persuasive argument that** children should take art classes.

02 Preserving the rainforests **has its (own) advantages and disadvantages**.

03 **Some people think that** the high salaries paid to athletes are justified.

04 **The main advantage is that** everyone has the same career opportunities.

05 **Similarly**, classmates can have a major impact on a student's education.

06 **I firmly believe that** wearing bicycle helmets should be mandatory.

07 **However, unlike** most forms of renewable energy, wind power is relatively reliable.

08 **I object to** using animals in product testing.

09 **I support the idea that** universities should focus on teaching students professional skills.

10 **It seems advantageous that** students can provide feedback about their teachers.

11 **Compared to** college graduates, the salaries of those without university degrees tend to be low.

12 **On the contrary**, having a hobby can inspire students to be more creative.

13 **It is a common belief that** new employees should be required to attend training courses.

14 **It is preferable for** teachers **to** assess students through standardized exams.

15 **It seems clear that** working for a large company is beneficial **for several reasons**.

DAILY TEST p.116

01 **I firmly believe that** investing in technology is a good way of using schools' budgets.

02 **There is a more persuasive argument that** health and safety training is crucial.

03 **I am against** using fossil fuels as the primary energy source.

04 **It is true that** more students are deciding to drop out of college nowadays.

05 **On the one hand**, private schools have smaller classes than public schools.

06 **Some people think that** students need to do homework every day.

07 **Conversely**, face-to-face communication is declining.

08 **I agree that** success is the best way to measure intelligence.

09 **It is a common belief that** the Internet is a great educational resource for students.

10 **I support the idea that** governments should provide free Internet access to all citizens.

11 **While it is undeniable that** e-books are gaining in popularity, paper books are still preferred by many readers.

12 **It seems clear that** overpopulation is one of the most serious problems today **for several reasons**.

13 **The main advantage is that** electric cars do not emit carbon dioxide.

14 **It is evident that** the drawbacks of online shopping outweigh the benefits.

15 **However, unlike** normal plants, genetically modified crops are resistant to drought.

 5일 인과, 예시, 인용, 부연 표현

DAILY CHECK-UP

p.124

01 **In other words**, assigning homework can improve students' motivation.

02 **To begin with**, parents should stop their children from becoming obese.

03 **In another case**, scientists showed that climate change could be halted.

04 **One of the ways to** lower the diabetes rate **is** to encourage citizens to exercise.

05 **Not only that, but** planting trees in cities results in cleaner air.

06 **On the whole**, the crime rate in rural areas has continued to rise.

07 **Take the example of** Albert Einstein's early life.

08 **As this case reveals**, being able to speak a foreign language is beneficial.

09 **This is because** watching television can be an educational experience.

10 **In this way**, musical education plays an important part in the elementary school curriculum.

11 **As a result**, many countries want to host international sporting events.

12 **On top of that**, working remotely reduces transportation costs.

13 **For these reasons**, tourism can have a negative effect on local cultures.

14 **That is why** technology is making people less sociable.

15 **Studies have shown that** most people consider space exploration to be a waste of money.

DAILY TEST

p.126

01 **In this way**, moderate consumption of alcohol can have a positive effect on a person's health.

02 **Due to** interacting with people from various cultures, people who travel abroad are generally open-minded.

03 **To be specific**, industrial waste accounts for nearly 70 percent of all pollution.

04 **Consequently**, people have to work long hours to afford a home.

05 **In other words**, feeding the increasing population should be the priority.

06 **The main cause of** health issues today **is that** people are eating more processed foods.

07 **Not only that, but** the media portrayal of women can lead to low self-esteem in young girls.

08 **For instance**, more people are visiting Beijing than in the past.

09 **To begin with**, teaching students about healthy diets can help them learn more about nutrition.

10 **Take the example of** large changes in the unemployment rate.

11 **According to** recent research, secretarial jobs in the United Kingdom declined after the introduction of smart devices.

12 **Studies have shown that** children who spend a lot of time outdoors are more environmentally aware.

13 **On top of that**, students learn better when they are performing hands-on activities.

14 The Internet makes communication easier, **as can be seen in** the case of social media.

15 **Moreover**, spending government funds on the arts benefits very few citizens.

(6일) 조건, 가정, 양보, 요약 표현

DAILY CHECK-UP p.134

01 **When it comes to** learning a second language, age is not important.

02 **What it comes down to is that** healthcare is a right for all people.

03 **In spite of** earning very little, many people still donate to charity.

04 **It is doubtful whether** plastic bags will be completely banned.

05 **In conclusion**, cloning extinct animals could cause major problems.

06 **In all likelihood**, many jobs **will** be performed by robots soon.

07 **To sum up**, animal testing should be prohibited.

08 **In short**, we should not allow mobile phones to be used on planes.

09 **Presumably**, teenagers are most worried about their looks.

10 **Without** the Internet, the world **would** be very different now.

11 **Nevertheless**, more people experience stress these days.

12 **In this regard**, assigning homework does not improve students' grades.

13 **It seems as if** teenagers are not getting enough sleep during the school year.

14 **Last but not least**, children can learn research skills by using computers.

15 **Given** today's competitive job market, earning a master's degree is becoming a necessity.

DAILY TEST

p.136

01 **What it comes down to is that** a smaller class size helps students learn more.

02 **Overall**, pets are beneficial to a person's mental health and happiness.

03 **In spite of** the scientific evidence, some people still believe that global warming is fake.

04 **That is**, most social skills can be learned at school.

05 **All things considered**, speaking multiple languages is useful in the job market.

06 **Given** social media's influence on society, it must be used carefully.

07 **In all likelihood**, forcing students to wear uniforms **would** have little effect on their grades.

08 **When it comes to** museums, admission should be free for everyone.

09 Teachers **would** work more hours, **provided that** the government increased their wages.

10 **Regardless of** race or gender, everyone should be treated with respect.

11 **Last but not least**, space exploration can foster international peace and cooperation.

12 **As such**, raising taxes can allow governments to offer better services to their citizens.

13 **In this regard**, harsh punishment is an ineffective way of reducing crime.

14 **Once** a person becomes fluent in the language of another country, they can better understand that country's culture.

15 **It seems as if** people are becoming more addicted to their smartphones these days.

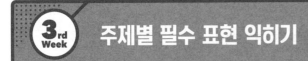
1일 교육에 관한 표현

DAILY CHECK-UP
p.148

01 Being part of a **peer group** is important for a teenager's confidence.

02 Children who do not get enough sleep tend to **get poor marks**.

03 **Compulsory attendance** policies do not always result in better student performance.

04 It can be financially difficult for some students to **study abroad**.

05 Research shows that **personality development** can continue into adulthood.

06 Most college seniors prefer to live **off campus**.

07 Some critics argue that **earning a degree** is not worth the expense anymore.

08 People who are hard-working have more **potential** than those who are simply smart.

09 Taking part in a **group assignment** teaches students collaboration and compromise.

10 **Tuition fees** for international students are higher than those for domestic students.

11 A **vocational education** offers training for a specific career.

12 Complimenting young children helps them to **develop a positive self-image**.

13 Teachers should always **promote creativity** in their students.

14 Making a schedule can help unorganized students **meet a deadline**.

15 **Sharing ideas** is one of the main benefits of studying in groups.

DAILY TEST
p.150

01 We can **learn valuable skills** from our successes and failures.

02 Most companies hold employee workshops to **build teamwork**.

03 Art, foreign languages, and sports are all part of a **well-rounded education**.

04 Technology is having a substantial effect on the **learning process**.

05 **Extracurricular activities** are an important part of a child's education.

06 A variety of **academic programs** are now accessible to senior citizens.

07 Students put a lot of effort into **getting good grades** in order to attend prestigious universities.

08 The government should **establish a rule** that students must learn a second language in school.

09 A person's background influences their **personality development**.

10 Many postgraduate students do the majority of research **off campus**.

11 Some companies prefer to hire people who have **earned a degree** in computer science.

12 Courses that require students to **share ideas** with one another can teach them the value of collaboration.

13 Critics say that teenagers cannot **develop a positive self-image** because of social media.

14 Taking art or music classes can **promote creativity**.

15 People can **gain knowledge** about social issues by reading news.

(2일) 법과 정책에 관한 표현

DAILY CHECK-UP

p.158

01 A judge should not **discriminate against** a person based on their background.

02 Local governments must spend money to **promote the public good**.

03 It is unclear whether **strengthening the penalties** can prevent illegal downloading.

04 Government policies should never **violate the rights** of the people.

05 It is essential to **take proper measures** to protect the environment.

06 City parks are **public property** and are open to everyone.

07 **Social welfare** is at risk due to the continued rise in income inequality.

08 All nations must **come up with a solution** to stop the increase in global temperatures.

09 Some companies **impose strict rules** that prohibit employees from sharing data.

10 It is important to discuss **controversial issues** so that people are aware of them.

11 The government should **set a budget** for spending on healthcare.

12 A **country's infrastructure** plays a crucial role in its economic progress.

13 Companies should **take a vote** on decisions that affect all staff members.

14 Holding an auction is one way that charitable organizations can **raise funds**.

15 Not having access to clean drinking water is still a problem in many **developing countries**.

01 Providing more jobs for young people will **foster economic growth**.

02 It can be difficult to **come up with a solution** that everyone can agree on.

03 Most people today keep up with **current affairs** via the Internet.

04 The **crime rate** dropped considerably due to the expansion of the police force.

05 The new airport security policies were introduced to **protect citizens** from possible threats.

06 Leaders should not be able to **implement a policy** without the public's approval.

07 Giving out personal information over the phone can lead to **identity theft**.

08 **Tax revenues** should be used to improve society.

09 It is vital that the public informs the police if they witness someone **committing a crime**.

10 Government leaders are **taking proper measures** to strengthen the nation's cyber security.

11 We should help **developing countries** to grow because it will benefit the entire global community.

12 Imposing higher fines can prevent people from destroying **public property**.

13 Before people **take a vote** on a new policy, they should thoroughly research it first.

14 Online transactions are convenient but they can also be a **threat to privacy**.

15 Many charity groups **raise funds** on their own instead of relying on the government.

 가정, 건강에 관한 표현

DAILY CHECK-UP

p.168

01 Developed countries tend to have lower **birth rates** than developing countries.

02 **Household chores** are an often overlooked form of exercise.

03 The number of **single-parent families** is on the rise.

04 The **generation gap** between parents and children can cause disagreements.

05 Some people choose to **live with their grandparents** to save money.

06 In some countries, there are not enough people to **look after the elderly**.

07 Yoga can **relieve stress** and lead to better health.

08 Medical experts warn that extreme stress can lower a person's **life expectancy**.

09 Finland offers generous **medical care** to all of its citizens.

10 Elementary schools should teach students the importance of a **well-balanced diet**.

11 **Planning meals** carefully is not only economical but also healthy.

12 Doctors are expected to **set a good example** for their patients by practicing a healthy lifestyle.

13 **Becoming a vegetarian** can lower your risk of heart disease.

14 People who **exercise regularly** tend to live longer than those who do not.

15 **Childhood obesity** is a major concern in many developed countries.

DAILY TEST

p.170

01 People should spend more time **looking after the elderly**.

02 Many **working parents** rely on others to take care of their children.

03 For example, the **birth rate** was very high in Ireland during the 1970s.

04 Today, the number of children **living with their grandparents** has reached a new low.

05 It is important for teachers to **set a good example** for their students.

06 **Life expectancy** has increased in many countries around the world.

07 **Medical care** is a controversial political issue in the United States these days.

08 Parents should pay attention to the danger of **secondhand smoke**.

09 Many adults are unable to eat a **well-balanced diet** because they are too busy.

10 A **lack of physical activity** is the main cause of obesity among young people.

11 People have different ways of **relieving stress**.

12 Banning fast food advertisements will **improve public health**.

13 Some people believe that **becoming a vegetarian** is a major step towards improving one's health.

14 Nobody wants to **suffer from health problems** at any time in their life.

15 Healthcare professionals recommend **exercising regularly** to remain healthy.

 4일 직업, 사회에 관한 표현

DAILY CHECK-UP

p.178

01 Buying electric cars **is a growing trend** among consumers.

02 People cannot overcome **drug addiction** on their own.

03 Companies sometimes hire **temporary workers** to reduce their costs.

04 More people are returning to **rural areas** to escape city life.

05 **Making a career change** can be a very stressful experience.

06 Social media has helped to **raise public awareness** about little-known illnesses.

07 Those with degrees in engineering are finding various ways to **earn a living** in the digital age.

08 In traditional cultures, there is a lot of pressure to **fit social expectations**.

09 Low **job satisfaction** can make it difficult for employers to keep long-term workers.

10 Community centers provide many **cultural activities** for residents.

11 Good **spending habits** should be taught early on in life.

12 One study shows that **violence in video games** may lead to aggression.

13 As the cost of living has increased, the government must **raise the minimum wage**.

14 A large proportion of people dislike the **mass media**.

15 Most companies have policies that ensure they **respect the privacy of** their customers.

DAILY TEST p.180

01 People on low incomes often **have part-time jobs** to make ends meet.

02 **Balancing work and leisure** leads to a healthier lifestyle.

03 One way to control bad **spending habits** is to only use cash.

04 It is getting harder for low-skilled workers to **find employment**.

05 Small companies usually have a more relaxed **work environment**.

06 According to the OECD, the **gap between rich and poor people** continues to grow.

07 **Working in teams** requires good communication among team members.

08 Noise pollution is extremely high in most **urban areas**.

09 Some employers prefer candidates with **work experience** over those with a college degree.

10 People focus too much on **following the latest trends**.

11 **Gender roles** within the family have changed since the 1950s.

12 Teenagers are easily influenced by **mass media**.

13 The **low wages** of the job made it less attractive to many candidates.

14 Parents should not expose children to **violence in movies**.

15 Journalists should **respect the privacy of** celebrities.

---

⑤일 자연과 환경, 과학 기술에 관한 표현

DAILY CHECK-UP
p.188

01 For example, India has the worst **air pollution** in the world.

02 **Genetic modification** has changed the way we grow crops.

03 Although **space exploration** is expensive, it is necessary for human progress.

04 **Global warming** has been causing glaciers to melt in the Arctic.

05 We must use **natural resources** more wisely.

06 The increased **emission of toxic gases** is causing health problems.

07 Oil spills are a major **environmental concern** for coastal wildlife.

08 Those who cannot **access the Internet** are unable to take advantage of online shopping.

09 With advancements in **artificial intelligence**, many people will lose their jobs.

10 It is our moral duty to care about **animal welfare**.

11 The number of **endangered species** has increased because of overhunting.

12 Wind power is a promising form of **alternative energy**.

13 **Technological advancements** allow people to connect with anyone around the world.

14 Traditional **means of communication**, such as letter writing, are dying out.

15 Switching off your appliances when they are not in use is a type of **energy conservation**.

DAILY TEST
p.190

01 We must work together to **preserve the ecosystem** of sea creatures.

02 Using plastic bags **destroys the environment**.

03 The law of relativity was one of the most significant **scientific discoveries** in history.

04 Scientists are using **cutting-edge technology** to create robots.

05 There are many organizations that promote **animal welfare** today.

06 Many students are now required to **access the Internet** in order to do homework.

07 **Energy conservation** is an important means of protecting the environment.

08 Riding a bike is an **environmentally friendly** way to commute.

09 Freshwater is one of our most valuable **natural resources**.

10 More companies are switching to **alternative energy** sources.

11 **Artificial intelligence** has taken a big step forward in recent years.

12 Many species will **become extinct** because of climate change.

13 Many accidents these days result from **excessive use of smartphones** while driving.

14 Restaurants can help **minimize the human impact** on the environment by not using plastics.

15 Without proper **Internet security**, one's personal information could be stolen.

⑥일 여행, 세계에 관한 표현

DAILY CHECK-UP
p.198

01 Communication is the key to **resolving conflicts**.

02 It is said that travel **broadens the mind**.

03 Traveling to other countries is the perfect way to **learn about foreign cultures**.

04 Building **tourist attractions** can be a worthwhile investment for local governments.

05 Protecting **human rights** is the responsibility of governments.

06 Eating the **local cuisine** is one of the best ways to experience a new culture.

07 Study abroad programs help students learn about **cultural diversity**.

08 **Historical sites** should be preserved due to their cultural importance.

09 The cost of **accommodation** is higher than in the past.

10 **National identity** can be difficult to define in a concrete way.

11 Nowadays, many people **travel abroad** on a tight budget.

12 For example, **travel agencies** typically charge several hundred dollars for their services.

13 Low child mortality rates and improvements in medicine have led to **overpopulation**.

14 It is difficult to predict where the next **international crisis** will arise.

15 Divisions between **ethnic groups** can sometimes cause conflict.

01 Children learn about different **ethnic groups** through TV and the Internet.

02 **Budget airlines** are as safe as regular airlines.

03 Canned goods are the best items to donate to places with **food shortages**.

04 The government should support the manufacturing of **domestic products**.

05 Students should take part in a cultural exchange program to **learn about a foreign culture**.

06 Increasing drug abuse is an **international crisis**.

07 It is helpful to learn some of the local language when you **travel abroad**.

08 Authentic **local cuisine** can usually be found in smaller neighborhoods rather than tourist spots.

09 The positive elements of **hosting an international sporting event** outweigh the negative ones.

10 In some regions, people have more than one **mother tongue**.

11 Strict laws prevent the export of important pieces of **cultural heritage**.

12 Wealthy nations often provide **financial aid** to developing countries.

13 Tourists can be considered rude if they fail to **follow local customs**.

14 Preserving **historical sites** is a vital responsibility of local governments.

15 A **charitable organization** can sometimes provide more assistance than the government.

1일 Task 2 아웃라인 잡기

DAILY CHECK-UP
p.214

01 영양 교육은 초등학교에서 가르쳐져야 한다. 이 의견에 어느 정도까지 동의 또는 동의하지 않는가? 답변에 구체적인 이유를 제시하고 자신의 지식이나 경험으로부터 관련된 예를 들어 자신의 의견을 뒷받침하시오.

아웃라인

서론	나의 의견	Agree 찬성
본론 1	이유 1	precise knowledge about nutrition is essential for children 영양에 대한 정확한 지식은 아이들에게 필수적임
본론 2	이유 2	learning about healthy eating habits in school can be effective 학교에서 건강한 식습관에 대해 배우는 것은 효과적일 수 있음

02 요즘, 사람들은 스마트 기기가 개인 비서의 역할을 빠르게 대체할 것이라고 예상한다. 사람들은 왜 이렇게 생각하는가? 이것은 긍정적인 또는 부정적인 발전인가? 답변에 구체적인 이유를 제시하고 자신의 지식이나 경험으로부터 관련된 예를 들어 자신의 의견을 뒷받침하시오.

아웃라인

서론	나의 의견	the replacement of human assistants is a negative change 사람 비서를 대체하는 것은 부정적인 변화임
본론 1	과제 1: 원인	cause: technological advancement 원인: 기술의 발전
본론 2	과제 2: 장단점	negative development: lead to higher unemployment 부정적인 발전: 더 높은 실직율로 이어짐

DAILY TEST
p.216

01 일부 사람들은 정부가 인터넷 접속을 무료로 제공해야 한다고 생각한다. 그러나, 다른 사람들은 사람들이 이 서비스에 비용을 지불해야 한다고 주장한다. 이러한 양쪽의 관점에 대해 논하고 자신의 의견을 제시하시오. 답변에 구체적인 이유를 제시하고 자신의 지식이나 경험으로부터 관련된 예를 들어 자신의 의견을 뒷받침하시오.

아웃라인

서론	나의 의견	people should pay for access to the Internet 사람들은 인터넷에 접속하기 위해 비용을 지불해야 함

본론 1	반대 내용	providing free Internet service: benefits citizens financially
		시민들에게 재정적으로 이롭기 때문에 무료 인터넷 서비스를 제공해야 함
	구체적 근거	- 일반적 진술: everyone needs access to the Internet, but it can be expensive
		모든 사람들은 인터넷 접속이 필요하지만, 비쌀 수 있음
		- 예시: Korea: Internet services cost households about $100 per month
		한국: 인터넷 서비스는 가구당 월 100달러 정도의 비용을 지불함
본론 2	찬성 내용	citizens should pay: governments must deal with more urgent issues
		정부는 더 시급한 문제들을 처리해야 하기 때문에 시민들이 비용을 지불해야 함
	구체적 근거	- 일반적 진술: still major problems with people living in poverty
		빈곤하게 사는 사람들에 대한 중요한 문제들이 여전히 있음
		- 예시: US: some people not being able to pay for basic needs
		미국: 일부 사람들은 기초 생활에 필요한 돈을 지불할 수 없음

02 대부분의 나라에서 알코올 소비량이 감소하고 있다. 이 경향의 장점이 단점보다 더 큰가? 답변에 구체적인 이유를 제시하고 자신의 지식이나 경험으로부터 관련된 예를 들어 자신의 의견을 뒷받침하시오.

아웃라인

서론	나의 의견	Advantage > Disadvantage
		장점이 단점보다 큼
본론 1	반대 내용	disadvantage: less tax income is generated
		단점: 세입이 더 적게 발생함
	구체적 근거	- 일반적 진술: since alcohol is taxed at a high rate, it reduces overall tax revenue
		술에 높은 비율로 세금이 부과되기 때문에, 이것은 전반적인 조세 수입을 줄게 함
		- 예시: UK lost billions of pounds when alcohol consumption went down in 2005
		영국은 알코올 소비량이 낮아진 2005년에 수십억 파운드를 손해 봄
본론 2	찬성 내용	advantage: leads to improved health of citizens
		장점: 시민들의 건강 증진으로 이어짐
	구체적 근거	- 일반적 진술: lower alcohol consumption rates correlate with fewer accidents and illnesses
		더 낮은 알코올 소비율은 더 적은 사고 및 질병과 관련이 있음
		- 예시: research: countries with lower rates have fewer alcohol-related deaths
		연구 결과: 낮은 소비율을 가진 나라는 음주 관련 사망 사건을 더 적게 가짐

(2일) Task 2 에세이 쓰기(1) 핵심 문장 쓰기

DAILY CHECK-UP

p.222

01 영양 교육은 초등학교에서 가르쳐져야 한다. 이 의견에 어느 정도까지 동의 또는 동의하지 않는가? 답변에 구체적인 이유를 제시하고 자신의 지식이나 경험으로부터 관련된 예를 들어 자신의 의견을 뒷받침하시오.

나의 의견 문장

> **I firmly believe that** primary schools should teach nutrition education to their students.

To begin with, precise knowledge about nutrition is essential for children.

본론 2의 주제 문장: 이유 2

On top of that, learning about healthy eating habits in school can be very effective.

해석 **나의 의견 문장**

나는 초등학교에서 그들의 학생들에게 영양 교육을 가르쳐야 한다고 굳게 믿는다.

본론 1의 주제 문장: 이유 1

우선, 영양에 대한 정확한 지식은 아이들에게 필수적이다.

본론 2의 주제 문장: 이유 2

게다가, 학교에서 건강한 식습관에 대해 배우는 것은 매우 효과적일 수 있다.

02 일부 사람들은 학교가 학생들에게 학과 외 스포츠 프로그램에 참여하도록 요구해야 한다고 생각한다. 하지만, 다른 사람들은 학생들이 하고 싶은 활동을 선택할 수 있어야 한다고 생각한다. 이러한 양쪽의 관점에 대해 논하고 자신의 의견을 제시하시오. 답변에 구체적인 이유를 제시하고 자신의 지식이나 경험으로부터 관련된 예를 들어 자신의 의견을 뒷받침하시오.

나의 의견 문장

There is a more persuasive argument that students should be required to take part in sports programs in school.

본론 1의 주제 문장: 반대 내용

On the one hand, when students are allowed to pick their own activities, they can explore their interests.

본론 2의 주제 문장: 찬성 내용

Nevertheless, mandatory sports programs help students develop teamwork skills.

해석 **나의 의견 문장**

학생들이 학교에서 스포츠 프로그램에 참여하도록 요구되어야 한다는 것에 대한 더 설득력 있는 주장이 있다.

본론 1의 주제 문장: 반대 내용

한편으로는, 학생들이 자신들의 활동을 선택할 수 있을 때 그들은 그들의 관심사를 탐색할 수 있다.

본론 2의 주제 문장: 찬성 내용

그럼에도 불구하고, 의무적인 스포츠 프로그램은 학생들이 협동하는 기술을 발전시키는 데 도움이 된다.

DAILY TEST
p.224

01 일부 사람들은 정부가 인터넷 접속을 무료로 제공해야 한다고 생각한다. 그러나, 다른 사람들은 사람들이 이 서비스에 비용을 지불해야 한다고 주장한다. 이러한 양쪽의 관점에 대해 논하고 자신의 의견을 제시하시오. 답변에 구체적인 이유를 제시하고 자신의 지식이나 경험으로부터 관련된 예를 들어 자신의 의견을 뒷받침하시오.

나의 의견 문장

There is a more persuasive argument that people should pay for access to the Internet themselves.

본론 1의 주제 문장: 반대 내용

On the one hand, providing free Internet service would benefit citizens financially.

본론 2의 주제 문장: 찬성 내용

Nevertheless, citizens should pay for their own Internet services as governments must deal with more urgent issues.

해석 **나의 의견 문장**

사람들이 인터넷에 접속하기 위해 직접 비용을 지불해야 한다는 것에 대한 더 설득력 있는 주장이 있다.

본론 1의 주제 문장: 반대 내용

한편으로는, 무료 인터넷 서비스를 제공하는 것이 시민들에게 재정적으로 이로울 것이다.

본론 2의 주제 문장: 찬성 내용

그럼에도 불구하고, 시민들은 인터넷 서비스에 비용을 지불해야 하는데, 이는 정부가 더 시급한 문제들을 처리해야만 하기 때문이다.

02 요즘 야생 삼림이 급속도로 파괴되고 있다. 이것의 원인은 무엇이라고 생각하는가? 이러한 문제를 해결할 수 있는 방법은 무엇인가? 답변에 구체적인 이유를 제시하고 자신의 지식이나 경험으로부터 관련된 예를 들어 자신의 의견을 뒷받침하시오.

나의 의견 문장

While this is a serious problem, it can be solved by implementing strong regulations to protect wild forestland.

본론 1의 주제 문장: 원인

The main cause of the rapid disappearance of natural forestland **is** large-scale agricultural activity.

본론 2의 주제 문장: 해결책

However, there are solutions to this problem. One of the ways to reduce the rate of forest destruction **is** to impose strict rules on farmers.

해석 **나의 의견 문장**

이는 심각한 문제이지만, 야생 삼림지를 보호하기 위한 강력한 규제를 시행함으로써 해결될 수 있다.

본론 1의 주제 문장: 원인

천연 삼림지의 급속한 소실의 주된 원인은 대규모의 농업 활동이다.

본론 2의 주제 문장: 해결책

하지만, 이 문제에 대한 해결책이 있다. 삼림 파괴율을 줄이는 방법 중 하나는 농부들에게 엄격한 규칙을 부과하는 것이다.

DAILY CHECK-UP

p.234

01 영양 교육은 초등학교에서 가르쳐져야 한다. 이 의견에 어느 정도까지 동의 또는 동의하지 않는가? 답변에 구체적인 이유를 제시하고 자신의 지식이나 경험으로부터 관련된 예를 들어 자신의 의견을 뒷받침하시오. 적어도 250단어 이상 서술하시오.

서론 쓰기

도입

① **It is a common belief that** primary school children are too young to learn about nutrition.

나의 의견

However, I firmly believe that primary schools should teach nutrition education to their students. ② This is because learning about proper nutrition is important for children, and the most effective place to practice this is in schools.

본론 1 쓰기

이유 1

To begin with, precise knowledge about nutrition is essential for children.

구체적 근거: 일반적 진술

③ By learning about this topic from nutritionists in school, students can access the correct information about healthy food choices. Gaining accurate knowledge about these topics early on is important because it can influence students' lifelong wellbeing.

구체적 근거: 예시

④ In fact, a recent survey found that many people follow false health tips from the Internet. People who do this tend to develop unhealthy habits based on these inaccurate sources of information. Expanding nutrition education will ensure that younger generations do not rely on incorrect information.

본론 2 쓰기

이유 2

On top of that, learning about healthy eating habits in school can be very effective.

구체적 근거: 일반적 진술

⑤ Students are easily influenced by their classmates. They generally look at members of their peer group and follow their lead. With regard to nutrition, seeing what their friends eat can motivate students to establish healthy eating habits.

구체적 근거: 예시

⑥ For example, if a child eats vegetables at school, other children in his or her class are more likely to try them. These students may give them a chance even if they normally dislike vegetables.

요약

⑦ **To sum up,** children need proper dietary education from an early age, and the best place to find out about eating healthily is in school.

맺음말

⑧ **For these reasons,** I believe that primary schools should teach their students about nutrition.

해석　**도입** 초등학교 어린이들은 영양에 대해 배우기에는 너무 어리다는 것이 일반적인 생각이다. **나의 의견** 하지만, 나는 초등학교에서 그들의 학생들에게 영양 교육을 가르쳐야 한다고 굳게 믿는다. 이는 올바른 영양에 대해 배우는 것이 아이들에게 중요하고, 이것을 실행할 가장 효과적인 장소는 학교이기 때문이다.

　　이유 1 우선, 영양에 대한 정확한 지식은 아이들에게 필수적이다. **구체적 근거: 일반적 진술** 학교의 영양사들에게 이 주제에 대해 배움으로써, 학생들은 건강한 식품 선택에 대한 올바른 정보에 접근할 수 있다. 이러한 내용들에 대해 어릴 때 정확한 정보를 얻는 것은 중요한데, 이것이 학생들의 평생 건강에 영향을 줄 수 있기 때문이다. **구체적 근거: 예시** 실제로, 최근의 설문조사 결과는 많은 사람들이 인터넷상의 잘못된 건강 정보를 따른다고 밝혔다. 이렇게 하는 사람들은 이러한 부정확한 정보의 출처를 바탕으로 건강하지 않은 습관을 기르는 경향이 있다. 영양 교육을 확대하는 것은 젊은 세대가 틀린 정보에 의존하지 않도록 할 것이다.

　　이유 2 게다가, 학교에서 건강한 식습관에 대해 배우는 것은 매우 효과적일 수 있다. **구체적 근거: 일반적 진술** 학생들은 그들의 급우들에 의해 쉽게 영향을 받는다. 그들은 일반적으로 또래 집단의 구성원들을 보고 따라 한다. 영양에 관해서, 그들의 친구들이 무엇을 먹는지 보는 것은 학생들이 건강한 식습관을 확립하도록 동기를 부여할 수 있다. **구체적 근거: 예시** 예를 들어, 학교에서 한 아이가 채소를 먹을 때, 그 아이의 학급에 있는 다른 아이들이 채소를 먹으려고 시도해볼 가능성이 더 높다. 이 학생들은 그들이 보통 때는 채소를 싫어할지라도 그것들을 시도해볼지도 모른다.

　　요약 요약하자면, 아이들에게는 어릴 때부터 적절한 영양 교육이 필요하고, 건강하게 먹는 것을 알게 될 최고의 장소는 학교이다. **맺음말** 이러한 이유로, 나는 초등학교에서 그들의 학생들에게 영양에 대해 가르쳐야 한다고 믿는다.

어휘　nutrition 영양　effective 효과적인　practice 실행하다　essential 필수적인　nutritionist 영양사　access 접근하다
gain 얻다　accurate 정확한　influence 영향을 주다　lifelong 평생의　wellbeing 건강　false 잘못된, 틀린　tip 정보
inaccurate 부정확한　source 출처　expand 확대하다　rely on ~에 의존하다　generally 일반적으로
with regard to ~에 관해서　motivate 동기를 부여하다　establish 확립하다

DAILY TEST

p.238

01　일부 사람들은 정부가 인터넷 접속을 무료로 제공해야 한다고 생각한다. 그러나, 다른 사람들은 사람들이 이 서비스에 비용을 지불해야 한다고 주장한다. 이러한 양쪽의 관점에 대해 논하고 자신의 의견을 제시하시오. 답변에 구체적인 이유를 제시하고 자신의 지식이나 경험으로부터 관련된 예를 들어 자신의 의견을 뒷받침하시오. 적어도 250단어 이상 서술하시오.

서론 쓰기

도입

① **It is a common belief that** governments should supply Internet access to their citizens for free.

나의 의견

② **However, there is a more persuasive argument that** people should pay for access to the Internet themselves. ③ **This is because** there are more important areas in which governments should spend their funds.

반대 내용

④ **On the one hand,** providing free Internet service would benefit citizens financially.

구체적 근거: 일반적 진술

⑤ Since the Internet is so important in our daily lives, everyone needs access. ⑥ However, it can be quite expensive to pay for this connection each month.

구체적 근거: 예시

⑦ For instance, in Korea, connecting to the Internet costs households about 100 dollars per month. This amount of money accounts for almost 10 percent of monthly living expenses. If the government offered free Internet, citizens would be able to save the money that they normally have to spend on Internet access.

본론 2 쓰기

찬성 내용

⑧ **Nevertheless,** citizens should pay for their own Internet services as governments must deal with more urgent issues.

구체적 근거: 일반적 진술

⑨ Today, there are still major problems with people living in poverty. They need financial assistance from their governments, but governmental budgets are limited.

구체적 근거: 예시

For example, in the United States, some people are not able to pay for their basic needs, such as food and shelter, on their own. These people need financial aid for their living expenses. In this situation, providing them with the funds for essential needs is more important than supplying free Internet.

결론 쓰기

맺음말

⑩ **To sum up, while it is apparent that** providing free Internet access would be financially beneficial for citizens, **it is undeniable that** there are more urgent uses for government funds.

해석 **도입** 정부가 시민들에게 인터넷 접속을 무료로 제공해야 한다는 것은 일반적인 생각이다. **나의 의견** 하지만, 사람들이 인터넷에 접속하기 위해 직접 비용을 지불해야 한다는 것에 대한 더 설득력 있는 주장이 있다. 이는 정부가 그들의 자금을 써야 하는 더 중요한 분야들이 있기 때문이다.

반대 내용 한편으로는, 무료 인터넷 서비스를 제공하는 것이 시민들에게 재정적으로 이로울 것이다. **구체적 근거: 일반적 진술** 인 터넷은 우리 일상 생활에서 매우 중요하기 때문에, 모든 사람들이 접속을 필요로 한다. 하지만, 인터넷 연결에 매달 요금을 지불하 는 것은 꽤 비쌀 수 있다. **구체적 근거: 예시** 예를 들어, 한국에서는 인터넷에 연결하는데 가구당 월 100달러 정도의 비용을 지불 한다. 이 금액은 한 달 생활비의 거의 10퍼센트 정도를 차지한다. 만일 정부가 무료 인터넷을 제공한다면, 시민들은 보통 때에 인 터넷 접속에 써야 하는 돈을 절약할 수 있을 것이다.

찬성 내용 그럼에도 불구하고, 시민들은 인터넷 서비스에 비용을 지불해야 하는데, 이는 정부가 더 시급한 문제들을 처리해야만 하 기 때문이다. **구체적 근거: 일반적 진술** 오늘날, 빈곤하게 사는 사람들에 관한 중요한 문제들이 여전히 있다. 그들은 정부로부터의 재정적인 도움이 필요하지만, 정부 예산은 제한적이다. **구체적 근거: 예시** 예를 들어, 미국에서는 일부 사람들은 음식과 주거지 같 은, 기초 생활에 필요한 돈을 스스로 지불할 수 없다. 이러한 사람들은 그들의 생활비를 위한 재정적 도움이 필요하다. 이러한 상황 에서, 그들에게 필수적인 것들을 위한 자금을 제공하는 것은 무료 인터넷을 공급하는 것보다 더 중요하다.

맺음말 요약하자면, 무료 인터넷 접속을 제공하는 것이 시민들에게 재정적으로 이로울 것임은 분명하지만, 정부 자금에 대해서는 더 시급한 용도가 있다는 것을 부인할 수 없다.

어휘 **supply** 제공하다 **for free** 무료로 **fund** 자금 **benefit** ~에게 이롭다 **financially** 재정적으로 **daily** 일상의
connection 연결 **household** 가구 **living expense** 생활비 **offer** 제공하다 **deal with** ~을 처리하다 **urgent** 시급한
live in poverty 빈곤하게 살다 **assistance** 도움 **budget** 예산 **limited** 제한적인 **shelter** 주거지 **aid** 도움

4일 Task 1 분석메모 작성하기

DAILY CHECK-UP

p.246

01 아래 차트는 1970년과 2010년 사이에 미국 어린이와 십 대의 비만율을 보여준다. 주요 특징들을 선택하고 서술함으로써 정보를 요약하고, 관련 있는 것들을 비교하시오.

분석메모

주제	**the rate of obesity in American children and teenagers between 1970 & 2010** 1970년과 2010년 사이에 미국 어린이와 십 대의 비만율

전체 특징	- **the obesity rate rose for children & teenagers**
	  어린이와 십 대의 비만율이 증가함
	- **the obesity rate of all age groups more than doubled**
	  모든 연령대의 비만율이 두 배 이상이 됨

세부 특징	- **6-11: grew by 16%p over the 40-year period**
	  6-11세는 40년의 기간 동안 16%p 증가함
	    : in 1970, had the lowest rate at 4%, however, 20% by 2010
	    1970년에 4%로 가장 낮은 비율이었으나, 2010년까지 20%가 됨
	- **12-19: tripled, rising from 6% in 1970 to 18% in 2010**
	  12-19세는 세 배가 됨, 1970년에 6%에서 2010년에 18%까지 증가함
	- **2-5: despite doubling, only group to show any decline during the given period**
	  2-5세는 두 배가 되었지만, 주어진 기간 동안 어떤 감소를 보인 유일한 집단임
	    : in 2010, fell to 11% from 14% in 2000
	    2000년의 14%에서 2010년에 11%로 떨어짐

02 아래 지도들은 1990년과 2010년 사이에 Alice Drive 주변에서 일어난 변화들을 보여준다. 주요 특징들을 선택하고 서술함으로써 정보를 요약하고, 관련 있는 것들을 비교하시오.

분석메모

주제	**changes around Alice Dr. between 1990 and 2010** 1990년과 2010년 사이에 Alice Drive 근처의 변화

전체 특징	- **railway, station, new street added**
	  철도, 역, 새로운 거리가 추가됨
	- **golf course & airport constructed**
	  골프장과 공항이 건설됨

세부 특징	- **railway: parallel to Alice Dr.**
	  철도는 Alice Drive와 평행함
	- **1st St.: added north of Park St.**
	  1st Street은 Park Street 북쪽에 추가됨

- shopping centre: a gallery took its place
  쇼핑 센터는 미술관이 그 자리를 차지함

- car park: halved in size & the station was built next to it
  주차장은 크기가 절반으로 줄었고, 그 옆에 역이 지어짐

DAILY TEST

01 아래 표는 15년의 기간 동안 4개 공항에서의 승객 수에 관한 정보를 보여준다. 주요 특징들을 선택하고 서술함으로써 정보를 요약하고, 관련 있는 것들을 비교하시오.

분석메모

주제	passenger numbers at 4 airports in 2000-2015 2000년부터 2015년까지 4개 공항에서의 승객 수
전체 특징	- nearly all the airports saw increases in passenger numbers 거의 모든 공항의 승객 수가 증가함 - exception: Detroit 디트로이트는 예외임

세부 특징	- Tokyo: increased from 56.4 mil. in 2000 to 75.3 mil. in 2015
	도쿄는 2000년에 5640만 명에서 2015년에 7530만 명으로 증가함
	
	- Hong Kong: started with only 28.6 mil., but nearly doubled by 2015
	홍콩은 겨우 2860만 명으로 시작했지만, 2015년까지 거의 두 배가 됨
	
	- Toronto: experienced a relatively small increase
	토론토는 비교적 적은 증가를 겪음
	  : 12.1 mil. more passengers traveling in 2015 than in 2000
	  2000년보다 2015년에 1210만 명 더 많은 승객들이 여행함
	
	- Detroit: rose in 2005, then fell by 4 mil. in 2010
	디트로이트는 2005년에 증가했고, 2010년에 400만 명 정도 떨어짐
	  : increased again in 2015, but served fewer than in 2000
	  2015년에 다시 증가했지만, 2000년보다 더 적게 응대함

02 아래 차트는 1985년부터 2015년까지 캘리포니아의 재생 가능한 에너지 생산 비율을 보여준다. 주요 특징들을 선택하고 서술함으로써 정보를 요약하고, 관련 있는 것들을 비교하시오.

분석메모

주제	the rate of renewable energy production in California, 1985-2015 1985년부터 2015년까지 캘리포니아의 재생 가능한 에너지 생산 비율
전체 특징	- hydroelectric: fluctuated over the 30-year period 수력은 30년의 기간 동안 변동을 거듭함 - geothermal: increased slightly, then declined slowly 지열은 약간 증가했다가 그 후 서서히 감소함 - wind, solar: almost flat, but showed an upward trend 풍력과 태양열은 거의 균일하지만 상승 추세를 보임
세부 특징	- hydroelectric: peaks at 58,000GWh in 1995 & fell dramatically 수력은 1995년에 58,000GWh로 정점을 찍고 극적으로 감소함 - geothermal: rose in 1990, then gradually fell to 15,000GWh in 2015 지열은 1990년에 증가했다가 2015년에 15,000GWh까지 점차 감소함

- wind: increased faster between 2010 & 2015
  풍력은 2010년과 2015년 사이에 더 빠르게 증가함
- solar: remained under 1,000GWh for 25 years, but soared to the number one in 2015
  태양열은 25년 동안 1,000GWh 이하로 유지되었지만, 2015년에 1위로 치솟았음

(5일) Task 1 요약문 쓰기(1) 핵심 문장 쓰기

DAILY CHECK-UP

p.256

01 아래 차트는 1970년과 2010년 사이에 미국 어린이와 십 대의 비만율을 보여준다. 주요 특징들을 선택하고 서술함으로써 정보를 요약하고, 관련 있는 것들을 비교하시오.

주제 문장

The bar graph shows the obesity rate for three age ranges of American youth between 1970 and 2010.

전체 특징의 도입 문장

Overall, it is clear that the obesity rate rose for children and teenagers in America.

세부 특징의 도입 문장

Looking at the graph more closely, one can see that the obesity rate for 6-11 year olds grew by approximately 16 percentage points over the 40-year period.

해석　**주제 문장**
막대 그래프는 1970년과 2010년 사이에 미국 청소년기의 세 연령대에서의 비만율을 보여준다.

전체 특징의 도입 문장
전반적으로, 미국에서 어린이와 십 대의 비만율이 증가했음은 명확하다.

세부 특징의 도입 문장
그래프를 더 자세히 살펴보면, 6-11세의 비만율은 40년의 기간 동안 거의 16퍼센트포인트가 증가했음을 알 수 있다.

02 아래 다이어그램은 위스키 제조의 여러 단계들을 보여준다. 주요 특징들을 선택하고 서술함으로써 정보를 요약하고, 관련 있는 것들을 비교하시오.

주제 문장

The diagram shows the multiple steps involved in the whisky-making process.

전체 특징의 도입 문장

Overall, it is clear that whisky is made through a six-stage process.

세부 특징의 도입 문장

Looking at the diagram more closely, one can see that the process begins when malted barley is ground in the preparation stage.

해석 **주제 문장**

다이어그램은 위스키 제조 과정에 포함되는 여러 단계들을 보여준다.

전체 특징의 도입 문장

전반적으로, 위스키가 6단계 과정을 통해 만들어진다는 것은 명확하다.

세부 특징의 도입 문장

다이어그램을 더 자세히 살펴보면, 준비 단계에서 맥아 보리가 갈아질 때 그 과정이 시작된다는 것을 알 수 있다.

DAILY TEST

p.260

01 아래 표는 15년의 기간 동안 4개 공항에서의 승객 수에 관한 정보를 보여준다. 주요 특징들을 선택하고 서술함으로써 정보를 요약하고, 관련 있는 것들을 비교하시오.

주제 문장

The table shows the number of passengers who used the airports in Hong Kong, Tokyo, Detroit, and Toronto in four years between 2000 and 2015.

전체 특징의 도입 문장

Overall, it is clear that nearly all the airports saw increases in passenger numbers in the given period.

세부 특징의 도입 문장

Looking at the table more closely, one can see that Tokyo's passenger figures increased from 56.4 million in 2000 to 75.3 million in 2015.

해석 **주제 문장**

표는 2000년과 2015년 사이 4개년의 홍콩, 도쿄, 디트로이트, 그리고 토론토 공항을 이용했던 승객 수를 보여준다.

전체 특징의 도입 문장

전반적으로, 거의 모든 공항이 주어진 기간에 승객 수의 증가를 보였음이 명확하다.

세부 특징의 도입 문장

표를 더 자세히 살펴보면, 도쿄의 승객 수치는 2000년에 5640만 명에서 2015년에 7530만 명으로 증가했음을 알 수 있다.

02 아래 차트들은 1960년과 2010년에 캐나다인들이 보유한 교육 수준을 비교한다. 주요 특징들을 선택하고 서술함으로써 정보를 요약하고, 관련 있는 것들을 비교하시오.

주제 문장

The pie charts show the highest level of education achieved by Canadian citizens in 1960 and 2010.

전체 특징의 도입 문장

Overall, it is clear that more Canadians achieved a higher degree in 2010 than in 1960.

세부 특징의 도입 문장

Looking at the pie charts more closely, one can see that the proportion of people with only a middle
school education dropped from 42 percent in 1960 to 11 percent in 2010.

해석　**주제 문장**

파이 차트들은 1960년과 2010년에 캐나다 시민들에 의해 취득된 최종 학력 수준을 보여준다.

전체 특징의 도입 문장

전반적으로, 더 많은 캐나다인들이 1960년보다 2010년에 더 고학력을 취득했음이 명확하다.

세부 특징의 도입 문장

파이 차트들을 더 자세히 살펴보면, 중학교 교육만을 받은 사람들의 비율이 1960년에 42퍼센트에서 2010년에 11퍼센트로 하
락했음을 알 수 있다.

Task 1 요약문 쓰기(2) 단락 완성하기

DAILY CHECK-UP

p.270

01 아래 차트는 1970년과 2010년 사이에 미국 어린이와 십 대의 비만율을 보여준다. 주요 특징들을 선택하고 서술함으로써 정보를 요약하
고, 관련 있는 것들을 비교하시오. 적어도 150단어 이상 서술하시오.

주제 쓰기

The bar graph shows the obesity rate for three age ranges of American youth between 1970 and
2010.

전체 특징 쓰기

Overall, it is clear that the obesity rate rose for children and teenagers in America. ① Between 1970
and 2010, the obesity rates of all age groups more than doubled.

세부 특징 쓰기

Looking at the graph more closely, one can see that the obesity rate for 6-11 year olds grew by
approximately 16 percentage points over the 40-year period. In 1970, ② this age group had the lowest
rate, at about four percent. However, ③ by 2010, this age group's obesity rate was the highest at
nearly 20 percent. Meanwhile, ④ the obesity rate for 12-19 year olds tripled. The rate of obesity in
this group rose from about 6 percent in 1970 to around 18 percent in 2010. Finally, despite more than
doubling its obesity rate, ⑤ the category of 2-5 year olds was the only group to show any decline
during the given period. ⑥ In 2010, the obesity rate for this age group fell to about 11 percent from
around 14 percent in 2000.

해석　**주제**

막대 그래프는 1970년과 2010년 사이에 미국 청소년기의 세 연령대에서의 비만율을 보여준다.

전체 특징

전반적으로, 미국에서 어린이와 십 대의 비만율이 증가했음은 명확하다. 1970년과 2010년 사이에, 모든 연령대의 비만율은 두
배 이상이 되었다.

세부 특징

그래프를 더 자세히 살펴보면, 6-11세의 비만율은 40년의 기간 동안 거의 16퍼센트포인트가 증가했음을 알 수 있다. 1970년에 이 연령대는 4퍼센트 정도로 가장 낮은 비율을 가졌다. 하지만, 2010년에 이 연령대의 비만율은 거의 20퍼센트로 가장 높았다. 한편, 12-19세의 비만율은 세 배가 되었다. 이 집단의 비만율은 1970년에 거의 6퍼센트에서 2010년에 약 18퍼센트 정도까지 증가했다. 마지막으로, 비만율이 두 배 이상이 되었음에도 불구하고, 2-5세 범주는 주어진 기간 동안 어떤 감소를 보인 유일한 집단이었다. 2010년에 이 연령대의 비만율은 2000년의 14퍼센트 정도에서 약 11퍼센트까지 떨어졌다.

어휘 obesity 비만 rise 증가하다 double 두 배가 되다 approximately 거의 triple 세 배가 되다 category 범주

DAILY TEST

01 아래 표는 15년의 기간 동안 4개 공항에서의 승객 수에 관한 정보를 보여준다. 주요 특징들을 선택하고 서술함으로써 정보를 요약하고, 관련 있는 것들을 비교하시오. 적어도 150단어 이상 서술하시오.

주제 쓰기

① **The table shows** the number of passengers who used the airports in Hong Kong, Tokyo, Detroit, and Toronto in four years between 2000 and 2015.

전체 특징 쓰기

② **Overall, it is clear that** nearly all the airports saw increases in passenger numbers in the given period. ③ The only exception was Detroit.

세부 특징 쓰기

Looking at the table more closely, one can see that Tokyo's passenger figures increased from 56.4 million in 2000 to 75.3 million in 2015. ④ Hong Kong's airport, on the other hand, started with only 28.6 million passengers but had nearly doubled that number by 2015. Meanwhile, ⑤ Toronto's airport experienced a relatively small increase in passengers over the period, with only 12.1 million more passengers traveling in 2015 than in 2000. Finally, ⑥ the figures for the Detroit airport rose in 2005 and then fell by four million in 2010. ⑦ Although Detroit's passenger numbers increased again in 2015, the airport served fewer passengers than it did in 2000.

해석 **주제**
표는 2000년과 2015년 사이 4개년의 홍콩, 도쿄, 디트로이트, 그리고 토론토 공항을 이용했던 승객 수를 보여준다.

전체 특징
전반적으로, 거의 모든 공항이 주어진 기간에 승객 수의 증가를 보였음이 명확하다. 유일한 예외는 디트로이트였다.

세부 특징
표를 더 자세히 살펴보면, 도쿄의 승객 수치는 2000년에 5640만 명에서 2015년에 7530만 명으로 증가했음을 알 수 있다. 한편으로는, 홍콩의 공항은 겨우 2860만 명의 승객으로 시작했지만 2015년까지 그 수의 거의 두 배가 되었다. 한편, 토론토의 공항은 그 기간 동안 비교적 적은 승객의 증가를 겪었는데, 2000년보다 2015년에 겨우 1210만 명 더 많은 승객들이 여행했다. 마지막으로, 디트로이트 공항의 수치는 2005년에 증가했고 그 후 2010년에 400만 명 정도 떨어졌다. 2015년에 디트로이트의 승객 수가 다시 증가했지만, 그 공항은 2000년에 그랬던 것보다 더 적은 승객을 응대했다.

어휘 passenger 승객 exception 예외 figure 수치 experience 겪다, 경험하다 relatively 비교적 serve 응대하다

ACTUAL TEST

WRITING TASK 1

아래 차트는 1995년과 2015년 사이에 아시아 3개국의 1인당 연간 쌀 소비량을 보여준다.
주요 특징들을 선택하고 서술함으로써 정보를 요약하고, 관련 있는 것들을 비교하시오.
적어도 150단어 이상 서술하시오.

분석메모

주제	the annual consumption of rice per person in 3 Asian countries between 1995 & 2015 1995년과 2015년 사이에 아시아 3개국의 1인당 연간 쌀 소비량
전체 특징	- Indonesians: consumed the most 인도네시아인들이 가장 많이 소비함 - Indians: ate the least 인도인들은 가장 적게 섭취함
세부 특징	- Indonesia: rose in both 2000 & 2005 인도네시아는 2000년과 2005년에 모두 증가함 　　: slight declines in 2010 & 2015 　　　2010년과 2015년에 약간 감소함 　　: went through an increase of almost 40kg over 20-year period 　　　20년의 기간 동안 거의 40kg의 증가를 겪음 - India: remained between 70 & 80kg in 1995, 2000, & 2005 인도는 1995, 2000, 2005년에 70과 80kg 사이를 유지함 　　: dipped slightly in 2010, but returned to 70kg in 2015 　　　2010년에 약간 감소했지만, 2015년에 70kg으로 되돌아옴 - China: increased in 2000 & 2005, before falling in both 2010 & 2015 중국은 2010년과 2015년에 모두 하락하기 전, 2000년과 2005년에는 증가함 　　: still higher in 2015 than in 1995 　　　2015년에 1995년보다 여전히 더 높음

요약문

The bar graph shows how much rice was consumed per person in India, China, and Indonesia between 1995 and 2015.

Overall, it is clear that Indonesians consumed the most rice per person in each of the years measured. Meanwhile, Indians ate the least.

Looking at the graph more closely, one can see that the amount of rice eaten by Indonesians rose in both 2000 and 2005. Even with slight declines in 2010 and 2015, rice consumption per person in Indonesia went through an increase of almost 40 kilograms over the 20-year period. In India, consumption remained between 70 and 80 kilograms in 1995, 2000, and 2005. In 2010, it dipped slightly, but it returned to around 70 kilograms in 2015. On the other hand, the amount of rice eaten per person in China went up in 2000 and 2005, before falling in both 2010 and 2015. Nevertheless, it was still higher in 2015 than it was in 1995.

해석 막대 그래프는 1995년과 2015년 사이에 인도, 중국, 그리고 인도네시아에서 1인당 얼마나 많은 쌀이 소비되었는지를 보여준다.

전반적으로, 측정된 각 연도들마다 인도네시아인들이 1인당 가장 많은 쌀을 소비했음이 명확하다. 한편, 인도인들은 가장 적게 섭취했다.

그래프를 더 자세히 살펴보면, 인도네시아인들에 의해 섭취된 쌀의 양은 2000년과 2005년에 모두 증가했음을 알 수 있다. 2010년과 2015년에 약간의 감소가 있었지만, 인도네시아의 1인당 쌀 소비량은 20년의 기간 동안 거의 40킬로그램의 증가를 겪었다. 인도에서는 1995년, 2000년, 2005년에 소비량이 70과 80킬로그램 사이로 유지되었다. 2010년에 약간 떨어졌지만, 2015년에 70킬로그램 정도로 되돌아왔다. 한편으로는, 중국에서 1인당 섭취된 쌀의 양은, 2010년과 2015년 둘 다 하락하기 전 2000년과 2005년에는 증가하였다. 그럼에도 불구하고, 2015년에 1995년 때보다 여전히 더 높았다.

여휘 consume 소비하다 measure 측정하다 go through ~을 겪다 remain 유지하다 return 되돌아오다

WRITING TASK 2

범죄율을 낮추게 하는 가장 효과적인 방법은 경찰에 더 많은 권력을 주는 것이다.
이 의견에 어느 정도까지 동의 또는 동의하지 않는가?
답변에 구체적인 이유를 제시하고 자신의 지식이나 경험으로부터 관련된 예를 들어 자신의 의견을 뒷받침하시오.
적어도 250단어 이상 서술하시오.

아웃라인

서론	나의 의견	**Disagree** 반대
본론 1	이유 1	**result in the loss of freedom for innocent people** 무고한 사람들이 자유를 상실하게 됨
	구체적 근거	- **law enforcement become overly restrictive** 법의 집행이 지나치게 구속적이게 됨 - **ex) curfews that limit the free movement in American cities** 예시) 미국 도시들에서 자유로운 이동을 제한하는 통행금지
본론 2	이유 2	**not always effective at lowering crime rates** 범죄율을 낮추는 데 항상 효과적이지는 않음
	구체적 근거	- **not an automatic decrease in crime when the police are more powerful** 경찰이 더 강력할 때 범죄의 자동적인 감소는 없음 - **ex) China: the most empowered police forces, but the murder rate is one of the highest** 예시) 중국: 가장 권력 있는 경찰 병력이 있지만, 살인율은 가장 높은 곳 중 하나임

에세이

It is a common belief that the best way to deal with increasing crime rates is to give the police more authority. **However, I firmly believe that** the police should not be given more power. This is because it could lead to a loss of liberty for innocent people, and it is not necessarily a successful means of reducing crime.

To begin with, letting the police take on more power could result in a loss of freedom for innocent people because law enforcement may become overly restrictive. For example, in response to the high crime rate in some American cities, police forces have been given the power to set up curfews that limit the free movement of citizens during certain periods. This type of restriction disregards personal freedoms and can violate people's rights.

On top of that, powerful police forces are not always effective at lowering crime rates. In other words, there is not an automatic decrease in crime when the police are more powerful. For instance, China has some of the most empowered police forces in the world, but the crime rate there is not particularly low. In fact, the murder rate in China is one of the highest in Asia. This suggests that giving police forces more power does not actually address the causes of crime.

To sum up, handing over too much authority to the police can lead to restrictions on people's freedom, and it is not always an effective way of reducing crime. **For these reasons**, expanding police power is not the best way to lower crime rates.

해석 증가하는 범죄율을 다루는 가장 좋은 방법은 경찰에게 더 많은 권한을 주는 것이라는 것은 일반적인 생각이다. 하지만, 나는 경찰에게 더 많은 권력이 주어지면 안 된다고 굳게 믿는데, 이는 무고한 사람들에 대한 자유의 상실로 이어질 수 있고, 그것이 꼭 범죄를 줄이는 성공적인 수단이라고는 할 수 없기 때문이다.

우선, 경찰이 더 많은 권력을 갖게 두는 것은 법의 집행이 지나치게 구속적이게 될 수 있기 때문에 무고한 사람들이 자유의 상실을 초래할 수 있다. 예를 들어, 높은 범죄율에 대응하기 위해 일부 미국 도시에서는 특정 기간 동안 시민들의 자유로운 이동을 제한하는 통행금지를 시행할 수 있는 권한이 경찰에게 주어졌다. 이러한 종류의 제약은 개인의 자유를 무시하고 사람들의 권리를 침해할 수 있다.

게다가, 강력한 경찰 병력은 범죄율을 낮추는 데 항상 효과적이지 않다. 다시 말해서, 경찰이 더 강력할 때 범죄의 자동적인 감소는 없다. 예를 들어, 중국은 세계에서 가장 권력 있는 경찰 병력을 가지고 있지만, 그곳의 범죄율이 특별히 낮지는 않다. 실제로, 중국의 살인율은 아시아에서 가장 높은 비율 중 하나이다. 이것은 경찰 병력에게 더 많은 권력을 주는 것이 실제로 범죄의 원인을 처리할 수는 없음을 시사한다.

요약하자면, 너무 많은 권한을 경찰에 넘겨주는 것은 사람들의 자유에 대한 제약으로 이어질 수 있고 항상 범죄를 줄이는 효과적인 방법이라고 할 수 없다. 이러한 이유로, 경찰 권력을 확장하는 것은 범죄율을 줄이는 가장 좋은 방법은 아니다.

어휘 deal with ~을 다루다 authority 권한 loss 상실 liberty 자유 innocent 무고한 not necessarily 꼭 ~라고 할 수 없는
enforcement 집행 overly 지나치게 restrictive 구속적인 curfew 통행금지 restriction 제약 disregard 무시하다
violate one's right ~의 권리를 침해하다 address 처리하다 hand over ~을 넘겨주다 expand 확장하다